地域発展の経済政策

―日本経済再生へむけて―

安田信之助［編著］

渡辺　修朗・山本　　清・末永啓一郎・大森　正博
大薗　陽子・松倉　力也・松行　輝昌・和田　尚久［著］
橋本　行史・関口　　浩・李　　熙錫・勝浦　信幸

創成社

はじめに

　現在，我が国は円高や高い法人税率，電力供給能力の低下，FTA・EPA締結の立ち遅れなどから産業空洞化が加速している。1985年のプラザ合意以来，我が国は幾度となく産業空洞化の危機に見舞われてきた。その間，我が国企業や政府は，国内での企業活動の維持と雇用の確保に努めてきた。しかし，近年はアジア諸国を中心とする新興国の技術力の急速な進歩を背景に，製造業を中心にコストの安いアジア諸国への進出が加速している。加えて，昨今の円高と東日本大震災による福島第一原子力発電所の事故を契機にエネルギー制約が生じ，国内での企業活動が大きな試練にさらされている。従来は海外での需要の増加への対応は，海外直接投資による現地生産の拡大で対応する一方で，国内では高付加価値化戦略に取り組み，国内拠点を極力維持してきた。だが，近年では，国内拠点が果たしてきた役割を海外拠点が代替する生産拠点の海外シフトが急速に進展し，本格的な産業空洞化が進行している。

　企業の海外移転を極力防止し，国内の立地競争力を高めるためには，①世界的にも高い水準にある法人実効税率の引き下げ，②電力の経済性の維持と安定供給の確保，③中国や韓国に遅れをとっているFTA，EPAやTPP締結の促進，④経済の活性化のための規制の緩和，⑤我が国財政の健全化，⑥過度な円高の是正，などが重要な政策課題となる。そのためには，総合特区制度や復興特区および国家戦略特区などを有効に活用し，産業集積拠点の整備や地域の資源を最大限活用した経済活性化策への取り組みが重要となる。また，高齢化の進展によって今後各地域で医療・介護サービスの需要の急速な拡大が予想される。医療・介護サービス産業の競争力強化のための基盤整備が重要となる。農業においては，生産 → 加工 → 販売を一体として行う6次産業化の促進や，農業の事業規模の拡大，先進的な経営の実践，安心・安全・高品質農業の推進などが求められている。観光の分野においては，東日本大震災による風評被害等で日本への観光客が激減した。しかし，2013年にビザ発給の緩和などによって初めて対日観光客が1,000万人を突破するまで回復した。2020年の東京オリンピック開催へ向けてさらなる観光分野の強化が重要である。

我が国の豊富な観光資源の魅力を効果的に世界に発信するとともに，外国人観光客受け入れ態勢の強化や人材の育成が不可欠である。

さらには国内産業の高付加価値分野へのシフト誘導政策と，新規事業の創出のための新たな基盤整備も重要である。周知のように，経済のグローバル化・ボーダレス化の進展によって，各国の経済環境，社会システム，制度および将来性などを比較しながら，最適な企業環境を求めて，企業が国を選ぶ時代になっている。したがって，日本経済の再生には，我が国企業だけでなく外資系企業にとっても，創造的でダイナミックな企業活動が行われる，自由で魅力のある経済・社会環境の確立が不可欠である。また，我が国経済の持続的な発展のためには，税と社会保障の一体改革も避けては通れない課題である。アベノミクスの三本の矢の着実な実施によって我が国の潜在成長力を引き出すと共に構造改革完遂への歩みを加速させる不退転の決意と大胆な実行が求められているのである。

本書の各章は上記のような問題意識に立脚して書かれたものであり，地域発展のための経済政策理解の一助になれば幸いである。

本書の構成は，第1部の現状と課題，第2部の事例研究から構成されている。第1章は地域発展の経済政策―全国総合開発計画と地域開発―，第2章は地域発展の経済政策―地方財政の現状と課題―，第3章は地域発展の経済政策―理論分析―，第4章は地域発展の経済政策―日本の医療―，第5章は地域発展の経済政策―労働問題―，第6章は地域発展の経済政策―人口学的視点からみたわが国の課題―，第7章は地域発展の経済政策―日本経済の再生と構造改革―，第8章は地域発展の経済政策―ベンチャーおよび商店街活性化―，第9章は地域発展の経済政策―日光市における観光振興の公共政策―，第10章は地域発展の経済政策―交通問題―，第11章は地域発展の経済政策―東日本大震災と復興特区―，第12章は地域発展の経済政策―韓国全羅南道の地方財政改革―，第13章は地域発展の経済政策―高齢化と新しい公共―となっている。

最後になるが，折にふれてわれわれを叱咤激励し，出版にこぎつけて下さった西田徹氏にあらためて感謝の意を表したい。

2014年4月吉日

編著者　城西大学教授　安田信之助

目　次

はじめに

第1部　現状と課題

第 1 章　地域発展の経済政策
　　　　　―全国総合開発計画と地域開発― ── 3
　第1節　はじめに……………………………………………………3
　第2節　「国土総合開発計画」制定までの道のり………………4
　第3節　全国総合開発計画（一全総）……………………………7
　第4節　第二次全国総合開発計画（新全総　二全総）…………12
　第5節　第三次全国総合開発計画（三全総）……………………16
　第6節　第四次全国総合開発計画（四全総）……………………20
　第7節　「新しい全国総合開発計画―21世紀の国土のグランドデザイン
　　　　　―地域の自立の促進と美しい国土の創造」（五全総）……26

第 2 章　地域発展の経済政策
　　　　　―地方財政の現状と課題― ── 32
　第1節　はじめに……………………………………………………32
　第2節　地方財政の現状……………………………………………33
　第3節　地方財政の課題……………………………………………37
　第4節　課題への対応………………………………………………40
　第5節　おわりに……………………………………………………44

第3章　地域発展の経済政策―理論分析― ―― 47
第1節　はじめに……47
第2節　地域発展の経済理論……49
第3節　地域発展の経済政策……55
第4節　地域格差と経済政策……59
第5節　おわりに……62

第4章　地域発展の経済政策―日本の医療― ―― 66
第1節　はじめに―地域医療とは何か……67
第2節　地域医療の経済学的分析……68
第3節　地域医療サービス供給モデル……73
第4節　おわりに……88

第5章　地域発展の経済政策―労働問題― ―― 91
第1節　はじめに……91
第2節　最低賃金とは何か？……95
第3節　最低賃金の経済学的考察（理論）……98
第4節　最低賃金の経済学的考察（実証）……101
第5節　おわりに……108

第6章　地域発展の経済政策
　　　　　―人口学的視点からみたわが国の課題― ―― 111
第1節　はじめに……111
第2節　わが国の長期的人口変動パターンとその特徴……112
第3節　地域の人口変化……123
第4節　おわりに……131

第7章　地域発展の経済政策
　　　　　―日本経済の再生と構造改革― ―― 133
第1節　はじめに……133
第2節　わが国の低調な対内投資……134

第 3 節　対日直接投資の阻害要因……………………………140
第 4 節　外国企業の対日進出動向……………………………147
第 5 節　ベンチャー創出と企業の廃業率・開業率…………151
第 6 節　企業誘致政策―沖縄情報特区の事例………………153
第 7 節　おわりに………………………………………………158

第 2 部　事例研究

第 8 章　地域発展の経済政策
　　　　　―ベンチャーおよび商店街活性化― ── 163
第 1 節　ベンチャー：横浜市における大学とベンチャー企業育成
　　　　………………………………………………………163
第 2 節　横浜国立大学におけるベンチャー企業育成と起業家教育
　　　　………………………………………………………164
第 3 節　横浜国立大学 VBL による起業家教育と大学発
　　　　ベンチャー育成……………………………………165
第 4 節　商店街活性化：横浜市における商学連携による商店街再生
　　　　………………………………………………………169

第 9 章　地域発展の経済政策
　　　　　―日光市における観光振興の公共政策― ── 182
第 1 節　はじめに………………………………………………182
第 2 節　日光市…………………………………………………182
第 3 節　観光振興政策…………………………………………187
第 4 節　産業振興政策…………………………………………195
第 5 節　おわりに―戦略的地域発展政策……………………203

第 10 章　地域発展の経済政策―交通問題― ── 208
第 1 節　はじめに………………………………………………208
第 2 節　地域発展と交通の発展………………………………209
第 3 節　現代的展開……………………………………………211

第4節　事例 …………………………………………………………213
　第5節　おわりに ……………………………………………………228

第11章　地域発展の経済政策
―東日本大震災と復興特区― ── 232
　第1節　はじめに―東日本大震災の被害状況 ……………………232
　第2節　東日本大震災以降の予算政策 ……………………………235
　第3節　復興特区の創設 ……………………………………………256
　第4節　おわりに―復興特区の事例：水産業復興特区 …………265

第12章　地域発展の経済政策
―韓国全羅南道の地方財政改革― ── 269
　第1節　はじめに ……………………………………………………269
　第2節　韓国8道・1特別市・6広域市・1特別自治道の
　　　　　地方財政の現状 ……………………………………………270
　第3節　全羅南道の問題点 …………………………………………274
　第4節　財政改革の試案 ……………………………………………284
　第5節　おわりに ……………………………………………………289

第13章　地域発展の経済政策
―高齢化と新しい公共― ── 292
　第1節　はじめに ……………………………………………………292
　第2節　新しい公共の背景 …………………………………………294
　第3節　「新しい公共」の担い手の現状 …………………………302
　第4節　地域協働ポータルサイト「TOWNTIP」の事例 ………306
　第5節　新しい公共に向けた人材育成の取組 ……………………313
　第6節　おわりに ……………………………………………………318

索　　引　322

第1部
現状と課題

第1章 地域発展の経済政策
　　　　　―全国総合開発計画と地域開発―

第1節　はじめに

　わが国は1962年の「全国総合開発計画（一全総）」以来，今日の「21世紀の国土のグランドデザイン」にいたるまで全5回の全国総合開発計画を実施してきた。それぞれの総合開発計画には，それぞれの時代の日本が抱えた課題や問題が反映されており，当時の日本人が描いた「日本という国に対するビジョン―夢や理想―」がこめられている。

　それゆえに各全総は，その時代の政策目標や経済政策と密接に関係している。「所得倍増計画」が「一全総」を生み，「日本列島改造論」が「新全総」を大規模プロジェクトにしてしまったことなどがその例である。

　一方，法的観点からみるならば，国土総合開発計画は諸々の社会資本整備計画あるいは地域開発計画のピラミッドの最上位に位置しており，都道府県・市町村などの自治体の政策は国土総合開発の方向性によって左右されてきた。新産都市，定住圏構想，リゾート法による開発などがそれである。

　さらにいえば，私たちが子供の頃に親に手をひかれて行った博覧会や，その際に利用した新幹線なども実はその時の全総の考え方を色濃く反映したものであったりもする。

　このような意味で，「国土総合開発計画」を俯瞰していくことは，戦後の日本人が考え，歩いてきた道筋をたどっていくものであるといえよう。

　本章では，はじめに「国土総合開発計画」にいたるまでの歴史的経緯を述べた後，各全総の時代背景，課題，問題点などを示していく。また上記のような

理由から，各節のはじめには小年表と経済成長率を記してみた。その時代の雰囲気を想像する一助としていただきたい。

第2節 「国土総合開発計画」制定までの道のり

1 戦　前―企画院とドイツ国土計画―

　日本ではじめての国土計画は1940年9月に閣議決定された「国土計画設定要綱」である。当時，日本は大陸でいつ終わるともわからない戦闘を展開していた。戦時である以上，国はその稀少な資源の多くを戦争遂行の目的にまわさなくてはならず，当然，そこには政府による強い統制が必要とされてくる。近衛内閣（1937年6月成立）がこの統制の要として創設したのが「企画院」であった（1937年10月）。もともと重要な政策の企画立案に対しては「内閣調査局」という部署があり，「新新官僚の牙城」と言われるほどの大きな権限をもっていた。この「内閣調査局」と「内閣資源局」を統合させ，さらに強大な権限をもたせたものが「企画院」である。そして，この企画院が範としたのがナチス・ドイツの国土計画（Landesplannung）であった。

　ナチス・ドイツといえば，どうしても「軍事国家」のイメージが先行してしまう。しかし意外なことにその初期においてはドイツ国民の生活向上に実に真摯に努力していたのである。

　1933年当時のドイツの失業率は40％。1929年以来の大恐慌が，ハイパーインフレーションからの回復途上にあったドイツ経済に大打撃を与えた形である。これに対して，ヒトラーは政権の座に着くやただちに「第一次4カ年計画」（1933年）を発表した。全長1万7,000kmに及ぶアウトバーン（高速道路）の建設やオリンピック誘致，ベルリンの「世界首都計画」など…巨大プロジェクトを次々と企画し，積極的な雇用創出に尽力していたのである。また中小企業を救うために大規模店舗法を制定したり，物価の安定を目指して価格統制（穀物価格安定法）を行ったり，農家の借金の凍結（世襲農場法），はては少子化対策として結婚を促進するための「結婚資金貸付法」の制定など，実にきめの細かい施策を実施している。その優等生ぶりは，かのケインズをして「大英帝国

はナチスを見習え」と言わしめた程であったという（ナチスの経済政策については，武田智弘氏の『ヒトラーの経済政策』（祥伝社文庫），『ヒトラーとケインズ』（同上）に詳しい）。

このナチス・ドイツの国土政策は，その目標をドイツの農村地域の振興と地域格差の解消におき，「都市の分散，人口の分散，工業の分散」をすすめ，工業と農業が適切に組み合わさった都市をドイツ全体に分散させることを企図したものであった。

このようなドイツの政策は，それまでの古典派の伝統である「自由主義経済」とも，あるいはソ連の「計画経済」とも異なったものであった。自由主義を維持しながらも重要な部門においては政府による強力な統制を行っていくという形—ドイツはこれを「国家社会主義」的体制とよんだ—がとられていたのである。日本の企画院が範としたのは，このドイツ式の統制的な経済運営であった。

その後，戦争の激化に伴い企画院はさまざまな統制的な施策の企画立案にあたるとともに，毎年のように国土計画を策定していく。

「大東亜共栄圏ノ経済建設ニ関スル国土計画的意見」(1941年)

「大東亜国土計画大綱案」(1942年)

「黄海渤海国土計画要綱案」(1943年)

「中央計画素案・同要綱案」(1943年)

いずれもその内容は戦争遂行に関する物資動員計画である。しかし，この企画院も1943年10月には廃止されてしまう。これ以後，国土計画は内務省国土局が担うことになる。

2 戦　後—国土総合開発計画法の制定へ—

とはいえ，この内務省国土局が実際に国土計画にたずさわったのは戦中の2年間と戦後の経済安定本部ができるまでの1年間の合計3年間にすぎない。なぜなら，内務省もまた戦後間もなく解体されてしまうからである。

戦時中には「戦時地方計画策定要綱」(1944年)，「戦時国土計画素案」(1945年)といった物資動員計画と国土防衛を主眼とした計画を策定し，戦後には

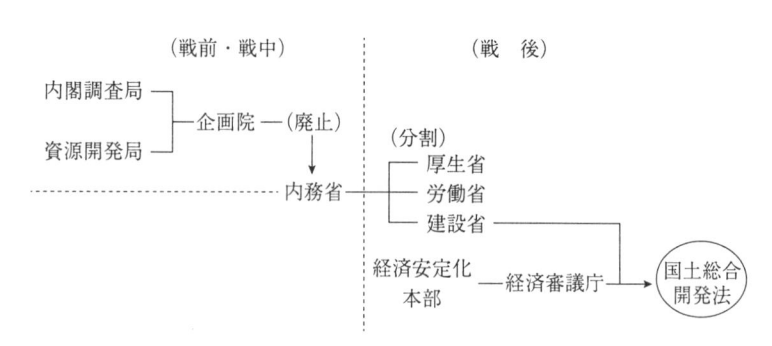

図表1－1 「国土総合開発計画法」制定までの組織の流れ

(戦前・戦中)　　　　(戦　後)

内閣調査局 ─┐
　　　　　　├─ 企画院 ─(廃止)
資源開発局 ─┘　　　　　↓
　　　　　　　　　　　内務省 ──(分割)── 厚生省
　　　　　　　　　　　　　　　　　　　　労働省
　　　　　　　　　　　　　　　　　　　　建設省 ─────┐
　　　　　　　　　　　経済安定化本部 ── 経済審議庁 ──(国土総合開発法)

　「復興国土計画要綱」（1946年）などを策定して"戦後日本の復興の設計図を描こう！"とはりきっていた矢先の1947年，GHQから解体の要求が出されてしまう。戦中・戦後を通じて巨大な機構となっていた内務省組織は，厚生，労働，建設省等に細かく分割されてしまった。これ以降，国土計画に関してはこの建設省と経済審議庁が担当することになった。しかし，その中心的な役割を担ったのは主に経済審議庁の方であった。
　この経済審議庁の前身が経済安定本部（安本）である。安本は1946年8月にGHQの肝いりで発足した機関であり，日本経済の再構築を目指し，物価の統制，物資の統制などを行うことを目的としていた。この点，戦前の企画院のような性格を有していたといえよう。
　当時の日本ではエネルギーの確保が最重要課題となっていた。海外植民地を失い，貿易を制限されていた日本にとって国内資源をいかに有効に活用するかが死活問題となっていたのだ。そこで注目されたのが，アメリカのTVA（テネシー川開発公社）方式である。TVA方式は，単純に河川にダムを建設して電気を起こすというだけではなく，その地域の開発も同時に行う地域開発政策を兼ねていた。
　この方針に従って，1949年に国土総合開発審議会が設置され，翌50年には「国土総合開発法」が制定された。以後全5回にわたる全国総合開発計画の基本法たる「国土総合開発法」はこのような経緯のもとで策定されたものであ

ただしこの時点では，後の「全国総合開発計画」のような全国規模の体系的な国土計画は企図されていない。あくまで特定の地域に限られたものであり，そこで水力発電を行い，あわせて風水害対策・水田対策を実施する地域的河川総合開発にすぎなかった。全国で 21 の地域が指定され，その第一歩として 1953 年 2 月に「北上川総合開発」が開始された。

　その後も経済審議庁では国土開発構想が模索されていったが，その目的はあくまでエネルギーの国内自給の確保にとどまるものであった（その際 "全国総合開発計画を作るための一資料" として『総合開発の構想』(1954 年) というファイルが作られている。これが後の「第一次全国開発計画」の青写真となった）。

第 3 節　全国総合開発計画（一全総）

策定年次	1962 年 10 月 5 日
目標年次	1970 年
関連用語	所得倍増計画，太平洋ベルト地帯，拠点開発方式　新産業都市
時代背景	1963 年（10.4）　第二次・第三次池田内閣発足　名神高速開通
	1964 年（9.5）　 東京―大阪間新幹線開通　東京オリンピック開催
	1965 年（6.2）　 40 年不況　3C ブーム
	1966 年（11）　 ビートルズ来日　いざなぎ景気始まる
	1967 年（11）　 公害対策基本法公布
	1968 年（12.4）　3 億円事件　霞が関ビル完成　GNP 世界第二位へ
	1969 年（12）　 東大安田講堂事件　アポロ 11 号月面着陸　東名高速開通
	1970 年（8.2）　 大阪万博
（　）内の数字は実質 GDP 成長率（平成 23 年度年次経済財政報告（内閣府）資料より）

1　所得倍増計画から国土総合開発計画（一全総）へ

　1950年に「国土総合開発法」が制定されてから，1962年に第一次の全国総合開発計画が策定されるまで12年もの開きがある。この点について，戦後の国土計画のすべてにたずさわってこられた下河部淳氏は著作『戦後国土計画への証言』（日本経済評論社）の中で以下のように述べられている。

> 「国土総合開発法ができて，その中で全国計画をつくろうと決めたけれども，会議はすれどもなかなか決めきれないでいて，やっと4年経って54年に，先に述べた「総合開発の構想（案）」を報告書としてまとめるというところへ漕ぎ着けたのです。…（中略）…根本的には，日本の将来の経済の構図が見えていない段階で，意見が百出してビジョンが安定しなかったことだと思います…」
> 　　　　　　（下河部淳（1994）『戦後国土計画への証言』（日本経済評論社）PP.68-69）

　しかし1960年代に入ると，その日本の将来の構図も見え始めてきた。日米安保闘争が終結し，人々の関心はしだいに政治から経済にシフトしつつあった。日本経済は神武景気（1954年～1957年），岩戸景気（1958年～1961年）と高度成長期の真っただ中にあり，経済大国への道を大きく踏み出し始めていた。

　そのような中で1960年7月に成立した池田内閣は，11月に「国民所得倍増計画」と「太平洋ベルト地帯構想」を打ち出した。

　「国民所得倍増計画」とは，文字通り「10年間で国民所得を倍に引き上げること」を目的とする経済計画である。その際，重視されたのは「社会資本の不足が経済発展の隘路にならないようにすること」であった。アルバート・ハーシュマンは，発展途上国経済について「経済成長に必要な直接的生産活動を行うためには社会間接資本の整備が必要である」と述べている（『経済発展の戦略』（巌松堂出版，1958年）。当時，まさに発展途上にあった日本経済も社会資本の充実が切実な課題となっていた。それゆえ生活環境の整備はひとまず置かれ，道路，港湾といった産業基盤の整備が優先された。

　次に問題となるのがその空間的配置である。「社会資本をどこに配置するのか？」ということである。当時，まだいざなぎ景気に突入していない日本に

とって，大規模開発プロジェクトを日本中に展開するなどという余裕はまったくなかった（それが可能になるのは新全総になってからのことである）。この段階では，限りある資源をいかに効率的・効果的に配置するかということが課題となっていた。そうなると「経済合理性・投資効率を鑑みて，やはり既成の四大工業地帯（京阪・阪神・中京・北九州）が妥当であろう」ということになってくる。これらの地域に公共投資を重点配分し，重化学工業を中心としたコンビナートを建設する。さらにそれらの地域を高速道路や新たな鉄道等で結びつけていくことでより効率的な経済活動を実現していく。

　このような議論が経済審議会産業立地小委員会によってなされ，それが１つにまとめられたものが「太平洋ベルト地帯構想」であった。

　しかし，この計画はその策定過程から「太平洋ベルト地帯」以外の地域から激しい非難をあびることになる。

　1955年に「もはや戦後ではない」と経済白書が宣言してからすでに５年の歳月が経過していた。日本経済はすでに高度経済成長時代の真っただ中にある。上記の大都市地域・大工業地帯ではますます新しい労働力が必要とされ，地方から続々と若者の流入が続いていた。その結果，都市部では過密が，地方では過疎が発生していた。そこにさらに「太平洋ベルト地帯」への公共投資の重点的配分が行われるならば，ますます地域間の経済力格差が開いてしまうではないか。地方からはこのような激しい非難の声があがった。

　そこで池田内閣は閣議決定にあたり「国民所得倍増計画の構想」という文章を添えて解決をはかろうとする。すなわち，「後進性の強い地域の開発促進ならびに所得格差是正のため，速やかに国土総合開発計画を策定し，その資源開発につとめる」というものであった。

　ここに，従来の地域限定的河川開発に始終してきた「国土開発」が，日本全国を視野に入れた全体的，総合的な「国土開発」に発展していくことになる。かくして「(第一次)全国総合開発法」が策定されることになった。

2 拠点開発方式と新産業都市

もとより「全国総合開発計画」は「国民所得倍増計画」による都市への人口の集中と過密化，地域格差を是正する目的で「地域間の均衡ある発展」を課題としていた。そのための開発政策として取り入れられたのが「拠点開発方式」である。

まず政策対象として地域を3つに区分する。

```
過密地域…すでに産業や人口が過密に密集し，交通マヒ，用水不足，公害などが発生し
         ているか，発生が今後予想される地域（京浜，阪神，北九州，名古屋地域）
整備地域…過密地域以外で東京，大阪，名古屋が持つ外部経済の集積の利益の享受が濃
         厚な地域。これらの地域に計画的に工業分散をすすめる。
         （関東，東海，近畿，北陸　など）
         （大規模工業開発地域，中規模地方開発都市等を設置）
開発地域…東京，大阪，名古屋から遠距離にあって，その外部経済の利益を享受しにく
         い地域。積極的に開発を促進するための基盤整備を行う。
         （北海道，東北，中国，四国，九州　など）
         （大規模地方開発都市，大規模工業開発地区，中規模地方開発都市等を設置）
```

そして，この「大規模工業開発地区」として「新産業都市」が構想され，1962年5月に「新産業都市建設促進法」が成立した。

当初は10カ所程度を想定していたのだが，激烈な陳情合戦が繰り広げられた結果，64年から66年にかけて15カ所の新産業都市が指定され，准産業都市として6カ所の工業整備特別地域が指定された。

```
新産業都市　　道央　八戸　仙台湾　磐城郡山　新潟　富山富岡　松本諏訪
              岡山県南　徳島　東予　大分　日向延岡　有明不知火大牟田
              秋田　中海
工業整備特別地域　鹿島　駿河湾　東三河　播磨　備後　周南
```

3　経済発展と公害

　この時期,日本はいざなぎ景気に突入しており,もはや「国民所得倍増」どころではなくなっていた。GNPは軽く3倍を超え,4倍になりなんとしていたのである。毎年10％以上の経済成長が続き,日本は世界第二位の経済大国にまでなってしまっていた。太平洋ベルト地帯構想のもと東京─大阪間に新幹線が開通し,東名高速道路も建設された。人々は車に,カラーテレビ,クーラーの「3C」を争って購入するほど豊かになっていたのである。

　しかし,工業とりわけ重化学工業に重点が置かれた産業は,各所で未曾有の公害問題を発生させていた。本間義人氏はその著『国土計画を考える』（中公新書）で,この時期の日本中の公害問題について4頁にわたる年表を作成されており,一読,その惨状が伝わってくる。各地で水俣病,光化学スモッグ,イタイイタイ病,などの被害者が続出していた。生活分野が軽視され,工業部門への重視がまねいた悲惨な結果である。

　一方で,四大工業地帯は生産を拡大し続け,人口を吸収し続けていた。地域格差は解消するどころかますます深刻なものになっていた。

　かくして第一次全国開発計画は再考を迫られることになり,1969年5月に第二次全国総合開発計画が閣議決定される。一全総は7年で打ち切られたのである。

第4節　第二次全国総合開発計画（新全総　二全総）

策定年次	1969年5月30日
目標年次	1985年
関連用語	田中角栄　日本列島改造論　石油ショック　狂乱物価　大規模工業基地
時代背景	1970年（8.2）　大阪万博開催　三島由紀夫割腹自殺
	1971年（5）　ニクソンショック　京王プラザ完成
	1972年（9.1）　沖縄返還　あさま山荘事件　田中内閣発足　中国国交正常化
	1973年（5.1）　オイルショック　狂乱物価
	1974年（−0.5）田中内閣辞職
	1975年（4）　山陽新幹線開業　沖縄国際海洋博覧会開催
	1976年（3.8）　毛沢東死去　ロッキード事件　田中角栄元総理逮捕
	1977年（4.5）　日航機ハイジャック事件　有珠山噴火

1　大規模工業基地開発と新ネットワーク形成

　1969年5月に策定された第二次全国総合開発計画（二全総）の基本的コンセプトは「大規模工業基地開発」である。そもそも，一全総が，公害の発生，都市の過密・地方の過疎，住環境の悪化といった批判にさらされて再考を迫られたのであるから，次の全総は，より住環境や自然環境を重視したものになるかと思われた。しかし実際には「それなら，もっと大規模なものにすればいいじゃないか」という気宇壮大なプロジェクトが展開されることになる。この背景には1つには強気の経済成長予測があり，もう1つに田中角栄の「日本列島改造論」があった。

　1970年5月に佐藤内閣が閣議決定した経済社会発展計画では，70年〜75年の経済成長率を年率10.6％と想定していた。現実には上記のようにその半分にも満たない成長率となってしまうのだが，計画を策定している60年代後半では10％以上の成長が数年も続いており，「今後も続くであろう」という予想になってしまうのは無理からぬことかもしれない。

すると15年後の1985年の日本経済は現在の4倍もの規模になってしまう。そうなると今のままではエネルギーも社会資本も大幅に不足してしまう。そのような事態に陥らないように"国土の抜本的再編成"を行い，より一層の資本の充実に努めなくてはならない。そのためには「大規模工業基地」の建設を積極的にすすめ，それらをつなげる新しい新幹線や高速道路を全国的に作っていかなくてはならない。こういう論理展開になっていったのである。

その候補地として，苫小牧，むつ，西南地域（山口，愛媛，福岡，大分，宮崎に囲まれた瀬戸内海沿岸および志布志湾）が挙げられていた。

これらの地域に巨大コンビナートを中心とした大規模工業基地を建設し，それを高速道路，新幹線などのネットワークで結びつけていこうという計画である。このような大規模工業基地建設と新ネットワーク形成が二全総の特徴であった。

驚くべきはその投資額である。1966年から1985年にかけて約130兆円～170兆円を投下しようというのである。これは明治以来100年間の累積投資額の約3～4倍，昭和30年代の10年間の約7～8倍にあたる。高度成長期を経て，日本はこのような大規模工業開発が可能なほどの余裕をもち始めたということであろう。

2　日本列島改造論と田中角栄

「三国峠をダイナマイトでふっ飛ばせば新潟に雪は降らない。そしてその土を日本海に運んで佐渡と陸続きにしよう！」

「これからは東京から新潟に出稼ぎに行く時代が来る！」

どちらも田中角栄首相の言葉であり，その気宇の壮大さと同時にその政策の方向性が端的に示されたものである。

二全総において重要な役割を演じたのはこの田中首相であり，とりわけその著『日本列島改造論』は二全総とともにこの時期の日本の開発方針を示したものといえる。

田中は1968年5月，自民党都市政策調査会長として「都市政策大綱」をまとめた。その骨子は「日本列島そのものを都市政策の対象としてとらえ，大都

市改造と地方開発を同時にすすめる」というものであった。簡単にいってしまえば,「政府が地方に巨大な工業基地をつくる。すると若者たちはそこに働く場を見つけるであろうから都市部に出てくる必要がなくなる。そうすれば都市部の過密の問題も解消できるし,同時に衰退している地域も活性化できる。そして新しいネットワークを形成して,これらの地域を結ぶことでさらなる産業の発展も期待できよう」というものである。これは文頭で述べたような田中の言葉と一致する考え方であろう。

その田中が自民党総裁選に出馬するにあたって,独自の政策として掲げたものが「日本列島改造論」であった。いうまでもなくその青写真は「都市政策大綱」である。この『日本列島改造論』は日刊工業新聞から1972年6月に刊行されると,91万部もの売り上げをあげるベストセラーとなった。この「日本列島改造論」でも,その主旨は二全総と同じく地方の大規模工業基地開発と新幹線・高速道路による新たなネットワーク形成による日本全国の開発であった。

3　地価高騰と産業構造の転換

かくして空前の規模の開発が日本全国で展開されていく。大規模コンビナートがつくられ,港や鉄道・道路が次々と建設されていく。二全総と「日本列島改造論」ともに「開発」を大規模に推し進めることを約束しており,日本全土が変容するほどに,建設・開発がすすめられていった。

しかし,これらの大規模開発は,各地で異常な地価高騰を招くことになる。70年,71年には10%台にとどまっていた地価上昇率は,72年には30.9%,73年には32.4%とものすごい勢いで上昇をみせ始める。上昇率はとりわけ住宅地や山林,原野で顕著であった。

これは土地が「開発」の対象としてではなく「投機」の対象とされ始めたことによる。「○○が開発の対象となった」とか「政府が○○で公共事業を行おうとしている」という情報が流れると,たちまちそこにデベロッパーたちがむらがり,土地を買い占めてしまう。その結果,土地の価格が急騰してしまうのである。「日本列島改造論」で「開発します」と書いてあった地域は当然のこ

と，まだ手つかずの山林や原野までもが投機の対象として売買された。「土地神話」という言葉が生まれたのもこのころである。土地は「有利な資産」「絶対に値下がりしない資産」として，企業のみならず個人までも「老後の生活保障」や「安定資産」として購入されていったのである。

その過程で，野山は崩され，山林は破壊されていった。昔ながらの景観は壊され，そこに新しい造成地が建設された。異常な地価高騰は農地をもはや農業では採算の合わないものに変えてしまい，農民たちは自らの農業用地を手放さざるをえなくなってしまった。二全総はその基本的課題として「長期にわたる人間と自然の調和，自然の恒久的保護，保存」と「安全，快適，文化的環境条件の整備保全」を挙げているが，人々の生活や住環境，文化などはもはやまったく顧みられることはなかったのである。

このような地価高騰は政府の用地取得を困難なものにし，プロジェクトそれ自体の実施が危ぶまれる事態におちいってしまった。それゆえ新全総は，早い段階で計画の根本的な見直しが必要とされることになる。

一方で，日本を取り巻く環境もまた劇的に変化しつつあった。71年のニクソンショック，73年のオイルショックなどを経て，高度経済成長時代は終わりに近づいていた。1973年以降，9％や10％などという経済成長率はもはやみられず，4％，5％といった安定成長の時代に移行しつつあった。そのよう環境の中で，大規模に日本中を開発していくという計画には無理が生じ始めていた。

さらにいえば，産業構造もまた変化せざるをえなくなってきていた。もはやエネルギーを大量に消費し，大量に輸出していくという重化学工業の時代ではなく，新しいタイプの産業が求められていた。そのような状況下にあって，さらなる巨大コンビナートの建設ははたして本当に重要なのだろうかという疑問が呈されてきていた。

このような事態に対し，経済企画庁ははやくも1972年10月の国土総合開発議会で二全総の総点検作業を行うことを報告している。そして1977年6月の総点検結果は「環境問題や住民意思を無視して大規模工業開発を建設するのは不可能である」という厳しい判断を下した。かくして二全総は目標年次の

1985 年を待たずに終了し，1977 年 11 月，新たに第三次全国総合開発計画が閣議決定されることになる。

第5節　第三次全国総合開発計画（三全総）

策定年次	1977 年 11 月 4 日
目標年次	おおむね 10 年間
関連用語	定住圏構想　大平正芳　田園都市構想　テクノポリス構想
時代背景	1978 年（5.4）　成田空港開港
	1979 年（5.1）　第二次大平内閣発足　ソ連アフガニスタン侵攻
	1980 年（2.6）　大平首相急死　イラン・イラク戦争開始
	1981 年（3.9）　神戸ポートピア　レーガン大統領就任　千葉ららぽーと開業
	1982 年（3.1）　東北上越新幹線開通　第一次中曽根内閣発足
	中央自動車道全線開通
	1983 年（3.5）　大韓航空機撃墜事件　日本海中部地震　中国自動車道開通
	東京ディズニーランド開業　第二次中曽根内閣発足
	1984 年（4.8）　グリコ森永事件　長野県西部地震
	1985 年（6.3）　日航ジャンボ機墜落事件　豊田商事事件　つくば85開催
	関越自動車道全線開通　プラザ合意　円高不況
	1986 年（1.9）　三原山噴火　アークヒルズ完成　第三次中曽根内閣発足
	チャールズ皇太子・ダイアナ妃来日　バブル景気始まる
	1987 年（6.1）　国鉄分割民営化　東北自動車道全線開通
	ブラックマンデー（世界同時株安）

1　田園都市国家構想と定住圏構想

　三全総は二全総の猛省からスタートしている。ローマクラブが「成長の限界」を発表し，シューマッハが「スモールイズビューティフル」を書くなど，時代の趨勢は省エネルギー，自然回帰へと向かっていた。一方で平松守彦大分県知事の提唱で「一村一品運動」が始まるなど，中央から地方へと目が向けられつつあった。中央政府主導，重化学工業重視，大規模工業開発の時代は終わり，地方主導，生活重視，地域の特色にあった産業と規模が求められる時代に

なっていたのである。三全総は，このような時代背景と国民の要望をもとに策定されたものである。

　三全総は，その開発戦略として「定住圏構想」を掲げていた。その骨子は大平正芳首相の提唱した「田園都市国家構想」をもとにしたものであり，田中角栄の荒々しい「日本列島改造論」と比べてかなり穏やかなものとなっている。

　二全総の反省に立つ以上，三全総において最も重視されたのは「環境問題」であり，次いで「国土の利用と保全」，「住宅」と続く。産業や経済成長よりも住環境に焦点があてられるようになったのである。「定住圏構想」では，地域社会の活力が生かされるように，自然環境・生活環境・生産環境の調和のとれた居住環境を整備し，魅力のある地方都市づくりを通じて，若年層を中心に地方への定住を促進していくことが目的とされていた。

　このように，「定住圏構想」とは，若者たちがその地域を「自分のふるさと」と感じられるような素晴らしい地域を作り，そこに定住してもらうことを目指していこうとするものであった。

　この「定住圏構想」の最も基本的な単位が「居住区」である。これは「住民一人ひとりが日常生活を営んでいる身近な圏域」と定義されており，だいたい50〜100世帯ほどと想定されている。この居住区が複数集まったものが「定住区」であり，コミュニティの基礎を形成する圏域とされる。イメージとしては1つの小中学校の学区くらいのひろさであろうか。この定住区が複数集まって定住圏となる。計画書は「この定住圏は，都市，農山村を一体として，山地，平野部，海の広がりを持つ圏域であり，全国は，およそ200〜300の定住圏で構成される」とし，「住民の意向が十分反映され得る計画上の圏域を定住圏として構想する必要がある」と述べている。

　さらに特徴的なのは，この定住圏をつくる主体はあくまで地方自治体，それも最も住民の身近に位置している市町村であることである。都道府県に対しては「市町村と連携して国土資源の利用，管理，交通ネットワークの形成，居住の安定性を確保するための根幹的施設の整備を行う」こと，国に対しては「定住圏における地方公共団体の総合的施策の実施に配慮し，定住圏整備のための諸施策の充実，強化を推進する」ことが求められているにすぎない。都道府県

や国はあくまでサポーターなのである。

　この背景には，高度成長期を過ぎ，国にはかつての二全総のような巨大な公共事業を行う余裕がなくなりつつあるという事情もあった。「地方はできるかぎり知恵とアイディアを絞って自前で頑張ってくれ。少しは相談には乗るから…」という感じであろうか。

　かくして1979年7月1日の国土庁から「モデル定住圏構想計画策定要綱」の通達がなされると，8月には28圏域，9月に12圏域が，合計40もの地域がモデル定住圏に指定されることになった。

2　テクノポリス（高度技術集積）構想

　もちろんいくら自然に恵まれた素晴らしい住環境であったとしても，人間は働かなくては生きていけない。企業の誘致もまた重要な課題である。その課題に対して案出されたのが「テクノポリス構想」であった。地域開発と先端技術産業の育成という2つの課題を追求しようとする斬新な試みである。

　この「テクノポリス構想」がうちだされたのは，1980年3月の産業構造審議会答申「80年代の通商産業政策のあり方に対する答申」であった。これに基づき，83年に「高度情報技術工業集積地域開発促進法（テクノポリス法）」が制定された。通産省の当初の構想では1カ所であったが，多くの地域が名乗りをあげたために，全国26カ所で開発がすすめられることになってしまった。そのモデルはもちろんアメリカのシリコンバレーである。地域に先端技術産業を導入し『産』『学』『住』による町づくりを実施し，高度の知識集約型産業によって定住構想を実現していく1つのモデルとして期待されていた。

3　三全総の評価

　三全総については諸説分かれるところである。公害問題を多発させてしまった一全総や大規模工業基地開発の弊害を生じさせた二全総と比べると，「ここが明らかな問題点だった」という目立った箇所はない。日本が安定成長期に入ったことを前提としつつ，「地方の時代」を意識した「定住圏構想」は現在でも理想とされるところである。

第1章　地域発展の経済政策―全国総合開発計画と地域開発―　19

しかし,「時機を得なかった」,「提唱者の大平首相が急死してしまった」などの諸事情から,その理念とは異なった中途半端な形で終わったという批判もある。本間義人氏はその著『国土計画を考える』(中央新書)と『国土計画の思想』(日本経済新聞社)の中で,三全総についても詳細に検討されている。

まず三全総が一全総,二全総の深い反省に立って策定され,住環境の整備を中心とした総合的なプランであったこと,そしてその実施主体を地方自治体,とりわけ住民の生活に密着した市町村においたことは大変にすばらしい発想の転換であったろう。しかし,それがいざ実施されるとなると"逆走"を始めてしまった,というのである。

定住圏の候補地として名乗りをあげるのは地方自治体であるが,その指定を行うのは国である。その結果,定住圏構想の指定地域となるかどうかは国の意向によってしまう。これでは国家主導型の開発となんら変わるところはない。またその対象事業にしても,『住』の整備を中心においたとしても,労働人口を確保するにはやはり企業誘致が必要となる。それらの企業に対しては政府から補助金が付く。となれば,まずは土木中心の大規模公共事業が主たる事業となってしまう。これではなんら一全総と二全総と変わるところがない。企業の誘致中心の地域開発になってしまった事例も多い。

またテクノポリス構想では「もともと26カ所も総花的に選んだ時から,これらテクノポリスは,かつての新産業都市と同じ運命をたどることが明らかであった」と指摘されており,多すぎる地域指定が技術集積を困難なものにしたのではないかと批判されている。

三全総は当初の計画にほぼ近い形で10年近くにわたって実施された後,1987年6月新たに四全総にかわっていく。

第6節　第四次全国総合開発計画（四全総）

策定年次	1987年6月30日
目標年次	おおむね2000年
関連用語	多極分散型国土　東京一極集中　交流ネットワーク構想　中曽根康弘　民間活力の利用　バブル経済　地価高騰　リゾート開発　バブルの崩壊
時代背景	1987年（6.1）　国鉄分割民営化　東北自動車道全線開通　ブラックマンデー（世界同時株安）
	1988年（6.4）　地価上昇　ソ連ペレストロイカ開始　青函トンネル開通　東京ドーム完成　瀬戸大橋開通　リクルート事件
	1989年（4.6）　昭和天皇崩御　平成始まる　天安門事件　ベルリンの壁崩壊　日経平均株価最高値を記録　横浜ベイブリッジ開通　消費税施行（3％）
	1990年（6.2）　第二次海部内閣発足　東西ドイツ統合　バブル崩壊
	1991年（2.3）　湾岸戦争　新都庁舎完成　ソ連崩壊　宮沢内閣発足
	1992年（0.7）　「のぞみ」運行開始　ハウステンボス開業　佐川急便事件
	1993年（-0.5）　細川内閣発足　横浜ランドマークタワー完成　レインボーブリッジ開通
	1994年（1.5）　ロサンゼルス地震　村山内閣発足　関西国際空港開港
	1995年（2.3）　阪神淡路大震災　地下鉄サリン事件　兵庫銀行破綻（戦後初の銀行破綻）
	1996年（2.9）　橋本内閣発足
	1997年（0）　秋田新幹線「こまち」運行開始　山一証券廃業　アジア通貨危機　消費税3％から5％へ　三洋証券破綻　北海道拓殖銀行破綻　京都議定書採択　東京湾アクアライン開通

1　多極分散型国土と交流ネットワーク構想

　四全総の策定作業は，1983年の11月から始められていた。当初は三全総の定住圏構想を継承し，これに広域交流という新たな視点を加えた地方重視の政策が構想されていたようだ。しかし，1980年代初頭より日本経済は急激にそ

の産業構造を変化させており，自動車，エレクトロニクスなどといった高度情報化産業が急成長していた。再び経済成長率は6％台に上昇し，それとともに人口および社会の諸機能は再び東京・大阪といった大都市に集まってきていた。一方で本格的な国際化社会を迎えて，東京には新たな世界都市としての機能が求められてきていた。

　これらの点に関する中曽根首相の指摘により，その構想は大きく方向転換を迫られることになる。新たに国土庁長官の私的諮問機関として「国土政策懇談会」が設置され，四全総の新たな検討が行われた。その結果，四全総は，単なる「定住圏構想」の継承から「大都市問題」へとその重心を移していく。より具体的には，東京を「世界の中枢都市」として位置づけ，世界の金融の中心，情報の発信地としての高次の機能をもたせることが主要な目的とされたのである。

　しかし，この方針に対しては地方から反対の声があがる。「東京一極集中の是認だ」，「地方の切り捨てだ」というのである。その背景には，1985年のプラザ合意以降の円高で地方の産業（その多くは重工業ないし軽工業）が疲弊してしまっているという現実があった。

　こうして四全総は，一方においては東京の世界中枢都市としての機能の高度化を追求しながら，一方ではさらに地方の活性化，国土の均衡ある発展を目指すという異なる目標を追求することになる。

　このような課題に応えるべく案出されたものが「多極分散型国土」であった。

　計画では「安全でうるおいのある国土の上に，特色ある機能を有する多くの極が成立し，特定の地域への人口や経済機能，行政機能等の過度の集中がなく，地域間，国際間で相互に補完，触発しあいながら交流している国土」という観点を説明した後，「特色のある機能を有する多くの極のある国土」という意味で「多極分散型国土」を四全総の中心にすえている。東京も「その特色ある極の一つ」であり，その特色は「わが国の首都としてのみならず，金融，情報等の面で世界の中枢都市の一つとして，わが国及び国際社会の発展に寄与する」というものである。そのための国際金融機能等の都心部での展開に伴う要

請に対応し，都心部及び東京臨海部の総合的整備をすすめることが必要であるとしている。

　この「多極分散型国土」の極を結びつける開発方式とされたのが「交流ネットワーク構想」である。「交流ネットワーク構想」は次の3つの柱からなりたっている。

---

① 地域の整備は地域自らの創意と工夫を機軸として推進し，中枢的都市機能の集積拠点，先端的技術産業の集積拠点，特色ある農林水産業拠点，豊かな自然とのふれあいの拠点，国際交流拠点等，多様な方向で独自性を有する地域を形成する。
② 基幹的な交通体系及び情報通信体系の整備は国自らあるいは国の先導的な指針に基づき全国にわたって推進し，高速交通体系の全国展開による主要都市間で日帰り可能な全国一日交通圏の構築，高度な情報・通信体系の全国展開と長距離通信コストの低減による情報へのアクセス自由度の向上を図る。
③ 交流を促進するソフト面の施策として，文化，スポーツ，産業，経済各般にわたる多様な交流の機会を国，地方，民間団体の連携により形成する。このため都市と農村との広域的交流，産業・技術ネットワーク，イベントの開催，姉妹都市等の国際交流など，各地域の特性を生かした多様な交流を推進する。

　そのための戦略プロジェクトとして，以下のようなものを挙げている。

（ア）地方圏における産業・技術拠点の形成，大規模高生産性農地の整備，大規模リゾート地の整備
（イ）国際的な業務，学術研究機能等の集積や国際空港，外貿拠点港等の整備による国際交流拠点の形成及び地方中枢・中核都市における高次都市機能集積拠点の整備
（ウ）高規格幹線道路，空港の整備及びサービス総合ディジタル網の構築

　このような方針の下，1987年6月，第四次全国総合開発法が閣議決定された。

2　民間活力の利用と第三セクター

　四全総で大きな役割を果たしたのは「民間資本」,「民間活力」であった。

　1980年代の世界の趨勢は,「規制緩和」,「プライバタイゼーション」,「自由化」といった方向に流れていた。イギリスではサッチャー首相が社会保障制度改革, 赤字を垂れ流す公営企業の民営化, 財政支出削減などを断行し,「英国病」の根絶に辣腕をふるっていた。アメリカのレーガン大統領は「規制緩和」と「減税」を柱とするレーガノミクスを実施し, 企業競争力の強化をはかっていた。民間企業家によるアントレプレナーシップ（企業家精神）が賞賛され, ロンドンのドックランド開発やボストンのウォーターフロント開発などの大規模プロジェクトへの民間資本の積極的参加がすすめられていた。

　日本でも, 中曽根首相のもとで同様の方向での行財政改革がすすめられていた。日本電信電話公社, 日本国有鉄道の民営化が実施され, 東京臨海副都心, 横浜みなとみらい21, 千葉幕張メッセなどの巨大プロジェクトに民間資本が次々と投入され始めていた。

　「民活法（正式名称：民間事業者の能力の活用による特定施設の整備の促進に関する臨時措置法）」は, この動きを促進するために1986年に制定された法律である。この法律の趣旨は「技術革新や情報化, 国際化といった経済的環境の変化に対応して, 経済社会の基盤の充実に資する特定施設の整備を民間事業者の能力を活用し, 促進することを目的とし, 国民経済や地域経済の健全な発展を図る」というものであった。この法律の下, 国や地方自治体と民間企業が共に出資する「第三セクター」が次々と設立された。関西国際空港や京都駅南口再開発などは, この第三セクターによる開発などがその例である。

　1987年に制定された「リゾート法（正式名称：総合保養地域整備法）」も同様である。「民活法」がどちらかといえば都市部の再開発に重心をおいたのに対し, リゾート法は地方の開発に重点をおいたものであった。その内容は「国の承認を受けた計画に基づき整備されたリゾート施設については, 国および地方公共団体が開発の許可を弾力的に行ったり, 税制上の支援, 政府系金融機関の融資が受けられるなどのメリットが与えられる」というものであり, 実に36都道府県がこの構想に参加を表明していた。結局,「宮崎・日南海岸リゾート構

想」,「三重サンベルトゾーン構想」,「会津フレッシュリゾート構想」の3件を皮切りに全国42地域で実施された。

これ以外にも頭脳立地法 (1988年), 地方拠点法 (1992年), 関西文化学術研究都市建設促進法 (1987年), 大阪湾臨海地域開発法 (1992年) などの多くの地域開発法が制定され, 民間の資本が地域開発に次々と投入されていった。

3 バブル経済とその破綻

四全総は, 1987年に始まり98年に終了する。中曽根, 竹下, 宇野, 海部, 宮沢, 細川, 羽田, 村山, 橋本の9内閣によって実に12年間も維持・継続されてきた。この時期, 日本は, バブル経済の始まり, 日本経済の最も華やかであった時代, バブルの崩壊, それに続く「失われた10年」という激動の時代を経験する。

プラザ合意以後, 民間の資金はだぶついており, その行き場を求めていた。これに対して民活法やリゾート法による「民間活力の利用」は絶好の投資機会を与えてくれるものであった。企業の余剰資金が都市開発, リゾート開発へと次々と注ぎこまれた。あちらこちらで開発がすすめられ, 新しい奇抜な形の高層ビルが建てられるようになっていった。ウォーターフロントでも未来都市をイメージした不思議な建築物が建設され, その間をモノレールが縫うように走っていた。東京の沿岸部や横浜は, 四全総の狙いどおり国際情報都市にふさわしい姿に再開発されていったのである。

しかし, その一方で地価は異常な上昇をみせ始めていた。とりわけ都会の商業地, 駅前などが再開発の対象とされ, 法外な高値で売買されるようになってきた。二全総のときのように, 再び土地が「開発」の対象から「投機」の対象とされ始めたのだ。土地の転売が繰り返され, 地価はわずか数月足らずで2倍, 3倍にも跳ね上がっていった。「地上げ屋」というビジネス (?) があちらこちらに跋扈し始めたのもこのころである。「駅前のタバコ屋さんのおばあさんが地上げにあったそうよ。土地を売ってくれと言われたのを断ったら, ダンプが突っ込んできたんですって…」という話がいたるところで聞かれるようになった。

この動きは，リゾート法の下で開発のすすむ地方にまで広がっていった。各地では山が崩され，森林が切り開かれ，かわってゴルフ場，スキー場，マリーナ，レジャーランド，ホテルなどが続々と建設されていった。「いかに多くのレジャー客を大都市圏から呼び込むか」が至上目的とされ，三全総の「定住圏構想」で掲げられた「うるおいのあるふるさと」などといったものはもはや影も形もなくなってしまっていた。

土地だけではない。およそ資産とよばれるものの価格は著しく上昇していた。1989年の日経平均株価最高値は38,957円44銭を付け，ヤフー株などは1億円を突破していた。ちまたには「入社1年目で100万円のボーナスがでた」，「就職の面接にいくとステーキや寿司を食べさせてくれた」，「彼氏に何色が好きと聞かれたので"青"と答えたら，翌日，青のアウディが家の前に止まった」などなど，バブル期の逸話には事欠かないほどである。

しかし，バブル経済が崩壊すると一転，地価は急激に下がり始める。日経平均株価も1990年末には20,000円を割り込んでしまった。資産価格の急速な下落は企業の財務状況を悪化させ，多額の不良債権を生み出した。1995年には山一証券，三洋証券といった大手の金融機関の破綻が相次いだ。これ以後，日本は「失われた10年」ないし「失われた20年」という現在にいたるまでの長期の景気の低迷に苦しむことになる。

一方でバブル時代に建設された多くのゴルフ場やレジャーランド，ホテルは廃業となり，誰にも処理されないまま廃墟となっているところも多い。

このように四全総は，その前半は「民間活力」による力強い開発が行われていたが，未曾有のバブル経済を生みだした。そしてその後半は，このバブル経済崩壊の後始末に追われるというものになってしまった。かくして四全総は1998年におおよそ予定通りに終了した。

第7節 「新しい全国総合開発計画―21世紀の国土のグランドデザイン―地域の自立の促進と美しい国土の創造」(五全総)

策定年次	1998年3月31日	
目標年次	2010年から2015年	
関連用語	多軸型国土構想	
時代背景	1998年(－1.5)	小渕内閣成立　金融ビッグバン 日本債券信用銀行一時国有化
	1999年(0.7)	東邦生命保険・東京相和銀行などの金融破綻相次ぐ 日銀ゼロ金利政策開始　NATOユーゴを空爆
	2000年(2.6)	小渕首相死去　森内閣発足　そごう民事再生法手続き みずほファイナンシャルグループ発足
	2001年(－0.8)	9.11同時多発テロ　小泉内閣成立　シーガイア倒産 三井住友銀行誕生　マイカル破綻　東京生命破綻
	2002年(1.1)	UFJ銀行誕生　みずほ銀行誕生 三井住友ファイナンシャルグループ設立
	2003年(2.1)	イラク戦争　自衛隊イラク派遣決定　SARS集団発生 ハウステンボス会社更生法申請　りそな銀行発足 足利銀行一時国有化　各地で地震が相次ぐ　冷夏
	2004年(2)	スマトラ沖地震　鳥インフルエンザ　九州新幹線開業 成田空港民営化　明治安田生命誕生
	2005年(2.3)	京都議定書発効　日本国際博覧会開催
	2006年(2.3)	安倍内閣発足　トヨタ社のリコール問題 三菱東京UFJ銀行誕生
	2007年(1.8)	福田内閣発足　年金問題発覚　民主参議院で第一党へ NOVA経営破綻　郵政分社化
	2008年(－4.1)	麻生内閣発足　リーマンショック　原油価格上昇 金融危機世界に拡大
	2009年(－2.4)	鳩山民主党内閣発足　GM破産法申請
	2010年(3.1)	菅内閣発足　JAL経営破綻　茨城空港開港 口蹄疫問題　子供手当支給開始
	2011年	東日本大震災

1　多軸型国土構想

　1998年3月，新しい国土計画が閣議決定された。それが「21世紀の国土のグランドデザイン」である。ことさら「第五次全国総合開発計画」としなかったのは，これまでの国土計画とは一線を画すものにしたいという意図がこめられているからである。

　この「21世紀の国土のグランドデザイン」の基本構想は「多軸型国土構造」というものである。その主旨と基本構想については少々詳しい説明が必要であろう。

　従来，日本は「太平洋ベルト地帯」という1つの「軸」でやってきた。「太平洋ベルト地帯」は東京圏から始まり，東海圏を通り，大阪，瀬戸内海，九州へといたる1つの直線として描くことができる。この間に工業集積地帯やビジネスエリアが形成され，それを高速道路が結び，新幹線が走り，人や情報，ビジネスが行き来していた。日本人が「仕事をしたい」と思えば，まずその身をこの線上のどこかに置かねばならない。その上でこの線上の一点で働くか，あるいはこの線上を行き来することになる。このような空間を1つの「軸」とよぶ。明治維新以来の日本が「欧米に追い付け追い越せ」と経済成長というただ1つの目標を追求してきた時代は「一軸」でよかった。そちらの方が諸々のエネルギーを効率的に集約的に利用できたからである。

　しかし時代は変わってしまった。「21世紀のグランドデザイン」が策定された1990年代後半にはバブルが崩壊し，日本経済はそのピークを過ぎていた。人々はいたずらに物質的豊かさを追求することに疑問を感じ始め，生きがいや余暇の充実という質的な充実を求めるようになってきていた（国民意識の大転換）。目を世界に転じれば，世界経済の変転も目覚ましい。アジア経済の急速な発展はそれまでの欧米中心の関係から，近隣のアジア諸国との関係の新たな構築を必要としている（地球時代）。一方で，国内人口は減少に転じている。従来の国土政策が「都市の過密化」のような「人口増加社会で生じる諸問題」の対応に重点がおかれてきたのに対し，今後はそのような問題に拘泥される必要はない。長期的展望にたった国土づくりの形を考えていける（人口減少・高齢化時代）。また，インターネットや通信情報機器の発展は，わざわざ大都市に出

てこなくとも知見や情報にアクセスでき，地方にいても仕事ができるようになったのである（高度情報社会）。

　ところで，この日本が「一軸」でやってきたのは，たかだか百年にすぎない。それ以前は，それぞれの地域がそれぞれ独自の文化や地理的特性，生活様式をもってやってきた。それらの気候，風土，文化的蓄積，地理的特性などの類似性を考慮するならば，新しいいくつかの「軸」が形成できるはずだ。ならば長期的展望にたった「多軸」を形成していくことが今後の国土計画の方向性としてのぞましい。

　その軸とは，
① 北東国土軸…中央高地から関東北部を経て，東北の太平洋側，北海道にいたる
② 日本海国土軸…九州北部から本州の日本海側，北海道の日本海側にいたる
③ 太平洋国土軸…沖縄から九州中南部，四国，紀伊半島を経て伊勢湾沿岸へいたる
④ 西日本国土軸…旧来の太平洋ベルト地帯

の4つと考えられた。このような考えが「多軸型国土構想」となっていたのである。

2　5つの基本的課題と4つの戦略

　このような新しい国土づくりを行うにあたっては，いくつかの基本的な課題を解決していかなくてはならない。ここでは，①自立の促進と誇りの持てる地域の創造，②国土の安全と暮らしの安心の確保，③恵み豊かな自然の享受と継承，④活力ある経済社会の構築，⑤世界に開かれた国土の形成，という5つの課題を設定している。そしてそのための戦略として「多自然居住地域の創造」，「大都市のリノベーション」，「地域連携軸の展開」，「広域国際交流圏の形成」の4つを挙げている。

　「多自然居住地域」とは「自然がたくさんある居住地」という単純なものではない。自然が豊かであるのがのぞましいのは当然であろうが，「21世紀の国

土のグランドデザイン」ではこれを戦略の一番に挙げ,「21世紀の新たな生活様式を可能とする国土のフロンティア」として位置づけている。そこでは多自然居住地域は「中小都市等を圏域の中核として周辺の農山漁村から形成されるもので,中小都市は,基礎的な医療と福祉,教育と文化,消費などの都市的サービスや身近な就業機会を周辺の農山漁村に提供する」と定義されている。またそこでは「質の高い生活と就業を可能にするためには農林水産業や地域の持つ自然や文化等を総合的に活用した新しい産業システムを構築,高度な情報通信の活用による立地自由度の高い産業の育成を行うとともに,生活基盤の暮らしの条件の整備を行う」ともある。白書にある定義があまりに抽象的でイメージしづらいのだが,一般に「スローライフ」とか「田舎暮らし」とよばれる新しいライフスタイルの提案であると考えていいのではないだろうか。試みに各自治体のホームページをみると「マルチハビテーション」とか「グリーンホリデイ」,「クラインガルテン」といった「多自然居住地域」に対してのさまざまな提案がなされており,むしろ抽象的である方が自治体の取り組みの発想の自由度が増すようだ。このようなさまざまな取り組みの中から,新しいライフスタイルの形が創造されていくことを期待したい。

「大都市のリノベーション」とは,「過密に伴う諸問題を抱えていた大都市において豊かな生活空間の再生や経済活力の維持を図るため,大都市空間を修復,更新すること」である。バブル期の地価高騰は,一般人が都会に家を買うなどということはもはや「夢のまた夢」にしてしまった。人々は郊外に家を求めなくてはならず,そこから職場まで1時間も2時間もかけて通勤するというのが一般的となってしまった。これに対し都市の居住機能を回復させるとともに,老朽化した木造密集地域の解消と防災拠点の整備をはかろうというものである。同時に従来の都市の機能,産業集積や技術・技能・情報の集積の高度化,新たな事業展開も考慮していこうというものである。

「地域連携軸の展開」とは「都道府県を超えた市町村の連携によって形成される軸上のつながりや地域連携のまとまり」を意味する。地域の自立を促進し,活力ある地域社会を形成するため,異なる資質を有する市町村等の地域が,都道府県境を超えるなど広域にわたり連携することにより,軸上のつなが

りからなる地域連携のまとまりとして「地域連携軸」を形成し，全国土に展開するということである。さらにこのような「魅力的で個性的な地域連携軸が国土に縦横に展開されることによって，活力ある誇りを持てる地域づくりが促進される」としている。

「広域国際交流圏の形成」は，アジア・太平洋地域をはじめとする諸外国との交流を活発化するための空港などのアクセスの整備，それと同時に国際感覚にあふれた人材育成などが課題とされている。

五全総の目標年次は 2015 年であり，その成果についてはそれ以後になされることになる。

3 国土形成計画法

「国土形成計画法」は，2005 年より施行された新しい国土総合開発法である。
もともと，「21 世紀の国土のグランドデザイン」において，国土計画の理念の明確化，地方分権等諸改革への対応，指針性の充実といった要請にこたえるような国土計画の確立を目指すことが明記されていた。いや，さらにさかのぼれば「第二次地方分権推進計画」(1999 年 3 月) においても，国土総合開発計画および国土利用計画の見直しが明記されていた。これを受けて国土審議会で調査審議がすすめられ，2004 年に「国土の総合点検」という題の報告書がとりまとめられた。その中で国土計画自体の大胆な改革の必要性が提言されたのである。国土交通省ではこの国土審議会の検討をふまえ，国土総合開発法を抜本的に改正した国土形成計画法を策定し，国会に提出した。正式名称「総合的な国土の形成を図るための国土総合開発法等の一部を改正する等の法律案」となる国土形成計画法が成立したのは 2005 年 7 月 22 日であった。

このような国土総合開発法の抜本的改革の背景には，21 世紀を迎えた日本と世界の社会的・経済的変化があった。『国土形成計画 (全国計画)』平成 20 年 4 月 (国土交通省編) によれば，そのような大きな変化として，「本格的な人口減少社会の到来・急激な高齢化の進展」，「グローバル化の進展と東アジアの経済発展」，「情報通信技術の発達」の 3 点を挙げるとともに国民の価値観の変化として「安全・安心，地球環境，美しさや文化に対する国民意識の高まり」と

「ライフスタイルの多様化,「公」の役割を果たす主体の成長」の2点を挙げている。その上で,取り組むべき課題を(1)一極一軸型国家構造の現状,(2)地域の自立的発展に向けた環境の進展,都道府県を超える広域的課題の増加,(3)人口減少等をふまえた人と国土のあり方の再構築 の3点を挙げている。

改正のポイントは大きくわけて2つある。

1つは「国と地方によるビジョンづくり」である。従来の全国総合開発計画では「ビジョンづくり」は国主導で行われてきた。新産都市もテクノポリス構想もリゾート法によるレジャー施設建設も,国家主導のビジョンに地方が追随していくという形であった。国土形成計画では,これを全国計画と広域ブロック別の広域地方計画の二層に分け,全国的見地から施策を必要とするものについて国の責務を明確にする一方,広域地方計画では国と地方が相互に連携・協力して計画を策定する仕組みが取られている。

もう1つは「開発中心からの転換」である。これまでの量的拡大,開発を基調とした計画から,成熟社会型の計画を目指して,計画事項を拡充・改変していこうというものである。具体的には,景観や環境を踏まえた国土の質的向上,有限な資源の利用・保全,既存ストックの有効活用,海洋利用,国際協調などの観点の重視である。

参考文献

川上征雄(2008)『国土計画の変遷』鹿島出版会。
国土交通省国土計画局(2009)『国土形成計画(全国計画)の解説』時事通信社。
小島照男(2012)『地域振興論』税務経理協会。
下川辺淳(1994)『戦後国土計画への証言』日本経済評論社。
武田知弘(2010)『ヒトラーとケインズ』祥伝社。
本間義人(1999)『国土計画を考える』中公新書。
本間義人(1993)『国土計画の思想』日本経済評論社。

(渡辺修朗)

第2章 地域発展の経済政策
―地方財政の現状と課題―

第1節 はじめに

　我が国は世界で最も早く少子高齢社会に突入し，2008年から人口減少期に入っている。地方財政は公的な経済主体である「地方政府」[1]が資金調達や財政支出を通じて，資源配分の効率化，所得の再分配および経済の安定化等の機能を行うものである。もちろん，公的経済主体には地方公共団体以外に国や独立行政法人等の各種の公的組織が存在し，財政は大きく国の財政と地方財政に区分される。そして，国と地方が公的経済主体としての活動をどのように分担するかは，各国の統治構造や政治システムによって異なる。「社会保障基金」[2]を除く「一般政府」[3]支出の対GDP（国内総生産）比で国際比較（2010年ベース）すると，我が国や米国，ドイツ，イタリア等のように地方財政が国の財政を上回る国がある一方で，英国やフランスのように国の財政の方が地方財政より大きい国も存在する。

　このように一国の公財政の規模や内容は，地方財政と国の財政を統合しないと全容を把握することも比較することもできないことに留意しなければならない。また，地方の財政は中央政府たる国と地方政府たる地方公共団体（である都道府県と市町村）の間の財政関係，つまり，国から地方への支出と地方から国への支出があるため，国の財政と相互依存にある。したがって，地方財政では，財政の担う経済的活動はどこまでか（政府の守備範囲）および国と地方の関係（政府間関係）はどうかという観点を常に視野において議論しなければならない。同時に，財政は経済と密接な関係があり，税収等は税制度が同じでも経済

状況によって大きく変動するし、また、今回のギリシャ財政赤字を発端とする欧州経済危機に示されるように財政は経済に影響する。我が国でも経済成長が順調であった時期には、国および地方の財政ともGDPの伸びに応じて規模が拡大し、サービスの質および量の拡充は対GDP比で歳出を増大させずに可能であった。しかし、人口減で経済成長の低下が見込まれる状況下では、市民の1人当たり負担を現状より大幅に増大させずにサービスの質を確保し、財政を効率化することが同時に要請される。

こうした質の向上と効率という2つの課題をいかに克服して、地域経済と地域住民の生活を守り発展させていくかが21世紀の地方財政に求められている。本章では、かかる観点から地方財政に関するアンケート調査結果[4]等を利用して方向性を探っていく。次節では地方財政がどのような役割を果たし、何に支出し、その財源をどこから賄っているかの現状を解説する。そして、第3節では、地方財政にどのような課題があるかを財政健全化、地域間格差および行財政改革の点から検討する。第4節ではこれら課題に対してどのように対処していくかを中長期の財政需要、新しい財政運営のモデルおよび組織構造改革の視点から述べる。最後に結論と展望を示す。

第2節 地方財政の現状

1 地方財政の役割

地方公共団体たる地方政府は住民に対する基礎的な行政サービスを担っており、国と地方との支出の重複を除いた純計ベース（平成23年度決算で164.7兆円）で比較すると、概ね国が4（68.5兆円）、地方が6（96.2兆円）の割合になっている（総務省、2013a）。地方政府をまたがる全国的な行政活動とか国家的な見地で行う外交・防衛等は国が行い、住民に身近な行政は住民が暮らす地方公共団体にゆだねることが地方自治法（昭和22年法律第67号）第1条の2第2項にも規定されている。実際、総務省（2013b）によると、目的別経費（平成23年度決算）のうち一般行政費等（90％）、司法警察消防費（77％）、国土開発費（72％）、学校教育費（86％）、社会教育費等（92％）、衛生費（97％）は地方の割合が6割を超

えている。

　このように政府活動としては地方の活動が国の活動を上回っているが，地方分権改革の観点から近年では補完性の原理が提唱されている。この原理は，事務事業の政府間の分担はまず基礎的自治体が，次に広域自治体を優先し，広域自治体にも適さない事務のみを国が担当するというものである。地域主権の考え方にも通ずるものがあるが，自治体の分担に関する意識は，アンケート調査によると補完性の原理を支持するものは3分の1強（35.2%）にすぎず，その反対たる国がまず担うべき領域を決定して残りを地方が担うとするもの（33.5%）を支持するものおよび条件・環境に応じて分担すべきとするもの（30.2%）の支持とほぼ三等分される。

　この背景には，地方の財政制度が国の財政制度によって規定される程度が未だ収入・支出両面で強く，そこからの脱却の根本的な対策が確立していないため，権限責任を付与されても財源面で不安が残ることにあると推定される。

2　歳　出

　上述したように国と地方の純計の約6割を地方財政が担っているが，その具体的な歳出内訳についてみると，目的別純計ベース（図表2－1参照）では民生費，教育費，土木費および公債費の4区分で約2/3を占めている。これを都道府県と市町村で比較すると，都道府県では最大の経費が教育費（21.5%）であるのに対し，市町村では民生費が34.2%と最大であり教育費は10.0%にとどまる。また，公債費の割合にほとんど差はない。この要因は，1つには教育費のうち人件費の主要部分である義務教育にかかる教職員給与および県立の高等学校等に係る経費が都道府県により支払われるため，都道府県の教育費を高め，市町村の教育費を低くすることによる。法制度的にいうと義務教育費国庫負担法（昭和27年法律第303号）により，市町村立学校の教職員給与費は都道府県の負担とされ，そのうち原則1/3を国が負担すると同法第2条で規定されている。また，国民健康保険・介護保険や保育事業は市町村によって担われるため，市町村の民生費割合が高くなっている。

　歳出の中身を性質別に整理したのが図表2－2である。純計ベースでは人件

第2章 地域発展の経済政策―地方財政の現状と課題― 35

図表2－1 目的別歳出（平成23年度決算）

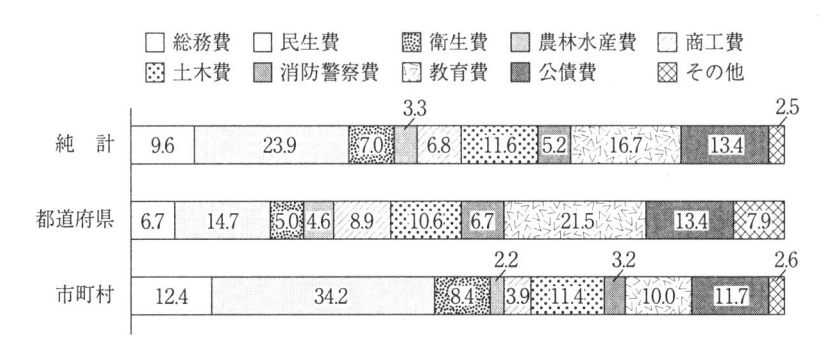

凡例：□総務費 □民生費 ▨衛生費 ▨農林水産費 □商工費 ▨土木費 ▨消防警察費 ▨教育費 ▨公債費 ▨その他

	総務費	民生費	衛生費	農林水産費	商工費	土木費	消防警察費	教育費	公債費	その他
純計	9.6	23.9	7.0	3.3	6.8	11.6	5.2	16.7	13.4	2.5
都道府県	6.7	14.7	5.0	4.6	8.9	10.6	6.7	21.5	13.4	7.9
市町村	12.4	34.2	8.4	2.2	3.9	11.4	3.2	10.0	11.7	2.6

出所：総務省編『平成25年地方財政白書』。

図表2－2 性質別歳出（平成23年度決算）

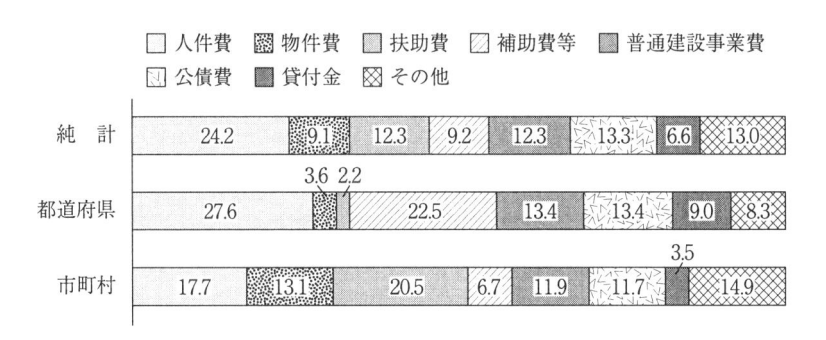

凡例：□人件費 ▨物件費 ▨扶助費 ▨補助費等 ▨普通建設事業費 ▨公債費 ■貸付金 ▨その他

	人件費	物件費	扶助費	補助費等	普通建設事業費	公債費	貸付金	その他
純計	24.2	9.1	12.3	9.2	12.3	13.3	6.6	13.0
都道府県	27.6	3.6	2.2	22.5	13.4	13.4	9.0	8.3
市町村	17.7	13.1	20.5	6.7	11.9	11.7	3.5	14.9

出所：図表2－1に同じ。

費が最大の費目（24.2％）であり，次いで公債費（13.3％），扶助費と普通建設事業費（12.3％）および補助費等（9.2％）の順になっている。これを地方公共団体の種類別でみると，都道府県では人件費（27.6％）の次の費目が補助費等（22.5％）であり，普通建設事業費（13.4％），公債費（13.4％）と続く。一方，市町村では扶助費（20.5％），人件費（17.7％），物件費（13.1％），普通建設事業費（11.9％）および公債費（11.7％）となる。都道府県の人件費比率が市町村より高

いのは，教職員人件費の都道府県負担があるためであり，扶助費が都道府県では2.2％であるのに対し市町村が20.5％と高いのは医療保健サービス給付を主として市町村が担っていることによる。また，反対に補助費等の割合では都道府県が市町村の倍近くなっているのは，都道府県から市町村への補助があることが影響している。

3　財　源

　地方財政の特徴は国から地方への財政移転（垂直的財政調整）がなされることであり，その原資を国の歳入に依存することになる。純計ベースで地方は歳出全体の約6割を占める一方，歳入では約4割にとどまるため，地方財政は国の財政制度に依存することになり，この開差（約2割）を埋める財政移転が不可欠である。具体的な財政移転項目には，地方交付税，地方特例交付金，地方譲与税および国庫支出金がある（平成23年度決算の歳入純計額は100兆696億円，図表2－3参照）。ここで，地方交付税とは，地方公共団体間の財源の均衡化（財政調整）と財源保障を図るため国税収入の一定割合（所得税・酒税の32％，法人税の34％，消費税の29.5％およびたばこ税の25％）が配分されるものであり，普通交付税と特別交付税からなる。普通交付税は財源不足の場合に基準財政需要額[5]から基準財政収入額[6]を控除した額が交付され，特別交付税は普通交付税で捕捉されない特別の財政需要に対し交付される。地方譲与税とは，実質的には地方公共団体の財源とされているものの課税上の便宜などの事情から国が徴収事務を代行しているため，この国税として徴収された税を地方公共団体に譲与するものである。地方交付税の普通交付税と異なり，財源不足の要件はなく財源超過の場合にも配分される。国庫支出金とは，国庫負担金，国庫委託金および国庫補助金から構成される。国庫負担金は国が義務的に経費の全部または一部を負担するもの（義務教育費国庫負担等）であり，国庫委託金はもっぱら国の利害に関する事務であるが，事務能率などの観点から地方公共団体が国から委託を受けて執行する事務（国会議員選挙・国勢調査等）について，国がその全額を委託金として交付するものである。また，国庫補助金は施策の奨励または財政援助の必要な場合に地方公共団体に交付される（廃棄物処理施設整備費補助等）。

図表2－3　歳入構成（平成23年度決算純計）

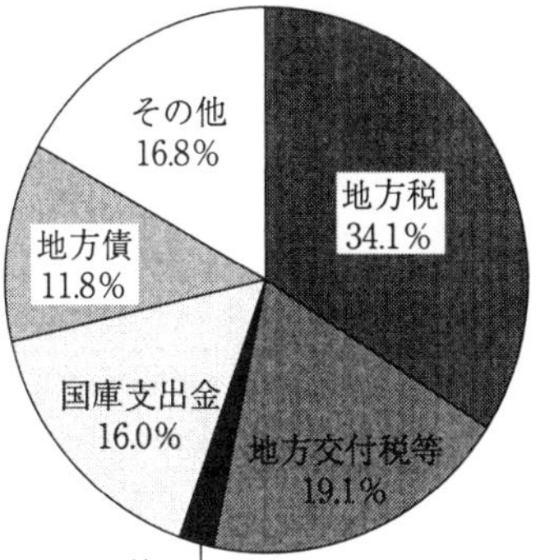

- 地方税 34.1%
- 地方交付税等 19.1%
- 地方贈与税等 2.2%
- 国庫支出金 16.0%
- 地方債 11.8%
- その他 16.8%

出所：図表2－1に同じ。

第3節　地方財政の課題

1　財政の健全化

　地方財政においても，財源不足に加え借入金高が平成23年度末で約200兆円と見込まれ，対GDP比で41.4％に上っている。しかし，これは地方財政全体としての値で，地方公共団体間で財政調整が図られているものの夕張市のような実質公債費比率[7]が35％以上で財政再生団体になっているものから普通交付税が不交付で黒字の団体までさまざまである。現行制度下では，財政健全化法制における健全化判断4指標（トピックス②参照）の実質赤字比率[8]，連結実質赤字比率[9]，実質公債費比率および将来負担比率[10]を監視することになっていて，これら基準のうち早期健全化基準や財政再生基準以上になる地方公共団体は例外的（平成23年度決算では，早期健全化基準以上は2団体，うち財政再生基準以上は1団体）である。

　しかしながら，多くの地方公共団体の長期財政予測では財源不足を生じるとされており，中長期的には早期健全化基準以上に達する団体数は増すことが予想される。実際，アンケート調査によれば，現状および数年後の予測で財政は

「悪化」あるいは「やや悪化」とするものが6割を超えており，その最大の要因は「国の分権改革の推進」とされている。したがって，今後とも財政が好転しないことが想定され，健全化を図るとともに将来対応が求められているといえる。このため，財源構成で構成比率を高めた方がよいとするものは，地方税が62.1%，次いで地方交付税31.3%（全体で100%）となっていて，国の政策の影響を受けにくい自主財源たる地方税を増やしたいと回答している。

2　地域間格差

　地方交付税制度は地方公共団体間の財政調整機能もあるが，実際の行政サービス水準は団体間で差異がある。典型的な例は標準財政需要に算入されない児童に対する医療費助成であり，東京都区部を中心に財政余裕がある自治体は，少子化対策の一環から独自措置として医療費の全額公費負担を実施している。同じ小学生でも医療費負担がゼロの自治体と一定の保険負担が生じる自治体が存在することは，負担の点で公正ではないし，子育て環境が部分的にせよ住んでいる地域で規定されることになる。こうしたサービス水準の差は，介護サービスや保育所等においても存在する。

　行政サービスにおいてどの範囲まで全国的な公正を確保するかは国民の基本的人権をどう定義するかにかかってくるが，客観的で定量的な尺度で提示するのは容易でない。すべてのサービスを自治体間で比較することが前提になるが，サービスの受益者はサービスごとにかつ年齢，所得，地域，家族，社会階層によって異なり，誰が負担しているかは国からの財政移転もあり明確でない。ここでは，簡易な分析として，サービスの差が財政力から来ると仮定して財政力指数で比較する方法と全体的なサービスを1人当たり行政経費で比較する方法の2つを取り上げて検討しよう。まず財政力指数とは基準財政収入を基準財政需要で除したものであり，数値が大きいほど財政が豊かなことを指し，1以上で普通交付税が交付されない。この指数の3カ年平均で全市町村を比較すると2007年度の平均値は0.550，標準偏差は0.324であり，財政力の格差は確かにある。しかしながら，市川（2011）によると，1999年度以降財政力指数の平均は一貫して増加傾向にあること，また，合併した場合には指数が増加す

るとともに自治体間の格差も減少している（合併団体と非合併団体の2007年度の変動係数は，それぞれ0.476と0.638）から，財政調整前の基礎的な財政力の差は全体的には縮小し，合併も財政の独立性という点で一定の効果があったことになる。もう1つの歳出ベースの分析は竹内（2006）が行っており，都道府県を対象に現実歳出／基準財政を例にすると全国的な歳出格差はそれほど大きなものでないことを明らかにしている。

いずれも財政尺度でサービス水準をみることは限界もあり，各自治体が他自治体との比較だけでなく地域の行政需要を勘案して供給するサービスの種類・内容を的確に決定することが必要である。アンケート調査では，隣接あるいは類似団体の政策を考慮（「大いに考慮する」と「やや考慮する」の合計）する自治体が8割を超えており，横並びの意識が高い結果になっているが，どのようなサービスを供給することが地域の行政需要に応えることになるかの視点も同時に必要である。

3 行財政改革

各自治体は，景気低迷による税収減や国の交付税改革等の収入面および行政経費等の支出面の双方から行財政改革を推進している。確かにアンケート調査では市町村の人口が少ないほど，また，財政力が低いほど経費を節減している傾向があり，総務省（2011）の分析でも市町村の人口規模が小さいほど一般歳出の削減率が高いことが示されている。しかしながら，社会保障等の自然増的な経費増を考えると，経費節減にとどまらず抜本的な財源対策および制度見直しが不可欠である。特に扶助費等の民生費は幼児および高齢者層に対するサービスに関する支出であり，高齢化が進展するにしたがい現在の給付水準を維持するだけで経費増大とそれに伴う財源手当てが必要になってくる。効率化を推進することを前提にして，増税か受益者負担増かあるいは水準低下かの選択が迫られる。神戸市（2007）の報告書では，年齢階層別に市民1人当たりの受益額を算定し，高齢化にしたがい2030年度における財源不足額は所要額の約16.5％と推計し，「現行制度を維持することは不可能」としている。具体的な数値をあげると，2006年時点で75歳以上の高齢者の受益額は成壮年層の約5

倍に上っている。この報告書は，サービスの受益者と受益額との関係を年齢階層に着目して試算したもので，サービスの見直しの基礎資料としてきわめて有用である。誰が受益者か，どのような水準か，いかなる目的なり効果があるのか，費用はいくらか，それを負担しているのは誰かを明らかにして，行政がどこまで責任をもつかを含め市民を交えた討議で合意形成を図っていくことが重要であろう。

第4節　課題への対応

1　持続可能な財政

　今後の地方財政を考えるとき，まずは財政崩壊を招かないようにすることが必要である。財政破綻等での最大の被害者は社会的弱者であり，従前の行政サービスの水準低下どころか供給自体が中止に追い込まれる可能性がある。地域に安心して暮らし生活するための基礎的行政サービスはどこに住んでいても保証されるべきであり，そのためには現在および将来にわたる財政の持続可能性を確保することが肝要である。財政収支改善や赤字解消のための経費節減の他，不要財産等の処分を図ることは必要である。しかしながら，一定の目的のための積立金・基金や特別会計等の余剰金の取り崩しは臨時的な財源にはなっても，永続的な安定財源でないことに留意しなければならない。数年間はかかる「埋蔵金」でもって増大する経費に充てることはできるが，資産の処分は純資産の減少であり，簿記的・経済学的に公債の発行による負債増（すなわち純資産の減）と同じである。将来的に増大あるいは発生する経費は将来的に安定的に財源を確保しなければ，財政の持続可能性は維持できない。この持続可能性をシステム的に保証するために，予算段階から現金主義制度において財源を経常的なものと臨時的なものに区分するか，新たに予定キャッシュフロー計算書を作成して行政活動，投資活動（基金取り崩しや資産売却はこの活動に含まれる）および財務活動によるキャッシュフローを算定して管理する[11]か，発生主義会計の考え方を導入して経常的行政経費に対応させる財源から資産取引的な収入（基金取り崩し等）を除外することが検討されてよい。

このことは，無制限な行政需要を財政的に満たすことを意味するのでなく，むしろ安定的な財源の範囲内で基礎的サービスを賄う工夫が必要ということである。もちろん，地域の経済事情等で財源不足が生じる場合には，自治体間の財政調整や国による財源保障が措置されねばならない。

2 新しい財政運営の考え方

財政の持続可能性を維持する場合，我が国の移民政策が大きく変わらないならば，今後の超高齢かつ人口減少社会において考慮されるべきことは，担税人口の減少に対応して財源とサービスをいかなる水準とするか，およびどのように確保するかである。財政需要には人口規模や面積によって決まるもの以外に，人口構成や道路等のインフラの水準によって規定されるものがある。特に高齢化の進行は財政需要の拡大を招くため，少子化で14歳以下の人口比率が低下するのに伴う児童福祉や教育等の財政需要の減少を考慮しても純の財政需要を押し上げる。また，インフラ資産は地域経済および住民の生活基盤でもあり，その維持更新を図ることが原則である。しかし，担税力の中心となる生産年齢人口（比率）および需要増の核となる高齢者人口（比率）は国立社会保障・人口問題研究所の推計（出生および死亡とも中位）によれば，それぞれ2005年で84,422および25,761千人（66.1％と20.2％）に対して，2030年で67,404および36,670千人（58.5％と31.8％），2050年で49,297および37,641千人（51.8％と39.6％）となっている。つまり，15〜64歳人口の65歳以上人口に対する比率は，2005年の3.277から2030年に1.838，2050年に1.309となり，経済成長とサービス水準に変化がなければ現役世代の負担が2.5倍に増加する計算になる。インフラ資産の維持更新資金でも同じ課題があり，現役世代の担税率の増加とともに高齢層の負担増が避けられない。

現行の我が国の租税負担率は国際的に低いので一定の増加は可能であろうし，経済成長を図ることはより重要であるが，負担の見直しの他，行政サービスの必要性の検討，効率性の改善および質・量双方の検討が必要である。インフラ資産であれば，現行のすべてを将来にわたり維持管理することは公共事業費に割く財源に制約があることから，自ずと整備や維持更新に優先順位をつけ

ることや集落機能を維持するための中心市街地への移転や誘導対策を講じることが考えられる。社会的な費用便益分析が再び重要な手法となろう。地域経済・生活基盤を維持するために何を整備・更新するか，何を補修しないかの厳しい選択も住民合意を得て実施しなければならない。

　地方財政のかかる人口動態への対応は方向として地方部も都市部も同じであり，高齢者人口の増加はむしろ都市部で大きくなると想定される。したがって，自治体の財政運営原則として行政と住民との協働型を挙げるものがアンケート調査でも約2/3に達しているが，行政サービスの受益者と水準，費用および負担に関する情報とこれら4つの相互関係を住民と共有して持続可能な地域社会の将来像を描くことが必要である。前出神戸市の報告書で引用されている調査でも，「負担が増えないよう，他の分野の財源を削減すべきである」という意見が約6割で最も多く，「現在のサービスの水準のままで，負担が増えるのはやむをえない」とするのは13.1％にすぎない。つまり，橘木（2007）でも示されたように，我が国の住民・市民は負担増を避ける性向が高く，効率化や財源捻出でサービス供給は可能ではないかという意識が強い。しかし，低負担で中・高水準のサービスを行っているのが我が国の政府サービスの実態である。サービスの質と量とコストの関係，受益者と負担者の関係を明示化して，サービス水準を変えた場合のコストや受益，負担がどのようになるかの複数の代替案を示して民主的討議を重ねないと市民の間で不満と不安が生まれるだけである。行政評価や市民参加型街づくりが実施されているが，個別の行政施策や地区に焦点が当てられている。このため，あるサービスを充実させればコストと受益が増えるが同時に負担が増えること，負担を変えないとすると別のサービスの質か量を減らさなければならないこと，どのくらい効率化すれば負担を増やさずにサービスを維持できるか，誰が受益者で誰が負担しているか，といったサービス相互間，質・量と効率化の関係，受益と負担の関係を定量的に明らかにした情報を提示して討議を深める工夫が必要である。

3　組織構造の改革

　地方財政を担う地方政府の在り方について，古くから道州制の議論が行われ

ている。全国を道と州に区分するといっても，国の行政機関的な位置づけのものから自治的なものあるいは連邦制に近いもの等種々の提案がなされている。平成18年2月の地方制度調査会の答申では，国の事務はできる限り道州に移譲し，地方政府は道州と市町村の二層制とし，長は直接公選する自治的なものが提案されている。この案についてアンケート調査では，人口規模が30万以上の市町村になると道州制を支持する割合が過半数を超えるが，それ以下の人口規模では消極的な意見が多い。また，支持する理由は「行政経費の節減が期待される」および「地方分権の推進が期待できる」とするものが多く，反対に支持しない理由には「地域格差の拡大」および「きめ細かい対応ができなくなる」を挙げるものが大半である。特に，30万人以上の市町村では支持理由に地方分権の推進期待を挙げる者が8割に達し，逆に3万人未満の市町村の不支持では地域格差への懸念が約4割になっている。都道府県がなくなるため，基礎的自治体の裁量が増えることに伴う正と負の効果が人口規模によって大きく異なることを反映している。

　同様の規模の効果は，平成の大合併と称される市町村合併に関するアンケート調査でも見られ，「期待した効果があった」および「いくぶん期待した効果が得られた」とする割合は人口規模が大きくなるにしたがい増加し，特に30万人以上の市町村になると3～30万未満の市町村に比較して10％程度大きくなっている。また，効果があったとされる要因については，人口規模にかかわらず経費の節減を挙げるものが最も多いが，「広域行政が可能になった」および「サービス水準が向上した」は人口規模とともに増大している。逆にサービス水準が低下したと回答したものは，30万人以上ではゼロであったのに対し，3万人未満では30.1％（向上したという回答は6.6％）であった。したがって，合併効果を得るには30万人以上の規模を確保することが必要といえる。

　また，地方政府の在り方は同時に住民との関係をどう構築するかでもあり，住民参加の観点のみならずサービスの確保や財源対策の見地から住民等との協働が重要になっている。しかしながら，協働には柔軟性向上や相乗効果・学習効果の利点の反面，安定性・継続性や説明責任において難点がある。このため，NPO（非営利法人）等のしっかりした組織との協働が重要になってくる。

町内会組織に代わる NPO 等の組織の状況は，アンケート調査によると人口規模や密度あるいは第三次産業比率が高いほど，また，財政力が豊かな市町村ほど活発である。このことは，地方の人口密度や産業のサービス化の水準が低い人口規模が小さい市町村こそ財政力の不足を住民等の協働で補いたいものの，その担い手が都市部や財政力が豊かな市町村に比して少ないという苦難に直面していることを物語っている。

第5節　おわりに

　これからの地方政府の在り方として，小泉政権以降，住民の「選択と競争」を重視する考え方が強調されるようになっている。市町村合併も，基礎的自治体として自立と自治体間競争を可能にする体力増強策という側面もある。しかしながら，前述したように人口規模や財政力の違いによりサービス水準や効率化の方策も異なり，都市部と地方部，大都市と小都市，財政力指数が高い自治体と低い自治体では異なる環境条件下にあるのが実態である。実際，アンケート調査を分析した結果でも，財政運営方針として「選択と競争」（その対立軸は「公平と標準」）を選好するのは，人口規模が大きく財政力も豊かな自治体であった。その意味からすると，すべての自治体が同じ財政運営原理に従うことは難しく，また，望ましくはないといえる。自治体を取り巻く人口動態の変化については予測可能であり，また，全国的な共通性は高いものの，経済・社会・地理環境は大きく異なる。財政調整や財源保障の枠組みを維持した上で，地域ニーズに合ったサービスを効率的に供給する体制を作っていくことが肝要である。それに必要な財政情報の整備や政策分析および経営能力の向上を自治体間で協力して実施したり，国が支援していくことが求められている。

トピックス①──「政府」の範囲

　地方財政が対象とするのは地方政府であるが，この地方政府は国民経済計算でいう「一般政府のうちの地方政府」と「一般政府のうちの社会保障基金の地方分」と一致しない。国民経済計算は経済取引の実態に基づく統計であるか

ら，集計単位たる「一般政府」と法的な地方公共団体とは同じでない。具体的にいえば，一般政府は地方公共団体の普通会計（住宅事業，造林事業，公務員住宅賃貸を除く）と公営事業会計のうち下水道事業および公益質屋事業，その他事業の財産区，地方開発事業団および港務局，社会保障基金のうち国民健康保険事業，老人保健医療事業，介護保険事業までが含まれる。しかしながら，普通会計や特別会計に含められる事業でも，「一般政府」から除外され「公的企業」に区分されるものもある。これは，地方公共団体が直営で営む事業でも上水道や公立大学附属病院のように経済実態がサービスの対価を徴収する等の理由から企業的活動とみなされることによる。したがって，財政報告・統計や公会計としての財務書類における地方公共団体の活動内容は報告主体に着目した概念であるのに対し，国民経済計算の地方政府は経済取引に着目したものであり，範囲が異なる（一般的に国民経済計算の範囲の方が財政報告・統計より狭い）。地方財政の赤字とか債務といった場合，それが何を指しているかをあらかじめ確認することが必要である。

トピックス②──「決算カード」とは？

　決算カードとは，地方公共団体ごとに毎年度の財政状況について総務省が定める一定の様式で作成した「地方財政状況調査表」（通称「決算統計」という）を1枚に要約したものである。これは，インターネットで全団体について公開されており，人口，歳入歳出決算およびその内訳，職員等の給与，公営事業や国保事業会計の状況の他，4つの財政健全化判断比率も記載されている。地方公共団体の財政状況の概要を知るには情報が簡潔かつ比較可能性もある。ただし，本表（50 欄前後）の要約であるので，地方債の詳細とか公共施設の民間委託等の細部の情報は含まれていない。また，ストックにかかる情報は積立金と地方債および債務負担行為に限定されていて，道路等のインフラ資産は含まれていない。

【注】
1）トピックス①を参照。
2）社会保障基金とは「社会全体あるいは大部分を対象として社会保障給付を行うことを目

的としていること，加入が法律により義務付けられていること，資金が積立方式以外の方法で運営されていること，の条件を満たす組織」(内閣府, 2011) をいう。
3) 一般政府は，中央政府，地方政府および社会保障基金から構成される。しかし，この一般政府の活動と国および地方公共団体の活動とは一致しない。一般政府に含まれない企業的な特別会計や地方公営企業等の公的企業の一部（上水道や交通事業等）は，国または地方公共団体によって担われている。
4)「地方財政のガバナンスとシステム改革に関する総合的研究」(科学研究費補助金基盤研究 (A) 19203016, 代表者宮川公男) で平成20年度に全市町村に実施した調査（回答率75％）である。
5) 標準的水準の行政活動を行う必要経費のうち一般財源により賄うべき額であり，財政需要を反映した測定単位に単位費用を乗じた額に自然的・社会的条件を勘案した補正係数をかけて算定される。
6) 標準的な地方税収入額の75％に地方譲与税等の収入見込額を加算したもの。
7) (地方債の元利償還金＋準元利償還金－A) ／ (標準財政規模－A)
　　A＝特定財源＋元利償還金・準元利償還金に係る基準財政需要額算入額
8) 連結実質赤字額／標準財政規模
9) 一般会計等の実質赤字額／標準財政規模
10) ［将来負担額－（充当可能基金額＋特定財源見込額＋地方債現在高等に係る基準財政需要額算入見込額）］／（標準財政規模－A）
11) 財務省理財局 (2009) の「行政経常収支」の概念に近いが，これは決算ベースの管理である。

参考文献

市川順也 (2011)「「三位一体改革」による地方交付税削減に関する分析」統計研究会『地方財政のガバナンスとシステム改革に関する総合的研究』第7章。
神戸市行財政改善懇談会 (2007)「受益と負担に関するワーキンググループ報告書」。
財務省理財局 (2009)『地方公共団体向け財政融資財務状況把握ハンドブック』。
総務省 (2013a)「地方財政関係資料」。
総務省 (2013b)『平成25年版　地方財政白書』。
竹内信仁 (2006)「地方自治体の歳出格差と税源移譲」『会計検査研究』No.33, PP.32-49。
橘木俊詔 (2007)『政府の大きさと社会保障制度』東京大学出版会。
統計研究会 (2011)『地方財政のガバナンスとシステム改革に関する総合的研究』研究報告書。
内閣府 (2011)『国民経済計算年報』。

（山本　清）

第3章 地域発展の経済政策
—理論分析—

第1節 はじめに

戦後の日本経済は，高度経済成長期（1955～1970年）を経て，アメリカやイギリスといった先進諸国の経済水準にキャッチアップしていった。図表3－1は，購買力という観点から見た1人当たりGDPの推移である。第2次世界大

図表3－1　購買力平価（PPP）で見た1人当たりGDPの推移

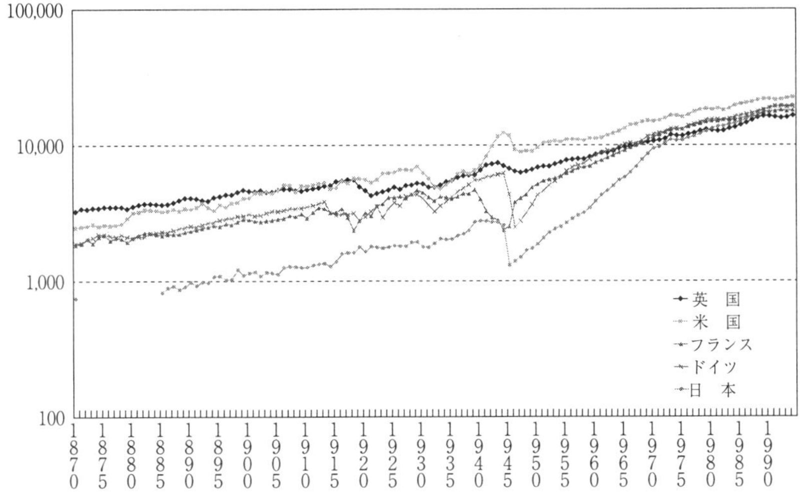

(注) 縦軸は，対数表示。単位は，1990年ゲアリー＝ケイミス・ドル。
データ：Maddison (1995).

戦以前は，他の先進諸国との間に，大きな経済格差が存在したが，第2次世界大戦による落ち込みの後，急速に発展を遂げた。

しかし，バブル崩壊以降，日本の経済成長率は大きく落ち込み，1990年代以降の日本は，「失われた20年」(lost decades) とも呼ばれている。図表3－2は，1991年から2010年までの日本の実質GDPの成長率の推移を示したものであるが，この期間の成長率を単純平均すると1.0％になるなど，停滞が続いている。それに伴って，日本の財政状況が悪化していることは，本書第2章で見たとおりである。そして，失業や不平等といった問題も悪化する傾向にあり，高齢化や福祉といった問題も日本の最重要課題の1つとなっている（本書第4章，第5章，第6章，第13章なども参照）。また，東日本大震災と原発の問題も，日本の経済社会に重たい課題を突き付けている（本書第11章参照）。

さまざまな課題が山積する中，本書では，地域に焦点を当てて考察を行うが，本章では，地域発展に関する経済理論をベースに，地域の発展やその政策，あるいは地域格差に関する政策などについて理論的考察を行う。次節で

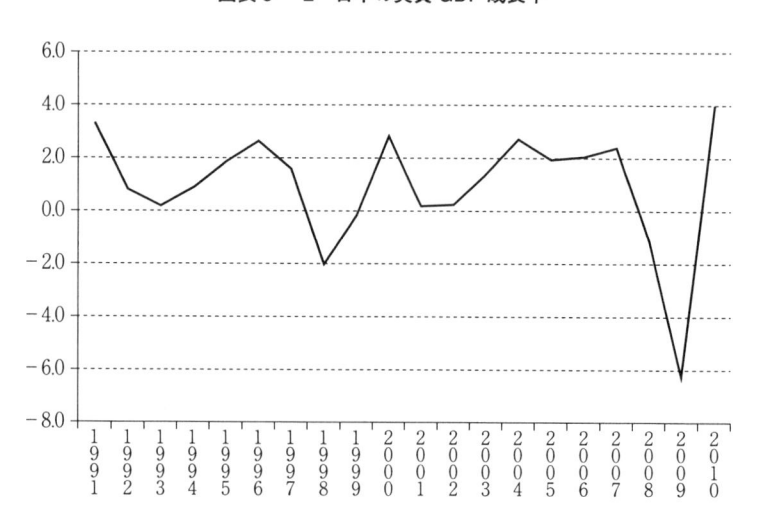

図表3－2　日本の実質GDP成長率

データ：内閣府「国民経済計算」。

は，地域発展に関するいくつかの事例を見た上で，集積という概念に焦点を当て，地域発展に関する理論的分析を行いたい。第3節では，理論的分析をベースに政策的観点から地域発展に関する考察を行う。第4節では，地域発展に伴って生じる地域格差に対応するための政策について論じた上で，最後にまとめを行う。

第2節 地域発展の経済理論

1 地域発展の現状

　日本が停滞を続ける一方で，BRICs（ブラジル，ロシア，インド，中国）と呼ばれる国々などが急速な発展を遂げている。特に，中国は，1978年に鄧小平が改革開放路線を取り始めて以降，経済水準が飛躍的に向上し，北京，上海，広東などの沿海部を先頭に，先進諸国の経済水準に着々とキャッチアップしつつある。中国経済が発展している要因としてはさまざまなものが挙げられるが[1]，中国国内の地域間競争も，中国経済を発展させる1つの要因となっている。各省，あるいは各市の政府が中心となって，インフラ整備や税額控除などを競って行い，外資や内資の誘致を積極的に行っている。

　例えば，江蘇省蘇州市には，絹織物で有名な古くからの市街地があるが，その東西には，それぞれ約260 km^{2}の広さを誇る蘇州工業園区と蘇州高新区という工業団地が整備されている。その団地の中には，学校，病院，公園，ゴルフ場などが整備されており，こうした工業団地は，日本で見られる工業団地というよりも，1つの工業都市に近い。こうした工業団地を中心に，それぞれの地域で産業の集積が進み，各省，そして中国経済全体の発展を促している。

　例えば，近年のノート・パソコンの大半は中国で組み立てられているが，そのほとんどは中国に進出した台湾企業によって担われており，「Made in China, by Taiwan」とも表現されている[2]。そうした台湾企業が，近年，大量に進出しているのが，蘇州，昆山，呉江，上海などを含む「大蘇州圏」と呼ばれる地域である[3]。特にIT産業は，モジュール化[4]に伴って分業が進んでおり，核となる企業が特定の地域に移転する際には，関連企業も一体となって進

図表３−３　蘇州工業園区の総合保税区

出所：筆者撮影（2012年8月20日）。

出するケースも多い。中国の中央政府や地方政府による政策介入は，不動産バブルや「三無農民」（土地も職も社会保障もない農民のこと）[5]といったさまざまな問題を引き起こしているが，日本の中央政府や地方政府が参考にすべき点も多々あろう[6]。

図表３−４　IMECの外観

出所：筆者撮影（2011年8月17日）。

一方で，先進国においても，アメリカのシリコン・バレーや128号線沿いなどのハイテク地域が存在する。イギリスでもケンブリッジ現象と呼ばれるように，ケンブリッジ大学周辺にハイテク企業が集積していたり[7]，ベルギーのルーベンにも，IMEC（Interuniversity Micro Electronics Center）というNPOを中心とした産学官連携のハイテク地域が形成されつつある[8]。

こうした特定地域への集積は，今に限ったことではなく，ランカシャーの綿産業やバーミンガムの金属産業，デトロイトの自動車産業など，事例を挙げればきりがない。こうした特定地域の発展はどのようなメカニズムによって実現するのか。また，こうしたメカニズムを政策的に形成することは可能なのか。次項以降では，こうした点について，理論的な考察を行いたい。

2 マーシャルの集積論

こうした産業の地域集中化に関して，経済学的な分析を初めて行ったのがマーシャルである[9]。マーシャルは，『経済学原理』（Marshall, 1920）の中で，地域集中化の要因を3つ挙げている。

第一に，一定地域内における情報のスピルオーバー効果である。情報は，専有不可能性という性質をもつため（特許などによって，一定程度，専有することは可能であるものの），他の経済主体と共有される傾向がある。特に，メディアやインターネットが発達していなかった時代には，地理的に限られた範囲で，情報の共有が行われることが多かった。ただし，メディアやインターネットが発達した現代においても，その傾向が完全になくなったわけではない。フェイス・トゥ・フェイスなどと呼ばれるように，顔と顔を突き合わせて話をする方が，より重要な情報や暗黙知を共有しやすいというのは，今も昔も同じである。少し長くなるが，今から約100年前にマーシャルが書いた洞察力，かつ理論的インプリケーションあふれる文章も見ておこう。

　　産業がその立地を選択してしまうと，ながくその地にとどまるようである。同じ技能を要する業種に従事する人々がたがいにその近隣のものからうる利便にはたいへん大きなものがあるからである。その業種の秘訣はも

はや秘訣ではなくなる。それはいわば一般にひろくひろまってしまって,子供でもしらずしらずのあいだにこれを学んでしまう。よい仕事は正しく評価される。機械,生産の工程,事業経営の一般的組織などで発明や改良がおこなわれると,その功績はたちまち口のはにのぼる。ある人が新しいアイデアをうちだすと,他のものもこれをとりあげ,これにかれら自身の考案を加えて,さらに新しいアイデアをうみだす素地をつくっていく（マーシャル『経済学原理Ⅱ』翻訳,P.255）。

そして,マーシャルが第二の要因として挙げるのは,補助産業の重要性である。スティグラー（Stigler, 1951）が論じているように,産業の初期段階では,補助産業が発展していないため,1つの企業がさまざまな工程を担わざるを得ず,垂直統合型の企業組織となる傾向が強いが,マーシャルが第二の要因として挙げているように,その地区の生産量が大きくなると,特定の工程に特化した企業が存在しうるようになる。つまり,こうした分業は市場の拡大とともに増大していくのであるが,これは,スミス（Smith, 1776）が『国富論』の中で指摘した通りである。そして,分業を通じて,より特定の工程に特化することで,生産プロセスがより安価になるとともに,新しい機械の発明といったイノベーションも生まれやすくなる[10]。そして,そうした分業の効果が地域内で生じることによって,特定地域の経済水準が高まっていくが,特に,分業に伴って生じる工程間の輸送費[11]が高くなればなるほど,特定地域内に集まることのメリットが高まる。

また,その地区の同種の生産物の総計量が大きくなると,たとえ個別企業の資本規模はそれほど大きくなくても,高価な機械の経済的利用がひじょうによくおこなわれるようにもなろう。それぞれ生産工程の一小部分を分担し,多数の近隣企業を相手に操業している補助産業は,ひじょうに高度に特化した機械をたえず操業させていけるだけの注文があるので,たとえ機械の原価が高くその更新の時期がたいへんはやくくるものであっても,その経費を回収していけるからである。やがて近隣には補助産業が起

こってきて，道具や原材料を供給し，流通を組織化し，いろいろな点で原材料の経済をたすける（マーシャル『経済学原理Ⅱ』翻訳，P.255）。

マーシャルが第三に挙げるのは，労働市場に関する要因である。情報や補助産業に関しても，地理的な要因が重要であったが，労働者に関しても，頻繁に居住地や家族の社会関係を大幅に変更するのは容易ではなく，特定地域で生活を続けることのメリットが数多く存在する。特に，特殊技能をもった労働者は，実際に労働を行う際にミスマッチが生じないよう，その技能に対する需要が高い地域に集まる傾向が強い。そして，それと同時に，その技能を必要とする企業もその地域に集まるという点で，労働市場における需要と供給の連鎖的拡大が促進される。

　経済発展のごく初期の段階を除くと，地域特化産業は技能にたいする持続的な市場を提供することからたいへんな利便を得てきている。使用者は必要とする特殊技能をもった労働者を自由に選択できるような場所をたよりにするであろうし，職を求める労働者は，かれらのもっているような技能を必要とする使用者が多数おり，たぶんよい市場が見いだせるような場所へ自然と集まってくるからである。孤立した工場を所有しているものが，ふつうの労働力の豊富な供給が近くにあっても，ある特殊な技能をもった労働力が手にはいらないために，遠くへ移動しなくてはならない場合も少なくない。また工場が孤立していると，技能をもった労働者のほうも，失業するとなると，勤め口を見いだすのに骨を折らなくてはなるまい（マーシャル『経済学原理Ⅱ』翻訳，PP.255-256）。

3　集積の経済と不経済

マーシャルが指摘した3つの要因は，現代の産業集積においてもあてはまるものである。アメリカのシリコン・バレーには，ITに関する企業が集積しているが，ITに関する専門技術を磨き，職を得るためにその地に集まる技術者も数多い。そのことがさらなる企業集積を生み出すと同時に，関連する産業も

発展を遂げていく。そして，その地におけるローカルな情報ネットワークは，新たなアイデアと商機を生み出す上で必要不可欠なものとなっている。輸送費の低下に伴って，グローバルな分業体制が拡大しつつあるが，その中でもローカルな地域における産業集積が生じていることは，マーシャルの指摘した通りである。

輸送費，あるいは情報伝達コストが距離に応じて増大する限り，集積が経済効果をもつが，集積の不経済といった問題にも注意を払う必要がある。例えば，集積が進むとともに，土地の価格が高騰し，企業収益を圧迫したり，労働者の通勤コストを増大させたりするといった問題も生じるし，環境の悪化といった問題も生じる。

もう1つの重大な問題は，産業のライフサイクルと集積との関係である。集積のベースとなった産業が，生成・成長・成熟・衰退といったライフサイクルをたどる場合，生成・成長とともに形成された集積は，成熟・衰退の過程に入ると，マイナスの側面をもつケースもある。すなわち，集積が発展する過程で形成されたその地域のインフラや制度，社会関係は，「古き良き時代」を色濃く残す一方で，その発展を担った人材の高齢化とともに，新しい環境へのスムーズな適応が遅れ，かえって高コスト体質となるケースもある。そのため，こうした集積の経済と不経済のバランスをいかにとるかも，地域発展の経済政策における重要な課題の1つとなる。

ここでは，簡単なモデルを用いて，集積について考察しておこう。企業が2社存在しているとし，地域Aと地域Bのいずれに立地するかを考えてみよう。図表3－5は，企業1と企業2が，地域Aや地域Bに立地した時の利益である。各セルの左側の数値が企業1，右側の数値が企業2の利益を表すものとする。両社がともに地域Aに立地した時は，両社ともに10の利益を得ることができ，両社がともに地域Bに立地した時は，両社ともに5の利益を得る。両社が地域Aと地域Bに分かれて立地するときは，地域Aに立地した企業が3，地域Bに立地した企業が2の利益を得ることとする。

明らかに，両社がともに地域Aに立地する方が望ましいが，両社がともに地域Bに立地していた場合には，両社が協議するなどして，ともに地域Aに

図表3－5　企業の立地行動：集積とロックイン効果

		企業2	
		地域A	地域B
企業1	地域A	10, 10	3, 2
	地域B	2, 3	5, 5

移らない限り，両社は，ともに，地域Bにとどまることになる。これは，複数均衡，あるいはロックイン効果とも呼ばれ，古くからの集積地が長く存続する要因ともなっている。

第3節　地域発展の経済政策

1　集積の経済政策

では，こうした集積は，どのようにして生まれるのか？　マーシャルは，そのきっかけとして，自然条件や政府の役割を挙げている。アメリカのシリコン・バレーの集積の場合にはスタンフォード大学の役割，128号線沿いの集積の場合にはマサチューセッツ工科大学の役割が重要であった。絹織物の場合には養蚕に適していたとか，自動車産業の場合には水運に恵まれていたことなどが，発展のきっかけになるケースもある。中国の沿海部が近年発展を遂げたのは，輸出のための港を有していたことが1つの要因であるが，近年，大蘇州圏などが発展を遂げているのは，中国政府がその地に工業団地を整備し，インフラとともにさまざまな優遇策を講じたことも，重要な要因の1つとなっている。

後発地域をいかに発展させるかについては，初期の開発経済学においても活発に議論された。ヌルクセ（Nurkse, 1953）は，所得水準の低さが低い貯蓄水準と低い消費水準をもたらし，それが低い投資水準と低い生産性を招く結果，所得水準も低いままになるという「貧困の悪循環」を指摘し，そうした悪循環から抜け出すために，多数の部門に同時に投資を行う「均整成長論」を提唱した。ローゼンシュタイン・ロダン（Rosenstein-Rodan, 1943；1961）は，これと同

様の議論として,「ビッグ・プッシュ論」を展開した。

それに対して,ハーシュマン(Hirschman, 1958)は,こうした「ビッグ・プッシュ」を実現するには,膨大な企業家能力が必要であり,こうした能力を短期的に形成することは非常に難しいとし,「不均整成長論」を提唱した。これは,複数の部門を同時に発展させるのではなく,特定の部門(特に前方・後方連関効果の大きな部門)に投資を集中させることで,経済の不均衡を作り出し,経済発展のダイナミズムを作り出そうというものである。

こうした議論は,日本における地域発展のための戦略としても,盛んに議論された。次項では,こうした議論を現代経済学の観点からモデル化したクルーグマン(Krugman, 1995)のビッグ・プッシュ論をベースに,地域発展における経済政策について考察を加えておこう。

2　クルーグマンのビッグ・プッシュ論 [12]

本項では,クルーグマンのモデルを簡略化した形で提示し,地域発展の経済政策を考察するための基盤の1つとしたい。以下のモデルでは,ある経済において,一定量の労働者Lが存在するものとする。この労働者は,伝統的生産技術を用いた部門(伝統部門)か,近代的生産技術を用いた部門(近代部門)のいずれかで働く。経済全体では,N種類の財が生産され(Nは大きな数とする),伝統的生産技術か近代的生産技術のいずれかを用いて生産される。各財の需要は等しく振り分けられ,各財の価格も同じものとする。

伝統的生産技術を用いた場合の生産関数は,

$$Q_i = L_i$$

近代的生産技術を用いた場合の生産関数は,

$$Q_i = cL_i - F$$

とする。ここで,iは,財の種類を表している($i = 1, 2, \cdots, N$)。Fは近代的生産技術に必要な固定費用(一定)で,cも一定の値($c > 1$)をとるものとする。両部門の生産関数が,図表3-6のように描かれるとしよう。すべての労働者が

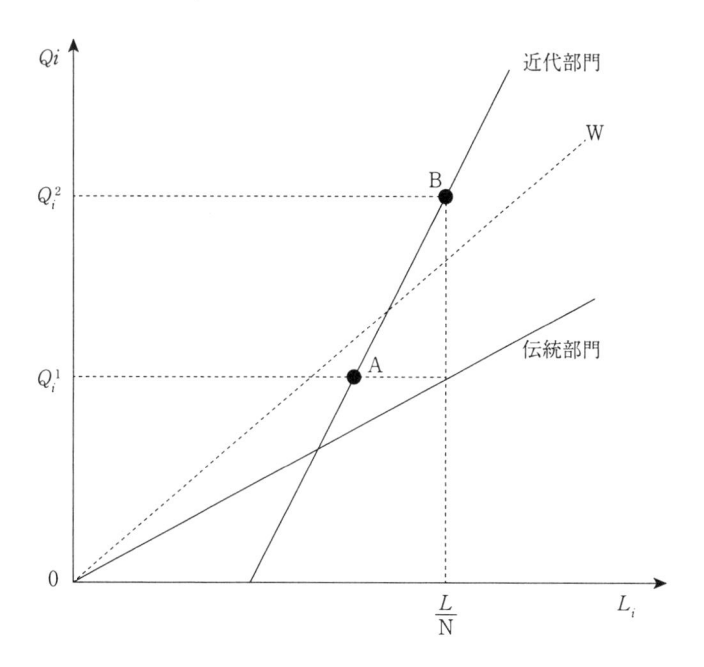

図表3−6 ビッグ・プッシュ・モデル

伝統部門で雇用されれば，ある財の生産に従事する労働量はL/Nなので，各財の生産量はQ_i^1となる。すべての労働者が近代部門で雇用されれば，各財の生産量はQ_i^2となる。伝統部門の賃金に対する近代部門の賃金をw＞1としよう。W線は，近代部門で支払われる賃金を表している。各財の価格は1としておく。貯蓄は行われないものとし，所得と支出は等しいものとする。

すべての財が伝統的生産技術を用いて生産されているときに，ある経営者が，近代的生産技術を用いて1つの財の生産を行うとしよう。Q_i^2の生産を行っても，その財の需要は一定のため（Nが大きな数のため，所得効果が働かず，その財の需要も拡大しない），結局，Q_i^1の水準，すなわちA点において生産を行うことになるが，総収入よりも，賃金総額の方が高いため実現しない。しかし，すべての生産者が近代部門に移行したらどうであろうか。総収入が総賃金を上回ると同時に，所得効果が働いて，各財の需要が拡大し，B点での生産が可能

となる。

このモデルは非常にシンプルではあるが、ビッグ・プッシュ論の本質を的確にとらえている。つまり、一部の経営者が近代部門に移行しようとしても実現しないケースがあるが、同時に移行することによって、より高い経済水準に飛躍することが可能なケースもあるのである。

3　コーディネーション問題

しかし、こうしたビッグ・プッシュは、現実的に可能であろうか。後発国では、こうした議論をベースに、実際に大規模な投資が行われ、成功を収めたケースもあれば、そうでないケースもあるが、特に先進国の水準にある国々が、先行きの不透明な中で、こうした大規模な投資を同時に行うことは、多大なリスクを伴う。地域開発において、集積を意図的に構築しようとする場合もそうであるが、集積自体、さまざまな経済主体の集合体であるため、たとえ、集合体を構成することが、構成員全体の利益に適っていたとしても、数多くの経済主体の意思統一を図り、計画的に投資を行って、集積を実現することは容易ではない（これは図表3－5と同様の議論を用いて説明することができる）。

これはコーディネーション問題とも言われる。コーディネーションとは、各経済主体の間の調整、あるいは各生産要素の組み合わせのことなどを指すが、より良いコーディネーションを実現することで、より高い経済水準に到達することができる。こうしたコーディネーションは、必ずしも政府が行う必要はなく、理論的には民間部門だけでも実現可能である。しかし、投資の規模が拡大し信用や保証が必要な場合や、さまざまな規制や公共インフラと関連するような場合には、政府の関与が必要となるケースもあろう。

青木他（Aoki et al., 1996）の提唱する市場拡張的見解（market-enhancing view）は、政府が民間部門のコーディネーションを促進する役割をもつというものである。政府の役割に関しては、個別産業に介入すべきではないというマーケット・フレンドリー・アプローチ（World Bank, 1991）や、政府が介入によって「価格の歪み」を作り出すことで産業発展が可能だとする修正主義の見解（Amsden, 1989）などがあるが、市場拡張的見解は、市場対政府という二分法に

基づくことなく，政府を市場におけるプレイヤーの1つとみなしているところに特徴がある[13]。

地域発展においては（地域住民の集団移転なども同様であるが），さまざまな経済主体や住民のコーディネーションが重要となるが，ビッグ・プッシュ論やコーディネーション論，あるいは市場拡張的見解は，その考察を行う上で，非常に基盤となる議論であり，政府の役割を再検討する上でも重要なトピックとなろう。産業のライフサイクルに対しては（例えば，繊維産業や造船業に対して），日本でも「産業調整政策」が実施されたが[14]，産業の衰退に伴って生じた集積の衰退に対しても，同様の政策が必要となる。しかし，この場合においても，痛みを伴うコーディネーション問題が生じるために，その効果的な実現は容易ではない。

第4節　地域格差と経済政策

1　地域格差の現状

特定地域の発展に伴って，当然のことながら，地域格差も生じる。図表3－

図表3－7　2009年度における1人当たり県民所得の格差（上位5都県と下位5県）

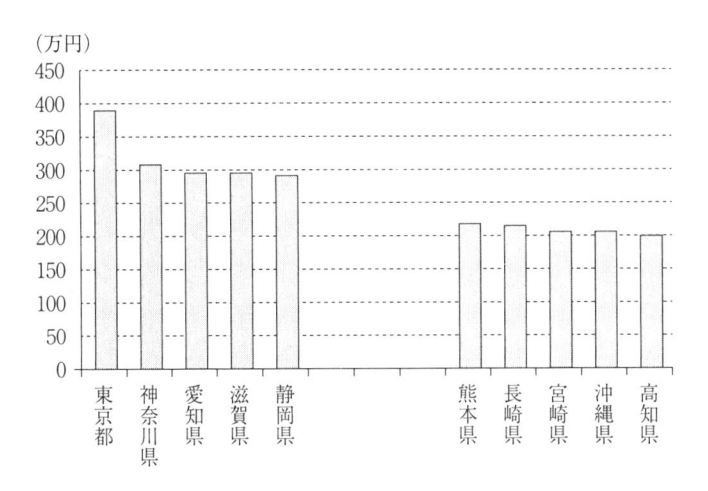

データ：内閣府「県民経済計算」。

7は，1人当たり県民所得の上位5都県と下位5県をグラフにしたものである。東京都の1人当たり所得は極めて高くなっているが，2位から5位の神奈川県から静岡県までの1人当たり所得は約300万円となっており，下位5県の約200万円の1.5倍となっている。ただし，この所得は，再分配などを行う前の水準であり，個人や自営業者の所得だけでなく，株式会社などの企業所得（利益）なども含まれている点に注意しておく必要がある。

また，各都道府県の間の格差もさることながら，過疎地域や限界集落といった言葉に表されるように，各都道府県の中での格差も深刻である。また，先進国と途上国といった国家間の所得格差もきわめて大きく，そうした格差の解消が急がれているが，次項では，日本の地域格差に対する政策的対応について論じておきたい。

2　地方交付税

こうした地域格差に対して，貧しい地域の発展を促すような政策を実施するという案もあるが，その一方で，地域格差の現実に対して，豊かな地域から貧しい地域へ資源を再配分することによって，地域格差の是正を図ろうとする政策もある。その代表例が地方交付税である。貧しい地域を発展させるような政策が長期的な政策とすれば，地方交付税のような政策は短期的で即効性がある（ただし，地域の自立や経済全体の厚生という面では，必ずしも好ましいとは限らない）。

例えば，以下のようなケースを考えてみよう（図表3-8参照）。公共財にはさまざまな種類があるが，ここでは2種類の公共財を考えてみよう。1つは橋などの公共財（A）で，もう1つはナショナル・ミニマム（政府が国民に対して保障する生活の最低限度のこと）と呼ばれるような公共財（B）である。いずれの公共財の供給にも，地域ごとに100の費用がかかるとしよう。公共財（A）の1人当たりの便益は1で，その地域の総便益はその地域の人口に比例するものとする。この場合，人口100未満の地域では，公共財（A）の費用が，総便益を上回るため，公共財（A）を供給することは望ましくない。一方，人口が100を上回る地域では，公共財（A）の総便益が，費用を上回るため，公共財（A）を供給することが望ましい。

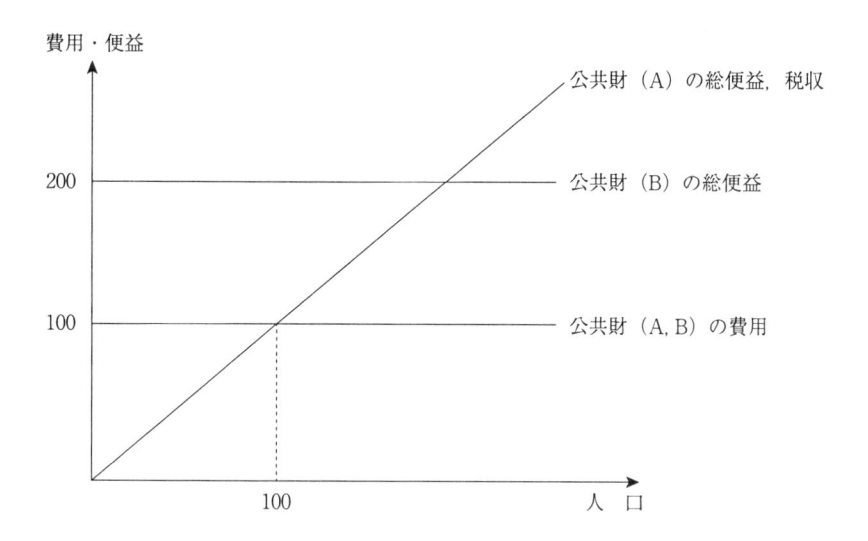

第3章　地域発展の経済政策―理論分析―　61

図表3-8　公共財の費用と総便益

```
費用・便益
  ↑
  │                          公共財（A）の総便益，税収
  │                         ╱
200 ┤─────────────────────── 公共財（B）の総便益
  │                 ╱
  │             ╱
100 ┤─────╱──────────────── 公共財（A, B）の費用
  │   ╱   ┊
  │ ╱     ┊
  └───────┴────────────────→ 人口
         100
```

　ナショナル・ミニマムのような公共財（B）の場合には，人口にかかわらず，各地域の総便益が200であるとしよう。こうしたナショナル・ミニマムは，どのような地域でも供給を行わなければならない。1人当たりの税収を1とすると，人口が100以上の地域では，公共財（B）の費用を賄うことができるが[15]，100未満の地域では，税収が不足する。このようなケースでは，人口（税収）が多い地域から，人口（税収）が少ない地域へと税金を移転する必要が生じるが，これが地方交付税である。

　ただし，こうした政策はマイナスの側面も併せもつ。すなわち，効率性の悪い地域に資源を移転することにより，経済全体の効率性が低下し，そのことがかえって，人口の少ない地域にも長期的な悪影響を与えることもある。経済が成長する限り，配分するためのパイは拡大するものであり，パイが拡大するような資源配分を行うべきであるが，その一方で，パイが拡大しそうにない地域を見捨てるべきでもない。これは，長期か短期かという問題とも関係するが，いずれを重視するかは，政治や価値観，歴史的な問題とも関連するため，その最適な解決策の策定と実施は容易ではない。

第5節　おわりに

　本章では，地域発展に関するいくつかの理論をベースに，地域発展の経済理論，経済政策，地域格差の経済政策について，検討を行った。特定地域の発展に関する事例は，歴史的に見ても，枚挙に暇がない。こうした特定地域の発展については，集積という概念を通じた理論的考察が行われてきたが，マーシャルの議論は，現代的視点から見ても，非常に意義深く，示唆に富んでいる。こうした集積をいかに形成すべきかに関しては，さまざまな議論が存在するが，本章では，ビッグ・プッシュ論を1つのベースとして，政策介入の是非を検討した。そして，本章の最後では，地域発展に伴って不可避的に生じる地域格差の現状と対策についても論議した。

　本章で論じた地域発展という現象自体，経済的側面だけでなく，人々の生活や歴史，自然とも関係するため，本来であれば，多様な側面から議論を行うべきであるが，本書は，経済的側面を重視するアプローチをとっているため，経済学的考察を中心に据えた。このアプローチは，地域発展を考察する上では，土台の1つとなるはずであるが，現実に応用する際には，その他の側面も含めた総合的なアプローチをとることが望ましい。ただし，本章の議論がそうした考察の1つのベースとなれば幸いである。

【注】

1) 例えば，南・牧野編（2012）参照。
2) 詳細は，末永（2008）も参照のこと。
3) 関（2005）参照。
4) モジュールとは，「構造的に互いに独立しているが，一緒になって働く大きなシステム中の単位」（Baldwin and Clark, 2000）であり，CPU（Central Processing Unit）やメモリもモジュールの1つである。
5) 周（2006）参照。
6) 集積などの観点から東アジア経済の発展と停滞を論じた文献としては，中村（1998）などを参照のこと。

7) 松行他（2011）も参照のこと。
8) Suenaga（2012）も参照のこと。
9) Krugman（1991）参照。
10) この点も，スミスが『国富論』（Smith, 1776）において，詳細に論じた点である。
11) ここでいう「輸送費」には，製品や部品の取引に伴う「狭義の輸送費」に加え，関税や非関税障壁，法制度や文化の相違といった「広義の輸送費」も含むものとする。こうした「広義の輸送費」の低下は，情報通信技術の発展，貿易自由化の進展などによってもたらされるが，これは，国際分業と貿易が拡大する重要な要因の1つとなっている。詳細については，渡辺・末永（2012）も参照のこと。
12) 本項のモデルは，Krugman（1995）のモデルを単純化したものである。詳細については，原典を参照のこと。
13) こうした政府介入に対しては，必然的にレント・シーキング（rent seeking）が生じる可能性があるが，レントをさまざまな視点から分析し，政府介入が経済成長をもたらすケースについて分析した研究もある（Khan and Jomo, 2000）。Ross（2001）は，政府がレント配分権を獲得しようとする行動をレント・シージング（rent seizing）と呼び，そうした行動が制度崩壊を引き起こす過程を実証的に検証している。
14) 小宮他編（1984），伊藤他（1988）などを参照のこと。
15) ここでは，その他の支出はないものと仮定する。

参考文献

伊藤元重・清野一治・奥野正寛・鈴村興太郎（1988）『産業政策の経済分析』東京大学出版会。

小宮隆太郎・奥野正寛・鈴村興太郎編（1984）『日本の産業政策』東京大学出版会。

周牧之（2006）「中国高度成長を支える地域間競争の構造と課題――開発区による土地の囲い込みを事例に――」『東京経大学会誌（経済学）』第249号，PP.45-58。

末永啓一郎（2008）「中国の経済発展とIT産業」安田信之助編『新講　国際経済論』八千代出版，第8章，PP.179-203。

関満博（2005）「台湾IT関連主要企業の蘇州展開」関満博編『台湾IT産業の中国長江デルタ集積』新評論，第4章。

中村文隆（1998）「東アジア型経済の発展と停滞」『政経論叢』第66巻第5・6号，PP.349-372。

南亮進・牧野文夫編（2012）『中国経済入門』（第3版）日本評論社。

松行康夫・松行彬子・松行輝昌（2011）『ソーシャルイノベーション――地域公共圏のガバナンス――』丸善出版。

渡辺正・末永啓一郎（2012）「国際分業論の新展開」安田信之助編『新・国際経済論』八千

代出版，第3章。

Amsden, Alice H. (1989) *Asia's Next Giant: South Korea and Late Industrialization*, New York, Oxford University Press.

Aoki, Masahiko, Hyung-Ki Kim, and Masahiro Okuno-Fujiwara, eds. (1996) *The Role of Government in East Asian Economic Development: Comparative Institutional Analysis*, New York, Oxford University Press. (白鳥正喜監訳 (1997)『東アジアの経済発展と政府の役割——比較制度分析アプローチ——』日本経済新聞社).

Baldwin, Carliss Y., and Kim B. Clark (2000) Design Rules, *vol.1: The Power of Modularity*, MIT Press. (安藤晴彦訳 (2004)『デザイン・ルール——モジュール化パワー——』東洋経済新報社).

Hirschman, Albert O. (1958) *The Strategy of Economic Development*, New Haven, Yale University Press. (小島清監修・麻田四郎訳 (1961)『経済発展の戦略』巌松堂出版).

Khan, Mushtaq H., and Jomo K. S. (2000) *Rents, Rent-seeking and Economic Development: Theory and Evidence in Asia*, Cambridge University Press. (中村文隆・武田巧・堀金由美監訳 (2007)『レント，レント・シーキング，経済開発——新しい政治経済学の視点から——』人間の科学新社).

Krugman, Paul (1991) *Geography and Trade*, Cambridge, MIT press. (北村行伸他訳 (1994)『脱「国境」の経済学——産業立地と貿易の新理論——』東洋経済新報社).

Krugman, Paul (1995) *Development, Geography, and Economic Theory*, MIT Press. (高中公男訳 (1999)『経済発展と産業立地の理論——開発経済学と経済地理学の再評価——』文真堂).

Maddison, A. (1995) *Monitoring the World Economy: 1820-1992*, Development Centre of Organisation and Develo. (金森久雄訳 (2000)『世界経済の成長史 1820-1992年——199 カ国を対象とする分析と推計』東洋経済新報社).

Marshall, Alfred (1920) *Principles of Economics*, London, Macmillan. (馬場啓之助訳 (1966)『マーシャル 経済学原理Ⅱ』東洋経済新報社).

Nurkse, Ragnar (1953) *Problems of Capital Formation in Underdeveloped Countries*, Oxford, Basil Blackwell. (土屋六郎訳 (1966)『後進諸国の資本形成』改訳版，巌松堂).

Rosenstein-Rodan, P. N. (1943) "Problems of Industrialization of Eastern and South-Eastern Europe," *Economic Journal*, 53, PP.202-211.

Rosenstein-Rodan, P. N. (1961) "Notes on the Theory of the 'Big Push'," in Howard S. Ellis ed., *Economic Development for Latin America*, New York, St. Martin's Press.

Ross, Michael L. (2001) *Timber Booms and Institutional Breakdown in Southeast Asia*, Cambridge University Press. (中村文隆・末永啓一郎監訳 (2012)『レント，レント・シージング，制度崩壊』人間の科学新社).

Smith, Adam (1776) *An Inquiry into the Nature and Causes of the Wealth of Nations*.（水田洋監訳・杉山忠平訳（2000 - 2001）『国富論』岩波文庫）。

Stigler, George J. (1951) "The Division of Labor is Limited by the Extent of the Market," *The Journal of Political Economy*, 59 (3), PP.185-193.（神谷伝造・余語将尊訳（1975）『産業組織論』東洋経済新報社に所収）。

Suenaga, Keiichiro (2012) "The Role of Local Government in an Era of Open Innovation: An Analysis Based on the Example of a Flemish Government-funded NPO,"『地方自治研究』27 (2), PP.1-10.

World Bank (1991) *World Development Report 1991*, New York, Oxford University Press.（世界銀行東京事務所訳（1991）『世界開発報告1991――開発の課題――』イースタン・ブック・サービス）。

（末永啓一郎）

第4章　地域発展の経済政策
―日本の医療―

　後期高齢者医療制度の導入された2008年前後に,「医療崩壊」というセンセーショナルな文言がテレビ,新聞等のマスコミで取りざたされたことを記憶している読者も多いであろう。急病の患者が,救命救急で病院に搬送されたが救命救急の資源不足で受け入れてもらえなかったケース,病院で出産を希望する妊婦が受け入れを断られるケースが報道されるなど,社会的な関心を呼んだことは記憶に新しい。これらのケースと同時期に報道されたのが,公立病院の経営難による閉鎖のニュースである。北海道の夕張市民病院の閉鎖,千葉の銚子市立病院の閉鎖がマスコミによって大きくクローズアップされたが,これを契機に,各地で公立病院の経営難が生じていることが社会的関心を集めるようになった。これらの問題は,全国的に報道され,国民全体の大きな関心を集めたが,地域における生活の中で生じた問題であるだけに,多くの人々が身近な問題と感じ,不安を感じることとなった。医療は人の生命,健康に関わり,生活に密着したサービスである。例えば,奈良で2006年に生じた,妊婦がいくつもの病院で受け入れ拒否をされ,結果的に死亡した事件は,奈良周辺という地域で生じた問題であるが,他人事ではなく,他の地域でも生じうる問題である。医療に関する各種の問題を考える時,人々の生活の場である地域という視点は極めて重要である。本章では,医療に関わる問題において,地域性がどのような意味をもつかを経済学的に明らかにし,さらに地域医療の現状について考え,地域医療における政策のあり方について考察を行う。第1節では,本章のテーマである「地域医療」における「地域」の意味について,若干の考察を行う。第2節では,地域における医療需要,医療供給について,「地域」という視点を重視しながら,経済学的検討を行う。第3節では,地域医療を担う供

給サイドに関する理論的考察を行い，地域医療の供給サイドの制度設計について検討する。第4節を本章の結びとする[1]。

第1節　はじめに—地域医療とは何か

　医療に関する諸問題を取り上げる時，「地域医療」がキーワードになる場合が多い。それは，本章の冒頭でも触れたように医療サービスに地域性があることに起因している。医療は，私たちが，病気やけがをした時に直接的に関わりをもつことになるが，病気，けがをするのは，職場，家庭を含めた生活の場においてである。そして，その生活の場を基点として，どの医療機関にかかるかも含めて，どのように病気，けがに対処するかを考える。医療サービスの供給者である医療機関にもどこに立地するかという問題があるわけであり，医療において，地域性は常に考慮しなければならない視点なのである。

　地域は，医療のみで重要なわけではない。仕事等の職業生活および育児，教育，買い物・レジャーなどの家庭生活に至るまで我々の生活に関わる事象は，すべて地域と無縁ではない。例えば，どこに住むかを考える時に，職場や子どもの学校，日常の買い物をできる店が自分の家からどの程度の距離にあるかを考慮する。地域という視点が大切なのは，消費者としての個人の生活だけではない。生産者，企業にとっても，行動する上で地域という視点は重要である。例えば，小売業の企業が，小売店を出す時には，周りに住宅地があるか等，消費市場の状況を考えて，どこに店を出すかを考えるし，製造企業が工場を構える時には，電気，水が確保できるか，原材料・資材の入荷，製品の出荷に必要な交通網が整備されているか，工場で働く労働者が確保できるか等，検討を踏まえて，どの地域に立地するかを考える。

　このように考えていくと，地域という視点は，医療のみにとどまらず，我々の社会経済生活全般において重要であることがわかる。

　ただ，医療に関わる問題が発生すると，必ずといっていいほど「地域医療」という言葉が取り上げられる。「地域医療」という言葉が定着し，医療において，特に「地域」が強調される本質的理由は，人々の社会経済生活を営む場所

が「地域」であり，人の健康，生命が根源的に重要であることにある。このことが象徴的に現れるのが，救命救急医療の場合である。患者は，生死に関わるような状況では，できるだけ短時間で医師の診療を受ける必要がある。患者の生活する場から医療機関までの距離が救命には決定的に重要であり，患者がどこにいるのか，医療機関がどこに立地しているのかという地域性が前面に出てくる。救命救急のような典型的でないケースでも，医療における地域性が重要であることに変わりはない。例えば，日常生活の中での体調不良，けがの時に，診療を受けられる（一般）診療所が自宅の近くにないと不便を感じるであろう。そして，大きな病気，けがの時にはその感覚は一層増すであろう。同じような問題は，他の社会生活における行動，例えば，買い物においても存在するが，買い物の場合には，買い置きができる場合が多いこと，インターネット販売，宅配サービスなども存在することから，不便な程度は相当緩和され，地域性の概念は，相当程度，後退する場合もある。

第2節　地域医療の経済学的分析

本節では，地域医療について，地域という視点を踏まえた上で，医療需要，医療供給に影響を与える要因について，経済学的考察を行っていこう。

1　医療サービスの需要

医療サービスの需要は，さまざまな要因によって決まるが，順番に検討していこう。

我々が医療サービスを必要とするのは，病気，けがによって健康を損なった時である。M. Grossman の健康資本（Health Capital）を用いた医療サービスの需要理論によれば，医療需要のメカニズムは以下の通りである[2]。病気，けがによって，我々が生命，健康を維持するために必要な健康資本が損なわれ，効用（Utility）が低下する。効用を回復するために医療サービスを需要し，健康資本を回復する。病気，けがの程度が重いほど，健康資本は大きく減少し，それに伴って医療サービスに対する需要は増加する。

図表4-1

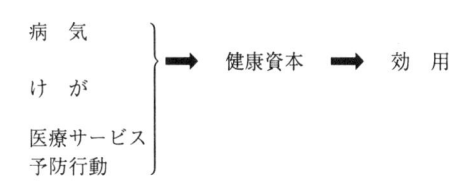

病気
けが　　　 ⟫ ➡ 健康資本 ➡ 効用
医療サービス
予防行動

　この理論は，我々が，フィットネスクラブに行ったり，健康補助食品を摂取したりといった予防行動も，健康資本を増加させ，効用を高める行動として説明をすることができる。

　医療サービスに対する需要に影響を与える要因として，「距離」も重要である。これは，地域性が医療サービスの需要に与える影響と捉えることができる。我々は医療サービスを診療所，病院等の医療機関や薬局，ドラッグストアなどで需要するが，自宅，職場からそれらの医療サービス供給者までの距離が遠いほど，医療サービスに対する需要は小さくなる。例えば，風邪を引いた時に症状がひどいので，診療所に行った方がよいと考えても，診療所まで相当の時間をかけて行かなければならないとすると，症状とも相談して，場合によっては診療を受けることをあきらめて，近くのドラッグストアで大衆薬の風邪薬を購入して対処しようとする。近くにドラッグストアも無ければ，自宅に帰って，休養して治そうと考える。患者から医療サービス供給者までの距離は，医療サービスに対する需要の重要な決定要因である。

　距離という場合，何メートル，何キロメートルあるかという物理的距離のみが重要なのではなく，時間的距離の視点も重要である。例えば，近くの診療所まで数キロメートルあったとしても，自転車，バイク，さらに自動車が使えれば，時間的距離は大きく短縮される。

　また，時間的距離が短くなっても，交通機関の利用に交通費用がかかる場合，医療需要を低下させることになることに留意が必要である。

　距離は，以上とは別の形で医療需要に影響を与える可能性もある。時間によって病状の変化が顕著に表れる病気，けがを患者が抱えている場合である。

典型的には，救命救急医療がそれにあたる。救命救急医療を受けなければならない病気，けがは，時間が経過するにつれて，急速に症状が悪化していくものが多い。この場合，時間的距離が大きくなるほど，患者の病状は悪くなり，健康資本が低下し，医療サービスに対する需要は増加することになる。

　以上をまとめると，距離は，患者の医療需要に2つの経路で影響を与える。第一に距離が長くなると需要を減らす効果である。距離が長くなると，患者の時間的費用，交通費用を増加させ，医療需要は減少する。第二に，時間的距離が長くなることが患者の病状に影響を与え，需要に影響を与える効果である。時間的距離が長くなると，医療サービスを需要するまでの時間がかかることから，患者の症状が悪化し，医療需要を増加させる効果がある。

　医療需要に影響を与える地域的要因は他にも存在する。医療需要は，生活スタイル等の地域特有の要因によって喚起される側面がある。例えば，塩分の多い食品を多く摂取する地域では，がん，高血圧の発症が多いといった例が挙げられる。また，高齢化率の高い地域では，高齢者のかかりやすい病気の診療に関わる医療サービスに対する需要が多くなることが予想される[3]。

2　医療サービスの供給

　次に，地域医療における医療サービスの供給を考える上で，重要なポイントを以下で順番に説明していくことにしよう。

（1）非営利性

　世界中の多くの国々で，医療サービスの供給について非営利規制を採用している。日本では，医療法第7条5項「営利を目的として，病院，診療所又は助産所を開設しようとする者に対しては，前項の規定にかかわらず第1項の許可を与えないことができる。」と医療法第54条「医療法人は剰余金の配当をしてはならない。」という2つの条文によって，医療機関の非営利規制が行われている。医療機関は，営利を追求してはならないとされ，株式会社に代表される営利組織は医療機関を経営することができない[4]。それでは，具体的には，どのような非営利組織が医療サービスを供給しているのだろうか。

図表4－2は，2012（平成24）年の日本の病院と一般診療所の数の開設者別の状況を示している。全病院数8,565のうち，最も多いのが医療法人の5,709である。医療法人は，医療法により規定されている非営利の法人であるが，個

図表4－2　開設者別にみた施設数

平成24年10月1日現在

	施設数	構成割合（％）
病　　　院	8,565	100.0
国	274	3.2
公的医療機関	1,252	14.6
社会保険関係団体	118	1.4
医療法人	5,709	66.7
個　人	348	4.1
その他	864	10.1
一般診療所	100,152	100.0
国	586	0.6
公的医療機関	3,626	3.6
社会保険関係団体	558	0.6
医療法人	37,706	37.6
個　人	45,645	45.6
その他	12,031	12.0
歯科診療所	68,474	100.0
国	3	0.0
公的医療機関	284	0.4
社会保険関係団体	12	0.0
医療法人	11,481	16.8
個　人	56,378	82.3
その他	316	0.5

出所：厚生労働省大臣官房統計情報部『医療施設調査・病院報告　2012年』。

人を含め民間の経済主体が設立しており，国の経営する病院，公的医療機関，社会保険関係団体の経営する病院と比べると私的な色彩が強い。348ある個人病院も合わせると，全病院数の約71％を占めていることになる。

一般診療所の開設者の中で最も多いのが個人であり，医療法人がそれにつぎ，両者合わせて，すべての一般診療所数の約83％を占めている。一般診療所は，病院以上に私的主体が経営を行っていることがわかる。

総じて，日本の医療サービス供給者は，私的な主体が大きな役割を果たしていることがわかる。

（2）公的なサービス供給者の役割

日本全国では，数で見ると私的医療機関が優位であったが，公的医療機関の役割はどのようになっているのだろうか。図表4－2を参照しながら説明していこう。日本ではさまざまな公的経営主体が，医療機関の経営を行っている。図表4－2に掲載されている国の経営する医療機関としては，独立行政法人国立病院機構，国立大学法人，独立行政法人労働者健康福祉機構，国立高度専門医療研究センターが挙げられる。「公的医療機関」は，医療法第31条によって規定されており，「都道府県，市町村その他厚生労働大臣の定める者の開設する病院，診療所」を意味する。具体的には，以下の開設主体の開設する病院，診療所が該当する。都道府県，市町村，一部事務組合等地方公共団体の組合，国民健康保険団体連合会，普通国民健康保険組合，日本赤十字社，社会福祉法人恩賜財団済生会，厚生農業協同組合連合会，社会福祉法人北海道社会事業協会である。「公的医療機関」が設けられた趣旨は，戦後，医療機関の計画的整備を図るに際して，国民に必要な医療を確保すると共に，医療水準の向上を進める上で公的なものを中心とする必要があったこと等による，とされている。厚生労働大臣は「公的医療機関」の設置命令を発することができる（医療法第34条第1項）。そして，厚生労働大臣又は都道府県知事は，開設者に対しその施設等を院外の医師の医療又は研究のために利用させること，医師法による実地訓練又は臨床研修に必要な条件を整備させること，医療の確保に関し必要な措置を講ずること等，その運営に関して必要な指示をなし得ること（医療法第35

条）が規定されている。このことから，公立病院は，医療機器，入院施設等を地域医療のために開放すること，医師の卒後教育の拠点の役割を果たすこと，地域において，必要な医療供給をできるように地域医療において，指導的役割を果たすことが求められてきたといえよう。

「社会保険関係団体」は，全国社会保険協会連合会，厚生年金事業振興団，船員保険会，健康保険組合およびその連合会，共済組合およびその連合会，国民健康保険組合が設立している医療機関である。

「その他」は，公益法人，私立学校法人，社会福祉法人，医療生協，会社などが開設している医療機関が含まれている。

「社会保険関係団体」，「その他」の中にも公的性格の強い設立主体があることが見て取れる。

公的医療機関，国の経営する病院などは，「へき地医療拠点病院」，「救命救急センター」，「基金災害医療センター」，「地域災害医療センター」，「臨床研修病院」，「地域がん診療連携拠点病院」など，私的病院が活動することが困難な採算性の悪い医療，政策的医療の分野で重要な役割を果たすことが期待されている。

第3節 地域医療サービス供給モデル

本節では，第1節，第2節での考察を踏まえて，地域医療を担う供給サイドに関する理論的考察を行い，地域医療の供給サイドの制度設計について検討する。

1 非営利組織のモデル

医療サービスの供給については，非営利規制があることから，いくつかのモデルが提示されてきた。その代表的なものは，Pauly and Redisch モデルと Newhouse モデルである。Pauly and Redisch モデルは，日本の多くの医療機関では適用されていないスタッフ制を前提としたモデルであることから考えて，非営利組織のモデルとしてより一般性の高い Newhouse のモデルの方が

日本の医療機関の行動を理解する上で有用であろう。Newhouseモデルは，非営利組織の行動を，損失を出さない制約の下で，生産量と品質から得る効用を最大になるように行動すると定式化する。このモデルでは，医療機関が，医師をはじめとする医療関係者の高度医療を手がけたい，品質の良い医療を提供したいという品質（「医療の質（Quality of Care）」）の向上を目的とする側面と採算性を考えて，生産量も目的にしなければならないという側面を併せもった組織であるととらえているのである。

Newhouseモデルの含意は，非営利組織の収入と生産費用をバランスさせるという制約の中で，非営利組織がもっている目的に応じて，生産のパターンが変わるということである。非営利組織の目的が，医療の質を高めることであれば，生産量を抑制しても医療の質を高める方向に行動し，逆に，多少，医療の質を犠牲にしても，生産量を多くすることを組織として志向していれば，生産量を多くすることになる[5]。結局，組織が何を目的として重視しているのかという組織の選好が，どのような医療サービスが提供されるかを決定づける重要な要因になっている。このことは，患者がどのような医療を求めているかという患者の医療需要行動もさることながら，医療機関のコーポレート・ガバナンス（Corporate Governance）の在り方が，医療サービスの内容に影響を与えることを意味している。

2 一次医療，二次医療，三次医療

地域医療サービスの供給は，地域の置かれている状況により，いろいろな形態があり得るが，その基本となるのは，一次医療（Primary Care），二次医療（Secondary Care），三次医療（Tertary Care）である。一次医療とは，人々がけがをしたり，体調の不良を感じた時に最初に接触する医療機関であり，そこでの重要な役割は，患者の病状，健康状況を診断し，症状が軽度である場合に治療を行うことである。しかし，患者が重症である場合，一次医療では診療を完了することができず，次の段階の，主として病院における医療サービスを受けることになる。これが二次医療である。二次医療においては，場合によっては入院を必要とし，入院設備，より高度な医療機器も必要になってくる。これらの

生産要素は，価格も高く，固定的生産要素の性質をもっており，結果として，二次医療の生産には高い固定費用がかかることになる。したがって，二次医療では，生産量をある程度大きくしないと，平均費用（Average Cost）が十分に低下した効率的な生産の状況にならない。そこで，病気の診断と重装備の診療機器を必要としない医療サービスを一次医療で提供し，固定費用の大きなより費用のかかる医療を二次医療で提供するという分業の考え方が生まれてくる。

　三次医療は，難病の治療，先端的な高度医療，救命救急医療など特定の患者の需要に限られた医療サービスを指す。一次医療，二次医療が，多くの人々にとって比較的，日常的に利用されるのに対して，三次医療は，より重度の症状に対応し，多くの人々にとっては必ずしも日常性のない医療サービスといえる。三次医療は，二次医療の場合以上に大きな固定費用がかかることから，二次医療の場合よりもさらに生産の効率性確保の問題が深刻であることに注意する必要がある。

3　プライマリーケア医制度

　これらの一次医療，二次医療，三次医療の分業関係について，特に患者が最初に訪問する医療機関における患者の診断，治療を重視する考え方をプライマリーケア医制度という。プライマリーケア医とは，患者が最初に医療機関を訪問する一次医療を担当する医師であり，その主要な役割は，病気，けがを診断し，軽度なものは治療を行い，必要に応じて，適切な二次医療を担当する病院に紹介することである。身体に不調のある人々は，医療機関への最初の訪問をプライマリーケア医に対して行い，病状を診断してもらい，比較的軽度な場合は，プライマリーケア医に治療を受け，症状の重い場合には，プライマリーケア医から紹介を受けて，二次医療の病院で診療を受ける。三次医療も，一次医療のプライマリーケア医からの紹介ないし二次医療の病院からの紹介を受けて診療を受けるという仕組である[6]。

　プライマリーケア医制度の本質は，医療機関への最初のコンタクトをプライマリーケア医にして，そこからより高度な二次医療，三次医療へ患者を紹介していくという形で，プライマリーケア医に患者の医療サービスの受診の整理役

を担わせている点である。制度設計によって，プライマリーケア医受診の強制の度合は異なり，イギリス，オランダ等で採用されているGPシステム (General Practitioner System) を採用している国々では，医療機関にかかる場合，最初に必ずプライマリーケア医を受診しなければならないことになっている。プライマリーケア医であるGP (General Practitioner) が，二次医療，三次医療へさらに患者が進むかどうかを決める役割をしており，この役割をGPの「門番の役割（Gate Keeper Role）」と呼んでいる。GPとは，内科，外科，耳鼻咽喉科など歯科を除くすべての診療科について総合的な知識をもち，診断ができ，基本的な治療行為を行う役割を担っている医師のことである。GPシステムを採用している国の大学では，大学医学部にGPを教育する組織があり，GPの学会ができており，GPの専門性が確立している。

　GPシステムの長所は，第一に，固定費用の大きな二次医療，三次医療への患者の不必要なアクセスを防ぐことができることにある。二次医療，三次医療を担う医療機関を集約し，規模の経済性を実現した効率的な医療サービスの供給を行うことができる。第二に，体調の不良を感じた時に患者は必ずGPを受診することになるので，GPが患者の健康に関する良き相談相手になり，予防医療の観点からも効果を発揮する可能性があることである。第三に，GPは入院設備，診療機器等を多くもたず比較的軽装備であり，固定費用が大きくないために，比較的少人数の患者で採算ラインにのることから，多く立地することができる。結果的に，患者の医療機関までの距離が短くなり，一次医療を受診しやすくなるという利点も得られる。このことは，地域における高齢化が進展する中で，医師が患者を訪問して診療する訪問診療あるいは往診も，同様に医師と患者の間の距離が短くなることにより容易になるという利点になると考えられる。

　しかし，GPシステムにも短所はある。一度，GPの元を訪れて紹介状をもらわないと二次医療以降を受診することが出来ないことから，重病であった場合に診療の遅れが生じる可能性があることである[7]。また，二次医療，三次医療のサービス供給において，規模の経済性を求めすぎると，二次医療，三次医療を担当する医療機関が少なくなり，患者が医療サービスを受けにくくなり，

待ち行列が発生する可能性があることも指摘しておかなければならない。

　プライマリーケア医制度は，GP システムほど極端でないにしても，患者が体調の不良を感じた時にプライマリーケア医を最初に受診することを期待し，想定している。

　しかし，現在の日本の医療制度では，プライマリーケア医制度は限定された形でしか実現していない。患者は，直接，病院を訪問して診療を受けることができ，患者の二次医療へのアクセスは基本的に制限されていない。もっとも，多くの病院で患者が紹介状を持参することを推奨しており，さらに 200 床以上の病院は，紹介状を持参しない患者に対して初診料を加算することができるという，200 床以上の病院に対する特定療養費制度による初診料加算が存在し，患者は一次医療でプライマリーケア医を受診することを促されている。

　日本におけるプライマリーケア医制度の導入を考える上で考慮するべきことは，プライマリーケア医の担当者についてである。GP システムの確立している国々では，GP というプライマリーケアの専門家がいるが，日本ではプライマリーケア医を養成する医学部の教育課程は一般的ではなく，皆無に近い。現実の医療サービス供給者の中でプライマリーケアの担い手は，一般診療所が最初に想起されるが，現在の一般診療所の医師は，それぞれ内科，外科，耳鼻咽喉科など個別の専門分野を標榜しており，全ての診療科を網羅して診療を行っている医師は皆無に近いことに留意する必要がある。

　その一方で，病院の中でも比較的規模の小さな病院の中には，高度医療よりは，プライマリーケアに近い医療サービスを提供している病院もあると考えられ，こうした小規模の病院もプライマリーケアの担い手として位置づけることが可能である。イギリス，オランダ等でも複数の GP が共同でプライマリーケアを担当するグループ・プラクティス（Group Practice）や複数の GP のみならず看護師などがグループで診療を提供するプライマリーケアセンター（Primary Care Centre）が増加してきていることは注視するべきであろう。GP の教育を受けてきた医師も分野による得意不得意はあると考えられ，複数の GP で全診療科をカバーするという考え方は理にかなっているとも考えられる。GP 教育が行われていない日本においても，一般診療所がそれぞれ得意分野を補完し

あったり，小規模の病院を活用することにより，プライマリーケア医制度は十分導入可能であると考えられる[8)9)]。

4 地域医療の現実

地域医療のあり方は，地域の置かれている状況によって異なる。

地域の特性を考える上で大事なことの1つは，患者の分布および患者の健康状況であろう。患者の分布については，患者が多く密集している都市部と患者が比較的分散している地方あるいは遠隔地に分けることができる。また，患者の病気，けがの状況については，患者の年齢別人口構成が大きな影響を及ぼすであろう。高齢者が多い地域では，医療機関にかかる頻度が高くなり，脳血管疾患，転倒による骨折などの病気，けがの診療サービスに対する需要が多くなっていると考えられる。高齢化は，都市部，地方に関わりなく進行しているが，相対的に，地方それも遠隔地で高齢化が進行している。

三次医療に分類される救命救急医療は，医療サービスの中でも特に重要なものの1つである。その理由は，医療サービスの中でも，生命に関わる重要性が高い点である。救命救急医療は，生命を救うための最先端の医療であることから，医療機器，設備に大きな固定費用がかかり，24時間，いつ需要があるかわからないことから，医師，看護師等の救急スタッフを常時待機させておかなければならないという意味で大きな固定費用がかかる[10)]。また，救命救急医療の場合，病気，けがが発生してから医療を受けられるまでの時間，時間的距離が他の医療サービスと比較しても，とりわけ重要であることは論を待たない。救命救急医療は，いつ来るかわからない，確率的に訪れる患者を待ち受けていなければならず，採算のとりにくい医療なのである。

しかし，その不採算性の程度も患者の重症度とそれに対応した医療機関の準備態勢に応じて，ある程度調節可能であることから，現実の救命救急医療は，一次（初期）救急医療，二次救急医療，三次救急医療に分業して行われている。

一次（初期）救急医療は，入院の必要がなく外来で対処しうる帰宅可能な患者への対応機関であり，その整備は市町村の責務とされている。具体的には，在宅当番医制（休日（日曜日・祝日）に診察を行う当番病院・診療所），休日歯科診療

所，休日夜間急患センター（人口5万人以上の市に1つ），小児初期救急センターが設けられている。

二次救急医療は，入院治療を必要とする比較的重症の患者に対応する機関であり，二次医療圏ごとに整備が行われている。具体的には，中規模救急病院，病院群輪番制（救急指定病院が，救急患者のたらい回しをしないため，当番病院を定めて休日，夜間の救急医療に当たる方式），センター方式／共同利用型病院（中核となる救急指定病院に当番で他の病院や開業している医師が集まり，休日や夜間の救急医療に当たる方式），小児救急医療支援事業，小児救急医療拠点病院，地域周産期母子医療センターが設けられている。

三次救急医療は，二次救急医療では対応できないような重症患者への高度な医療を行う機関である。具体的には，救命救急センター，高度救命救急センター，新型救命救急センター，総合周産期母子医療センターが設けられている。

救命救急は，採算がとりにくいために，公的補助が行われている。具体的には，初期・二次救急医療体制の整備については，2004年度からの三位一体改革等により国の補助金が，順次一般財源化され，その実施は地方自治体の裁量に委ねられている。三次救急医療体制については，国が補助を行っている。

また，現実の地域医療を考える上で，規制を考慮に入れることは重要である。地域医療には，すでに説明した医療機関の非営利規制のみならず，いくつかの規制が存在している。

医療サービスの供給サイドの規制として，第一に保健医療計画による病床規制を挙げなければならない。医療法の改正により，1985年より都道府県は，地域の医療環境の変化に対応した医療制度を構築するべく，保健医療計画を策定する義務を負うことになった。保健医療計画は，医療法の第30条に規定されており，必要とされる医療を確保するため，二次医療を提供する二次医療機関，すなわち病院を単位として，地域医療の効率化，体系化をはかることを目的として掲げている。都道府県知事は，都道府県における医療を提供する体制の確保に関する計画である保健医療計画を作成し，5年ごとに見直すことになる。保健医療計画は，保健医療行政の観点から，いくつかの市町村をグループ

にした二次医療圏を基準にして作成される。保健医療計画は，それぞれの地域における医療制度の問題点を検討し，その解決策のあり方について点検することが趣旨であり，以下の7点が盛り込まれる。

① 基準病床数
② 二次医療圏，三次医療圏の設定
③ 地域医療支援病院の整備
④ 病院，診療所，薬局等の機能および，連携の推進
⑤ 僻地医療，救急医療の確保
⑥ 医療従事者の確保
⑦ その他，医療供給体制の確保についての計画を作成

　この中で，②は保健医療計画作成の基本となる地域の設定を意味し，保健医療計画の最も基本となるものである。二次医療圏は，人々が日常の医療サービスを需要する時に行動する範囲を基準に決められている[11]。地域社会の変化と共に人口は変動し，移動し，それに対応して，求められる医療サービスの内容も変化することから，二次医療圏の設定は固定的なものではなく，保健医療計画の中で柔軟に変更することができる。③〜⑦は，地域医療のあり方についての具体的な問題設定，政策立案にあたるところであるが，計画を実行できないことに対する罰則規定等はない。

　それに対して，①基準病床数は，二次医療圏ごとに「一般病床」，「療養病床」，「精神病床」，「結核病床」，「感染症病床」など病床の種類ごとに設置できる病床数の上限を決めるものであり，強制力を伴う，いわば病床規制の性格をもっている[12]。

　図表4-3は，東京都の保健医療計画における病床規制の状況である。東京都は13の二次医療圏に分けられている。この中で，例えば，東京大学医学部付属病院等の大学病院，虎ノ門病院他の病院が集中している「区中央部」（千代田区，中央区，港区，文京区，台東区）二次医療圏では，平成24年10月1日現在で，すでに13,703の病床（既存病床数）があり，規制病床数の5,258（基準病床数）を大きく上回っていることがわかる。こうした二次医療圏では，新しく病

図表4－3　東京都保健医療計画における病床規制の状況

【一般病床及び療養病床】

二次保健医療圏	構成市区町村	基準病床数	既存病床数
区中央部	千代田区，中央区，港区，文京区，台東区	5,258	13,703
区南部	品川区，大田区	8,091	7,931
区西南部	目黒区，世田谷区，渋谷区	9,847	9,529
区西部	新宿区，中野区，杉並区	10,548	10,538
区西北部	豊島区，北区，板橋区，練馬区	14,128	13,845
区東北部	荒川区，足立区，葛飾区	9,617	9,157
区東部	墨田区，江東区，江戸川区	8,329	8,039
西多摩	青梅市，福生市，羽村市，あきる野市，瑞穂町，日の出町，檜原村，奥多摩町	3,017	4,121
南多摩	八王子市，町田市，日野市，多摩市，稲城市	10,144	10,016
北多摩西部	立川市，昭島市，国分寺市，国立市，東大和市，武蔵村山市	3,844	4,227
北多摩南部	武蔵野市，三鷹市，府中市，調布市，小金井市，狛江	7,285	7,476
北多摩北部	小平市，東村山市，清瀬市，東久留米市，西東京市	5,252	5,478
島しょ	大島町，利島村，新島村，神津島村，三宅村，御蔵島村，八丈町，青ヶ島村，小笠原村	177	80
計		95,627	104,140

（注）既存病床数は平成24年10月1日現在。

【精神病床・結核病床・感染症病床】

区　分	基準病床数	既存病床数
精神病床	21,956	23,221
結核病床	398	563
感染症病床	130	124

（注）既存病床数は平成24年10月1日現在。
出所：『東京都保健医療計画（平成25年3月改訂）』。

院を建設したり，既存の病院が病床を新しく増加させることは困難である。それに対して，大島，三宅島など伊豆諸島，小笠原諸島を含む「島しょ部」二次医療圏は既存病床数が80で，基準病床数の177を大きく下回っていることがわかる。「島しょ部」は遠隔地の典型的事例であり，こうした地域の多くでは，病床不足，言い換えると入院サービスの供給不足に悩んでいる可能性が高い。

　医療サービスの供給サイドの規制として第二に挙げるべきは，開業に関する規制であろう。病院については，上記のように病床規制により既存病床数が基準病床数を超えている二次医療圏については，新規に病院を設立することはできないし，既存の病院が病床数を増加させることはできない。基準病床数の設定による病院の新規参入規制が行われているといえる。しかし，医師に開業の自由があるために，一般診療所，それも病床をもたない無床診療所は，どの都道府県のどの二次医療圏内でも参入，開業をすることができる。このことは，患者の一次医療へのアクセスを容易にし，望ましいようにも見えるが，さらなる吟味を必要とする。医師が，立地を考える時，採算性を考えれば，患者の多いところに立地し，逆に患者の少ないところにはあまり立地しないという結果をもたらすことは明らかである。実際に，人の集まる鉄道の駅周辺などには診療所が多く立地し，それも患者数の多い内科などの診療科を標榜する診療所が多い。その一方で，人口の少ない地域には，あまり診療所は立地せず，患者数の少ない診療科を標榜する診療所の立地も少ない。もちろん，医師の開業の動機は，患者への奉仕，地域の人々の健康維持への貢献というような採算性とは異なるものもあると考えられ，一概に上記の結論が得られるかどうかはわからないが，採算性の視点は継続的なサービス提供の視点から無視できない。自由開業医制の下で，採算性の観点から十分な医師の参入がない地域については，補助金により採算性を確保して開業を促す等の政策措置を執る必要がある。

5　遠隔地医療

　地域医療は，地域の人口構成，地勢等により問題も多様であり，それに対応する施策も異なると考えられる。本章の限られた紙面でそのすべてを扱うことは難しいが，最も問題が多く，対応を迫られているのが遠隔地医療であろう。

ここでは，遠隔地医療について，考察を深めてみよう。

（1）遠隔地医療の理論的分析

遠隔地の最大の特徴は，人口が少なく分散している点である。この特徴によって，特に固定費用の大きな二次医療，三次医療を担当する病院が，分散した人口の中に数少なくしか立地できないことになる。平均費用が十分に低下する効率的な医療サービスの生産を行うためには，十分に多い患者数が必要になるためである。この結果，患者の中には遠いところから時間をかけて病院に行かなければならない者が出てくることになる。このことは，特に救命救急医療においては深刻な問題を引き起こす。救命救急医療の場合，病院までの搬送時間が救命のために決定的に重要だからである。医療機関は非営利であるとはいっても，採算を無視して行動することは，組織としての存続を考えれば，現実的ではない。このように，患者の医療機関へのアクセシビリティと採算性がトレードオフの関係として最大の問題になってくる。

憲法第25条を挙げるまでもなく，このような状況を放置することはできず，政策的対応が必要になってくる。あり得る政策的対応として，価格規制が考えられる。経済理論の立場から，最も資源配分にゆがみがない価格規制として，限界費用価格規制（Marginal Cost Pricing）が挙げられる。限界費用価格規制は，赤字が出た場合には赤字分について一括補助金（Lump-sum tax）を与える必要がある。限界費用価格規制の長所は，資源配分にゆがみを与えないということであるが，短所もある。限界費用価格規制に必要な限界費用に関する情報は組織の内部情報であり，規制当局が容易に把握できないこと，一括補助金のような被規制供給者の行動にゆがみを与えない補助金は，規制当局の被規制供給者の経営情報の取得が容易ではないことから算定が難しく，理論を忠実に反映した規制は困難な側面があることである。

一方，被規制供給者の経営情報を取得することが困難であることを克服する価格規制として，平均費用価格規制（Average Cost Pricing）が考えられる。平均費用の計算には，比較的容易に手に入る総費用と生産量のデータがあれば良いので，規制を行いやすい点，および被規制供給者が補助金を給付されなくても

損失を出さずに経営を行うことができる点が長所である。短所としては，資源配分にゆがみを与える点を挙げることができる。

また，被規制供給者が売り手独占（Monopoly）など非競争的な環境下にある場合，費用節減の努力を行わなくなることも短所として挙げることができる。遠隔地における病院は，地域独占の状況に置かれている場合もあり，非競争的な環境下にあることから費用節減を含めた効率化が問題になるケースは十分に考慮しなければならない。費用節減の効率化のインセンティブを与えるためには，ヤードスティック（Yard Stick）価格規制を導入することも考えられる。この価格規制は，複数の異なる地域で非競争的な環境に置かれている供給者の費用条件を規制価格に反映させ，費用を節減して効率化した供給者が，効率化した分だけ利益を上げることができるように規制価格を設定するものであり，被規制供給者に費用節減のインセンティブを与えることができる[13]。

（2）遠隔地医療の現実

ここまでは，遠隔地医療を理論的に分析してきたが，ここからは，遠隔地医療の現実を，上記の理論に基づいて検討していこう。

遠隔地においては，人口が分散していることから，一定面積の中で，一次医療を担当する診療所もさることながら，特に二次医療，三次医療を担当する病院の数が少ないことが特徴である。上記の分析からは，十分な需要がなく生産量が確保できない地域では，病院が採算性の問題に直面する可能性が高いことが容易にわかる。

採算性に影響を与えるのは，価格設定である。日本の医療制度における価格規制は，社会保険診療報酬制度，薬価基準制度である。中央社会保険医療協議会において，個別のサービスごとに，地域にかかわらず，全国一律の価格設定が行われている。価格設定は，総括原価方式であるとされ，原価を積み上げて価格設定をする方式を採っている。原価を，需要曲線と平均費用曲線が交わったところの生産量で測っていれば，平均費用価格規制になり，適当な生産量のところで測っていれば限界費用価格規制に近い形になっていると考えられる。しかし，現行の価格規制のあり方には理論的に問題があると考えられる。医

師，看護師，薬剤師など医療関係者の労働費用，病院の病棟，病床，医療機器等の資本費用は地域によって異なると考えられ，地域によって，規制価格が異ならなければならないことは必然的であり，全国一律の価格規制が適用されていることは，これと矛盾している。

　採算性のよくない遠隔地において，二次医療，三次医療の供給の中心的な存在になっているのは，都道府県，市町村立の公立病院である。非営利組織の病院でも，最低限，赤字が出ない範囲で経営を行わないと，組織の存続が困難になるので，生産量が十分に採算をとれる範囲でしか立地しないことになる。その結果，医療機関までの距離が非常に長い患者を生み出し，診療の緊急性の高い救命救急医療を中心に十分な医療サービスが供給されず，地域の住民の生命，健康が十分に保てない状況になる可能性もある[14]。そこで，赤字を出しながらも経営を行い，地方財政からの財源補助，国庫支出金等による国からの補助により赤字補填を行うという形で公立病院が遠隔地における医療サービスの供給の中心になっているのである[15]。

　採算性の低い地域においては，病院は赤字が出ることを想定した経営をしなければならないために，サービス供給の担い手の中心が公立病院になること，そして，公立病院が補助金を得る必要があることは理論的に根拠づけられたとしても，検討するべき課題があることも事実である。

　第一に，経営の効率性の問題である。補助金が出ることが想定されていない場合，病院は赤字を出さないように収入の増加，費用の節減を考える。しかし，赤字を出しても，補助金により事後的に補填されることがわかっている場合，病院の赤字を削減する努力を行うインセンティブが損われる可能性がある。この問題に対しては，上記の価格規制による対応が重要なポイントである。価格規制は，採算性に関する視点と経営の効率性に関する視点の両者を満たさなければならない。また，経営の効率性を保つためには，病院のコーポレート・ガバナンスを改良するという視点も重要である。先に Newhouse モデルの検討の中でも示したように，コーポレート・ガバナンスの在り方は，病院の行動にとって重要な要素になっている。日本の公立病院は，地方公営企業法の適用を受ける公的企業である。経営状況を明らかにするという観点から財

務規定等は適用されていたが,さらに能率的経営を行うという視点から,財務規定等のみならず組織および職員の身分取り扱いに関する規定まで地方公営企業法の規定を「全部適用」する公立病院も出てきている。さらに業務を外部委託する「指定管理者制度」を採用する公立病院,公営企業型地方独立行政法人の形態をとる公立病院も出てきている[16]。

第二に,地域の二次医療,三次医療の担い手に関する問題である。採算性の低い医療サービス供給を行う組織は,必ずしも公立病院を中心とした一部の病院に限定しなくてもよいかもしれない。現行の制度では,公立病院は,地方公共団体からの一般会計繰り出し金,国から国庫補助金等の補助を受けている[17]。前者は現行の制度上,公立病院にのみ適用され,後者は政策医療の適用対象病院になれば公立病院でなくても給付される。しかし,政策医療の対象病院は,公立病院を中心として,厚生連,日本赤十字社など一部の開設形態の医療機関に適用が限定されているのが現状である。公立病院ではなくても,一定の要件を満たした病院を国庫補助金のみならず,地方公共団体の一般会計繰り出し金の対象にして,一定の範囲の不採算医療を提供できるようにすることは一考に値する。

遠隔地医療を考える上で,遠隔地とされる地域において顕著に見られる人口構成の高齢化も注視するべき点である。高齢化は,いくつかの政策的課題を医療制度に突きつけることになる。

第一に高齢者のかかりやすい病気,しやすいけがに対する対応が必要である。図表4-4は,年齢階級別にみた受療率の年次推移を示している[18]。65歳以上の受療率（高齢者人口10万人当たりの推計患者数の割合）は,2008年において,入院が3,301,外来が10,904となっており,他の年齢階級に比べて高い水準にある。やはり,高齢者は医療機関を受診する頻度が高い。健康に不安を抱え,病気,けがをしやすい高齢者に対応した医療制度を構築する必要があることがわかる。高齢者が健康に関して不安のある時に気軽に相談でき,受診できるプライマリーケア医の重要性は高く,高齢化が進行している今日,プライマリーケア医は,在宅医療を担当することも期待されているといえよう。

また,65歳以上の高齢者の受療率が高い主な傷病をみると,入院では,「脳

図表4－4　年齢階級別にみた受療率の推移

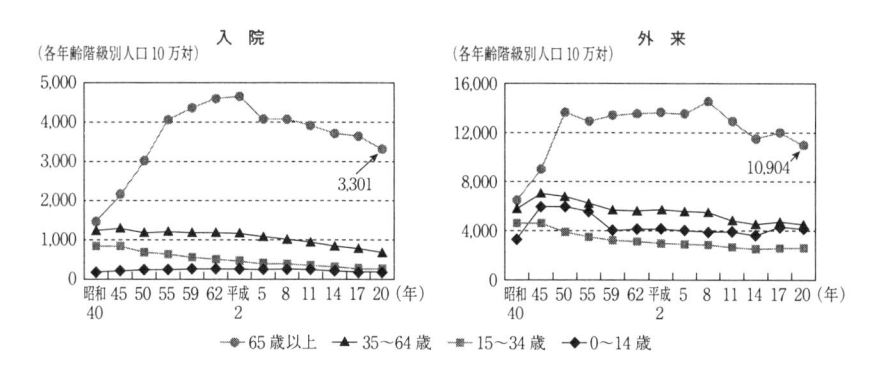

入院　　　　　　　　　　　　　　　　外来

（各年齢階級別人口10万対）　　　　　　　　（各年齢階級別人口10万対）

　　　　　　　　　　　　　　　　3,301　　　　　　　　　　　　　　　　　　　　　　　10,904

昭和40 45 50 55 59 62 平成2 5 8 11 14 17 20 (年)　　　昭和40 45 50 55 59 62 平成2 5 8 11 14 17 20 (年)

●65歳以上　▲35～64歳　■15～34歳　◆0～14歳

資料：厚生労働省「患者調査」

血管疾患」（男性555，女性653），「悪性新生物（がん）」（男性473，女性236）の順番となっており，外来では，「高血圧性疾患」（男性1,293，女性1,706），「脊柱障害」（男性1,125，女性1,126）の順番である。これらの傷病に特徴的なことは，治療に当たって，一次医療，二次医療，三次医療を担当する医療機関に加えて，場合によっては，介護サービス提供施設との相互の連携が求められることである。例えば，入院の受療率の一位になっている脳血管疾患は，患者にとって，リハビリテーション，予後が重要であり，介護サービスも必要とする場合が少なくない。予後は，二次医療担当の病院の医師，一次医療の（一般）診療所の医師が診るとして，どのように連携するのが望ましいかが検討されなければならない。いわゆる病診連携の在り方が問われることになる。また，介護サービスを必要とする場合に，特別養護老人ホーム（介護老人福祉施設）のような施設介護を行いながら，予後を診るべきか，在宅介護で予後を診るべきか検討されなければならない。この場合，医療サービスの供給の在り方と介護サービスの供給の在り方は独立して決定されるべきではなく，医療と介護が連携して患者を診る制度が望まれる。そこで重要な役割を果たすのが，プライマリーケア医，公的介護保険による介護サービスのコーディネーターであるケアマネージャー（居宅介護支援事業者）であろう。この点は，今後，早急に検討するべき課題である。

第4節　おわりに

　本章では「地域医療」について，経済学的分析を試みた。地域医療はしばしば使われる言葉であるが，医療が我々の生命と健康に直接関わり，生活になくてはならないサービスであるからこそ生まれてくる言葉であることがわかる。地域は，その人口構成，地勢が多様であるが故に求められる医療制度の在り方も多様にならざるを得ない。医療制度の需要サイドでは，患者の人口構成に留意し，供給サイドでは，一次医療・二次医療・三次医療の分業，非営利規制の在り方，採算性を考慮した価格規制の在り方等について検討が必要である。高齢化が進展し，社会経済状況が変化する中で地域医療の在り方も変容を迫られることになることは明らかであり，常に制度の在り方を考えていく必要がある。

【注】

1）本稿は，文部科学研究費基盤研究（C）課題名「最適な地域医療システムの研究」（課題番号 19530268）の成果を活用している。
2）Grossman（1972）を参照。日本語での直感的な解説は，例えば，大森（2008）第2章 PP.44-47 を参照。
3）高齢化率（Aging Ratio）＝高齢者（65歳以上）人口／全人口。
4）医療機関については，医療法に規定があり，病床が20未満の診療所，病床が20以上の病院，助産所が医療機関として規定されている。なお，診療所は，歯科を専門とする歯科診療所と，歯科以外の診療を行う一般診療所に分類されている。
5）Newhouse モデルと Pauly and Redisch モデルの邦語による説明は，大森（2008）第5章を参照のこと。また，英文では，Folland, Goodman and Stano（2012）chapter13 を参照。
6）救命救急医療は三次医療に分類されるが，多くの国々で採用されている制度では，プライマリーケア医の紹介を受けなくても受診できるようになっている。
7）もっとも，この問題は，患者が自分が重病であることをわかっていた場合，患者が重病でたまたま病院を最初に訪問した場合に限られるため，それほど深刻な問題ではないかもしれない。
8）2012年1月，国は，プライマリーケア医の考え方に近い「総合診療医（仮称）」を養成

することについて検討を始めることになった。具体的には，国家試験合格後2年間の臨床研修を終えた医師に3年間程度の特別な研修を課して，「総合診療医（仮称）」を認める案が有力になっているとのことである。

9）病院における二次医療，専門科の医療サービスの提供とプライマリーケアの提供にはサービスの提供の仕方に相違があることは容易に想像される。プライマリーケア医の教育，養成は喫緊の課題であろう。

10）たとえ稼働していなくても，常時，一定数の医師，看護師，検査技師などが待機していなければならないという意味である。

11）一次医療圏は市町村，三次医療圏は都道府県を意味する。

12）「精神病床」は，精神疾患を有する者を入院させるための病床をいう。「感染症病床」は，「感染症の予防及び感染症の患者に対する医療に関する法律」（平成10年法律第114号）に規定する一類感染症，二類感染症（結核を除く。），新型インフルエンザ等感染症及び指定感染症並びに新感染症の患者を入院させるための病床をいう。「結核病床」は，結核の患者を入院させるための病床をいう。「療養病床」は，病院の病床（精神病床，感染症病床，結核病床を除く。）又は一般診療所の病床のうち主として長期にわたり療養を必要とする患者を入院させるための病床をいう。「一般病床」は，「精神病床」，「感染症病床」，「結核病床」，「療養病床」以外の病床をいう。なお，「療養病床」には，上記の「療養病床」に加えて，「介護療養病床」も含んでいる。「介護療養病床」とは，療養病床のうち，介護保険法に規定する都道府県知事の指定介護療養型医療施設としての指定に係る病床をいう。

13）価格規制については，井堀（2005）第6章，土居（2002）第8章，林他（2010）第3章を参照のこと。

14）最低限とは，法的には，日本国憲法第25条の生存権の規定「日本国民は，健康で文化的な最低限度の生活を送る権利を有する。」を根拠とする。

15）公立病院が抱える問題については，大森（2010）を参照。

16）自治体病院経営研究会編（2011）PP.18-25，PP.178-187を参照。

17）国庫補助金は，へき地医療対策中心である。

18）受療率とは，人口10万人当たりの推計患者数を意味する。

参考文献

伊関友伸（2007）『まちの病院がなくなる!?―地域医療の崩壊と再生』時事通信出版局．
井堀利宏（2005）『ゼミナール公共経済学入門』日本経済新聞社．
大森正博（2008）『医療経済論』岩波書店．
金川佳弘・藤田和恵・山本裕（2010）『地域医療再生と自治体病院』自治体研究社．
小松秀樹（2006）『医療崩壊』朝日新聞社．

林正義・小川光・別所俊一郎（2010）『公共経済学』有斐閣。
土居丈朗（2002）『入門公共経済学』日本評論社。

「公立病院改革ガイドライン」2007年。
「公立病院改革プラン策定状況等の調査結果（調査日：平成22年3月31日）」2010年。
公立病院に関する財政措置のあり方等検討会（2008）「公立病院に関する財政措置のあり方等検討会報告書」11月25日。
厚生労働省大臣官房統計情報部（2010）『医療施設調査・病院報告　2010年』。
自治体病院経営研究会編（2011）『自治体病院経営ハンドブック　第18次改訂版（平成23年）』ぎょうせい。
地方公営企業研究会編（2008）『平成20年度第56集　地方公営企業年鑑　病院』（財）地方財務協会。
Grossman, Michael. (1972). "On the Concept of Health Capital and the Demand for Health," Journal of Political Economy 80, pp.223-255.
Harris, Jeffrey E. (1977). "The Internal Organization of Hospitals：Some Economic Implications," Bell Journal of Economics 8, pp.467-482.
J. Kornai. (2009). "The soft budget constraint syndrome in the hospital sector", International Journal of Health Care Finance and Economics Vol.9, Number 2, pp.117-136.
Sherman Folland, Allen C.Goodman and Miron Stano (2012). The Economics of Health and Health Care 7th edition, Pearson Education.

（大森正博）

第5章 地域発展の経済政策
―労働問題―

第1節 はじめに

　本章では，地域発展の経済政策としての労働問題として，都道府県ごとに設定されている地域別最低賃金の引き上げ政策を取り上げ，地域発展に資する最低賃金のあり方に関する議論について検討したい。

　最低賃金とは，最低賃金法第1条において，「この法律は，賃金の低廉な労働者について，賃金の最低額を保障することにより，労働条件の改善を図り，

図表5－1　最低賃金制度

出所：厚生労働省 http://www.mhlw.go.jp/

もつて，労働者の生活の安定，労働力の質的向上及び事業の公正な競争の確保に資するとともに，国民経済の健全な発展に寄与することを目的とする」と定めているように，働く人の暮らしを守ることを目的とした制度である（図表5－1）。

この最低賃金に関する政策，特に最低賃金の引き上げの是非に関する議論が近年にわかに注目を集めている。まず，現在与党となっている民主党は，2009年の衆議院選挙マニフェスト（Manifesto）において，図表5－2のように，「最低賃金を引き上げる[1]」という公約を打ち出した[2]。

図表5－2　民主党の政権政策 Manifesto2009

---
40. 最低賃金を引き上げる
【政策目的】
○まじめに働いている人が生計を立てられるようにし，ワーキングプアからの脱却を支援する。
【具体策】
○貧困の実態調査を行い，対策を講じる。
○最低賃金の原則を「労働者とその家族を支える生計費」とする。
○全ての労働者に適用される「全国最低賃金」を設定（800円を想定）する。
○景気状況に配慮しつつ，最低賃金の全国平均1,000円を目指す。
○中小企業における円滑な実施を図るための財政上・金融上の措置を実施する。
【所要額】
2,200億円程度

出所：民主党の政権政策 Manifesto2009。

この「最低賃金を引き上げる」という公約について，民主党政権は，2010年6月11日現在の進捗状況を「『最低賃金の見直し』を産業界，労働界および政府は『できる限り早期に全国最低800円を確保し，景気状況に配慮しつつ，全国平均1,000円をめざすこと』で合意しました」と報告し，厚生労働省と経済産業省は最低賃金引き上げを検討する「中小企業支援等の最低賃金引き上げ対策検討チーム」を設置した。図表5－3は，最低賃金引き上げに向けた中小

企業への支援事業の具体策を示したものである。

特に,図表5－3の③地域別支援策において,最低賃金の大幅な引き上げが必要な地域(最低賃金額が時間額700円以下の道県(2011年4月現在))は図表5－4のように34存在し,事業場内の最も低い時間給を,計画的に800円以上に引き上げる中小企業に対して,賃金引き上げに資する業務改善を支援するとして

図表5－3　最低賃金引き上げに向けた中小企業への支援事業

最低賃金について,2020年までのできる限り早期に全国最低800円を確保し,景気状況に配慮しつつ,全国平均1,000円を目指すこと(2010年6月3日雇用戦略対話の政労使合意,新成長戦略(2010年6月18日,閣議決定))との目標の実現に取り組むため,厚生労働省は経済産業省と連携し,最も影響を受ける中小企業に対する以下の支援を実施します。

① 全国的支援策：ワン・ストップ＆無料の相談・支援体制を整備
　　　　　　　　　　(最低賃金引上げに向けた中小企業相談支援事業)

生産性の向上等の経営改善に取り組む中小企業の労働条件管理などのご相談などについて,中小企業庁が実施する支援事業と連携して,ワン・ストップで対応する相談窓口を開設しています。

② 業種別支援策：最低賃金引上げの影響が大きい業種の賃金底上げ
　　のための取組を支援　　　　　　　　(業種別団体助成金の支給)

全国規模の業界団体による接客研修や,共同購入などのコスト削減の実験的取組などへの助成をします。(1団体の上限2,000万円)

③ 地域別支援策：最低賃金の大幅な引上げが必要な地域(700円以下
　　の道県)の賃金水準の底上げを支援　　(業務改善助成金の支給)

事業場内の最も低い時間給を,計画的に800円以上に引き上げる中小企業に対して,就業規則の作成,労働能率の増進に資する設備・機器の導入,研修等の実施に係る経費の1/2(上限100万円)を助成します。

出所：厚生労働省 http://www.mhlw.go.jp/

図表5－4　業務改善助成金の対象地域一覧

(最低賃金額が時間額700円以下の道県 (2011年4月現在))

No.	道県名	最低賃金時間額【円】	No.	道県名	最低賃金時間額【円】
1	北海道	691	18	和歌山県	684
2	青森県	645	19	鳥取県	642
3	岩手県	644	20	島根県	642
4	宮城県	674	21	岡山県	683
5	秋田県	645	22	山口県	681
6	山形県	645	23	徳島県	645
7	福島県	657	24	香川県	664
8	茨城県	690	25	愛媛県	644
9	栃木県	697	26	高知県	642
10	群馬県	688	27	福岡県	692
11	新潟県	681	28	佐賀県	642
12	富山県	691	29	長崎県	642
13	石川県	686	30	熊本県	643
14	福井県	683	31	大分県	643
15	山梨県	689	32	宮崎県	642
16	長野県	693	33	鹿児島県	642
17	奈良県	691	34	沖縄県	642

出所：厚生労働省 http://www.mhlw.go.jp/

いる[3]。

　このように，最低賃金に関してさまざまな政策が実施されているが，地域発展の経済政策を考える際に重要なことは，このような最低賃金の引き上げ政策が本当に労働者のためになる政策なのかということである。

　経済学的に考えると最低賃金の（大幅な）引き上げは，雇用の減少や賃金の減少をもたらす可能性があることが知られている。そこで，本章では，最低賃金の引き上げ政策が労働者保護の観点や地域経済の発展の観点から望ましいも

のであるのかについて，理論・実証の両面から考察していきたい。

第2節　最低賃金とは何か？

　最低賃金引き上げの是非を論じる前に，まず，最低賃金の制度について概観したい（厚生労働省 http://www.mhlw.go.jp/ 参照）。
　「最低賃金制度」とは，最低賃金法に基づき国が賃金の最低限度を定め，使用者は，その最低賃金額以上の賃金を支払わなければならないとする制度である。
　仮に最低賃金額より低い賃金を労働者，使用者双方の合意の上で定めても，それは法律によって無効とされ，最低賃金額と同額の定めをしたものとされる。したがって，最低賃金未満の賃金しか支払わなかった場合には，最低賃金額との差額を支払わなくてはならない。また，最低賃金には，①地域別最低賃金と②特定最低賃金の2種類がある[4]。

① 　地域別最低賃金：
　産業や職種にかかわりなく，都道府県内の事業場で働くすべての労働者とその使用者に対して適用される最低賃金として，各都道府県に1つずつ，全部で47件の最低賃金が定められている。産業や職種にかかわりなく，都道府県内の事業場で働くすべての労働者とその使用者に適用される（パートタイマー，アルバイト，臨時，嘱託などの雇用形態や呼称の如何を問わず，すべての労働者に適用される[5]）。

② 　特定（産業別）最低賃金：
　特定（産業別）最低賃金は，特定の産業について，関係労使が基幹的労働者を対象として，地域別最低賃金より金額水準の高い最低賃金を定めることが必要と認めるものについて設定されており，全国で250件（2011年2月1日現在）の最低賃金が定められている。特定地域内の特定の産業の基幹的労働者とその使用者に適用される（18歳未満または65歳以上の方，雇入れ後一定期間未満で技能習

得中の方，その他当該産業に特有の軽易な業務に従事する方などには適用されない）。

なお，地域別最低賃金および特定（産業別）最低賃金の両方が同時に適用される場合には，使用者は高い方の最低賃金額以上の賃金を支払わなければならないとされている。仮に，地域別最低賃金額以上の賃金額を支払わない場合には，最低賃金法に罰則（50万円以下の罰金）が定められ，特定（産業別）最低賃金額以上の賃金額を支払わない場合には，労働基準法に罰則（30万円以下の罰金）が定められている。

また，最低賃金の対象となる賃金は，「基本給」と「諸手当」である（図表5－5）。

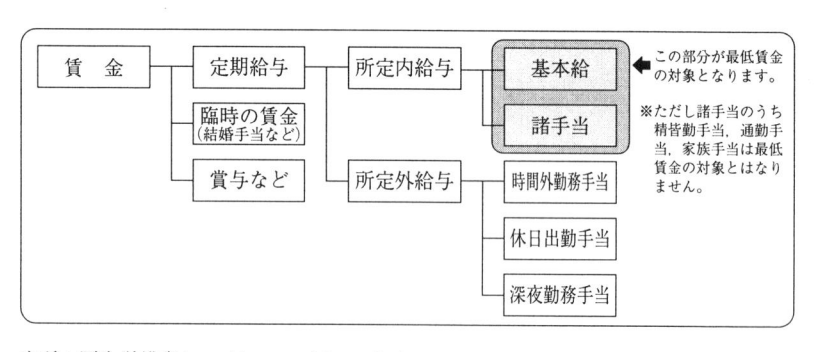

図表5－5　最低賃金の対象となる賃金

```
賃　金 ─┬─ 定期給与 ─┬─ 所定内給与 ─┬─ 基本給    ← この部分が最低賃金
        │              │              └─ 諸手当        の対象となります。
        ├─ 臨時の賃金  │                            ※ただし諸手当のうち
        │  （結婚手当など）                            精皆勤手当，通勤手
        └─ 賞与など  └─ 所定外給与 ─┬─ 時間外勤務手当   当，家族手当は最低
                                    ├─ 休日出勤手当     賃金の対象とはなり
                                    └─ 深夜勤務手当     ません。
```

出所：厚生労働省 http://www.mhlw.go.jp/

地域別最低賃金は，全国的な整合性を図るため，毎年，中央最低賃金審議会から地方最低賃金審議会に対し，金額改定のための引き上げ額の目安が提示され，地方最低賃金審議会では，その目安を参考にしながら地域の実情に応じた地域別最低賃金額の改正のための審議を行っている（図表5－6）。

このように決められた地域別最低賃金は，次頁の図表5－7のように，各都道府県に1つずつ，全部で47件の最低賃金が定められている。2011年度の地

第5章　地域発展の経済政策—労働問題—　97

図表5－6　目安審議および地域別最低賃金審議の流れ

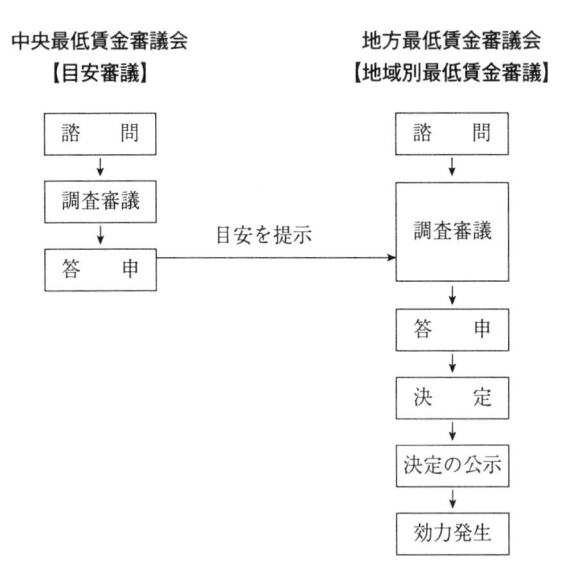

中央最低賃金審議会　　　　　　地方最低賃金審議会
　【目安審議】　　　　　　　　　【地域別最低賃金審議】

諮　問　→　調査審議　→　答　申　──目安を提示──→　諮　問　→　調査審議　→　答　申　→　決　定　→　決定の公示　→　効力発生

出所：厚生労働省 http://www.mhlw.go.jp/

域別最低賃金の全国の加重平均額は737円，最も高いのが東京都の837円，最も安いのは，高知県と沖縄県の645円である。

図表5-7 地域別最低賃金の全国一覧

都道府県名	最低賃金時間額【円】	発効年月日	都道府県名	最低賃金時間額【円】	発効年月日
北海道	705 (691)	2011年10月6日	滋 賀	709 (706)	2011年10月20日
青 森	647 (645)	2011年10月16日	京 都	751 (749)	2011年10月16日
岩 手	645 (644)	2011年11月11日	大 阪	786 (779)	2011年9月30日
宮 城	675 (674)	2011年10月29日	兵 庫	739 (734)	2011年10月1日
秋 田	647 (645)	2011年10月30日	奈 良	693 (691)	2011年10月7日
山 形	647 (645)	2011年10月29日	和歌山	685 (684)	2011年10月13日
福 島	658 (657)	2011年11月2日	鳥 取	646 (642)	2011年10月29日
茨 城	692 (690)	2011年10月8日	島 根	646 (642)	2011年11月6日
栃 木	700 (697)	2011年10月1日	岡 山	685 (683)	2011年10月27日
群 馬	690 (688)	2011年10月7日	広 島	710 (704)	2011年10月1日
埼 玉	759 (750)	2011年10月1日	山 口	684 (681)	2011年10月6日
千 葉	748 (744)	2011年10月1日	徳 島	647 (645)	2011年10月15日
東 京	837 (821)	2011年10月1日	香 川	667 (664)	2011年10月5日
神奈川	836 (818)	2011年10月1日	愛 媛	647 (644)	2011年10月20日
新 潟	683 (681)	2011年10月7日	高 知	645 (642)	2011年10月26日
富 山	692 (691)	2011年10月1日	福 岡	695 (692)	2011年10月15日
石 川	687 (686)	2011年10月20日	佐 賀	646 (642)	2011年10月6日
福 井	684 (683)	2011年10月1日	長 崎	646 (642)	2011年10月12日
山 梨	690 (689)	2011年10月20日	熊 本	647 (643)	2011年10月20日
長 野	694 (693)	2011年10月1日	大 分	647 (643)	2011年10月20日
岐 阜	707 (706)	2011年10月1日	宮 崎	646 (642)	2011年11月2日
静 岡	728 (725)	2011年10月14日	鹿児島	647 (642)	2011年10月29日
愛 知	750 (745)	2011年10月7日	沖 縄	645 (642)	2011年11月6日
三 重	717 (714)	2011年10月1日	全国加重平均額	737 (730)	

(注) 括弧書きは，2010年度地域別最低賃金額。
出所：厚生労働省 http://www.mhlw.go.jp/

第3節　最低賃金の経済学的考察（理論）

　第1節で，民主党のマニフェストにおいて，「まじめに働いている人が生計を立てられるようにし，ワーキングプアからの脱却を支援する」という目的のため，「最低賃金を引き上げる」という政策を打ち出していることを確認した。

それでは，経済理論的に最低賃金額の水準は，労働市場にどのような影響を及ぼすと考えられるのであろうか。経済学では，最低賃金は価格規制の典型例として紹介されている。

まず，図表5－8のように，最低賃金が市場で決まる均衡賃金よりも十分低く設定されている場合を考えよう。この場合，市場で決まる賃金は最低賃金を上回っているため，最低賃金による規制は実質的に意味をもたない。この場合には，規制による賃金への影響はなく，雇用への影響もなく，失業も発生しない（安部（2010））[6]。

一方で，図表5－9のように，最低賃金額が市場の均衡賃金を上回っている場合，その最低賃金額を下回る価格での取引が成立しなくなり，均衡賃金は最低賃金水準に設定されることになる。その結果，労働供給が労働需要を上回るため，労働を供給したい（働きたい）と考えているにもかかわらず働くことの

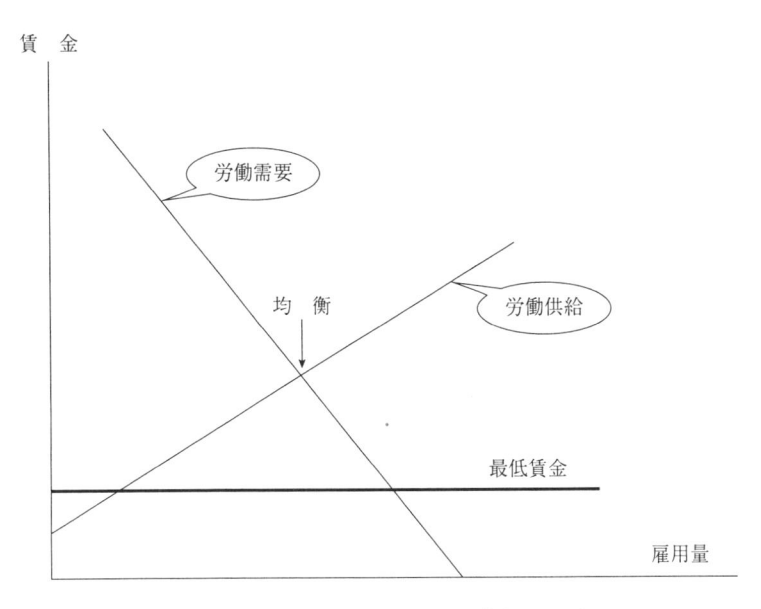

図表5－8　有効な制約でない最低賃金

出所：安部，前掲書，P.23より引用（吹き出しは筆者による）。

できない，「失業者」がでてきてしまうことになる。これは，最低賃金規制が有効な制約として機能するケースに成り立つ（安部（2010））[7]。

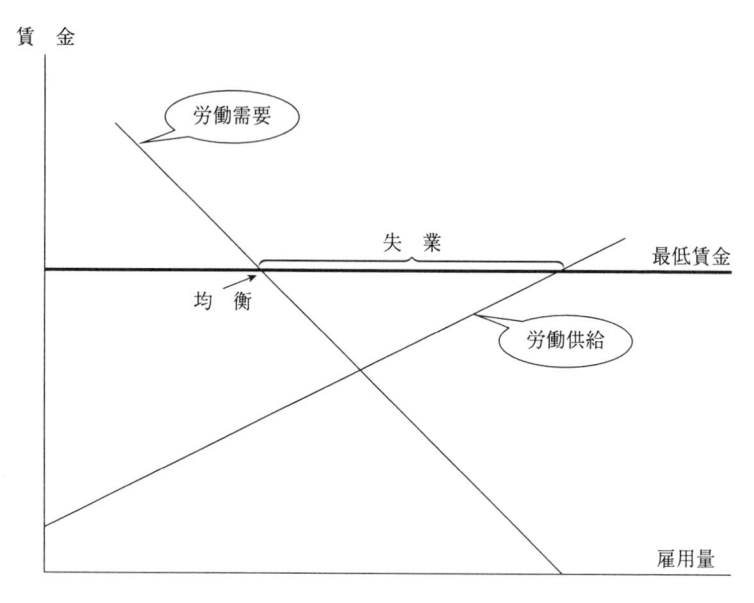

図表5－9　有効な制約である最低賃金

```
賃 金
 │
 │   ╲労働需要╱
 │    ╲   ╱
 │     ╲ ╱         失　業
 ├──────╳─────────────────── 最低賃金
 │     ╱↑╲
 │    ╱均衡╲  労働供給
 │   ╱     ╲
 │  ╱       ╲
 └──────────────── 雇用量
```

出所：安部，前掲書，P.23 より引用（吹き出しは筆者による）。

　すなわち，最低賃金を引き上げ，市場賃金を上回る水準で最低賃金水準を決定すると労働者保護の目的とは裏腹に，労働市場で失業が発生し，雇用が減少してしまうのである。図表5－7に示したように地域別最低賃金は都道府県別に決定されており，全国一律ではない。それゆえに，図表5－8のような有効な制約でない最低賃金なのか，図表5－9のように有効な制約である最低賃金なのかは，地域ごとに考える必要があろう。

　このように，最低賃金水準を決定する際には，地域別労働市場の動向を慎重に見極めて水準を考える必要がある。この点に関して，次節で最低賃金に関して実証的に行われた研究と共に考察したい。

第4節 最低賃金の経済学的考察（実証）

1 最低賃金と賃金分布の関係に着目した実証研究 その1

　前節では，最低賃金水準を引き上げることは，労働者保護とは裏腹に雇用を減少させる可能性があることを理論的に考察してきた。本節では，実際に日本の都道府県別データを活用した研究を概観し，最低賃金額が労働市場に及ぼした影響について見ていきたい。

　まず，Kambayashi, Kawaguchi and Yamada（2010）は，1994年から2003年を対象に，最低賃金と賃金分布の関係について，賃金センサスの個票データを用いて実証研究を行っている（図表5－10，図表5－11）[8]。

図表5－10　東京都の賃金分布（1994年と2003年）

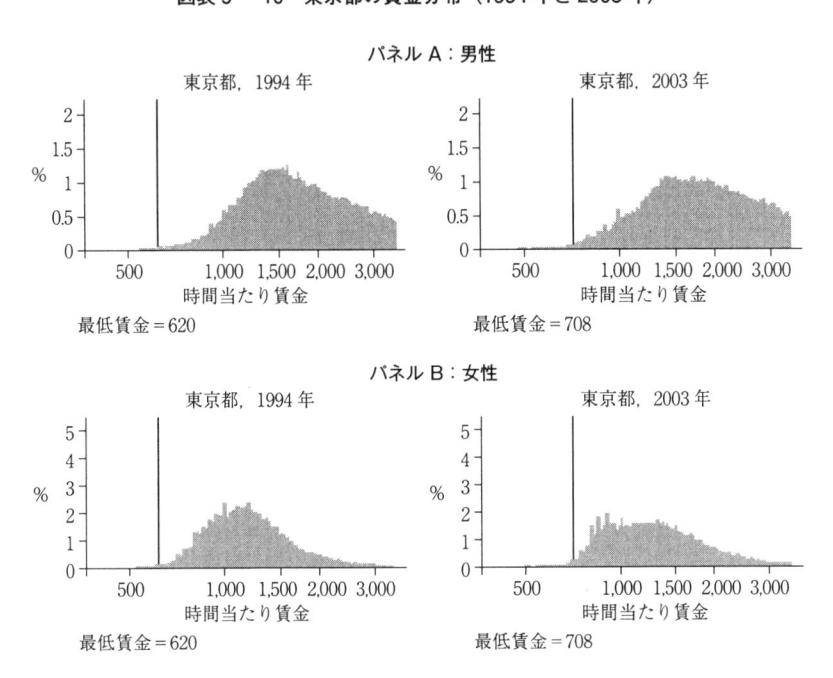

パネルA：男性

パネルB：女性

出所：Kambayashi, Kawaguchi and Yamada，前掲書，P.34より抜粋。

図表 5 - 10 の東京都に関して見てみると，1994 年と 2003 年のどちらも，男性労働者と女性労働者にとって，最低賃金は賃金分布にかからない水準で設定されていることがわかる。すなわち，前節で触れた図表 5 - 8 のように東京都の最低賃金は，「有効な制約でない最低賃金」水準に設定されている状態であるといえる。

しかし，図表 5 - 11 の青森県の場合，1994 年の男性労働者では最低賃金は賃金分布にかからないところで設定されているものの，女性労働者では最低賃金水準が賃金分布に引っ掛かる水準に設定されていることがわかる。すなわち，女性の労働市場では，働きたいと思っているにもかかわらず，最低賃金が高い水準に設定されているために，働くことのできない「失業者」が存在して

図表 5 - 11　青森県の賃金分布（1994 年と 2003 年）

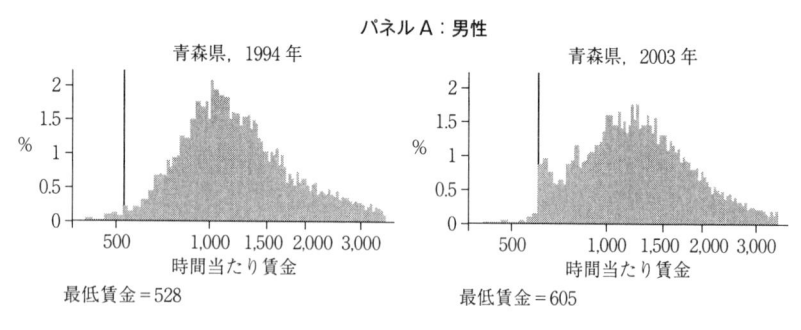

パネル A：男性

青森県，1994 年　　最低賃金＝528

青森県，2003 年　　最低賃金＝605

パネル B：女性

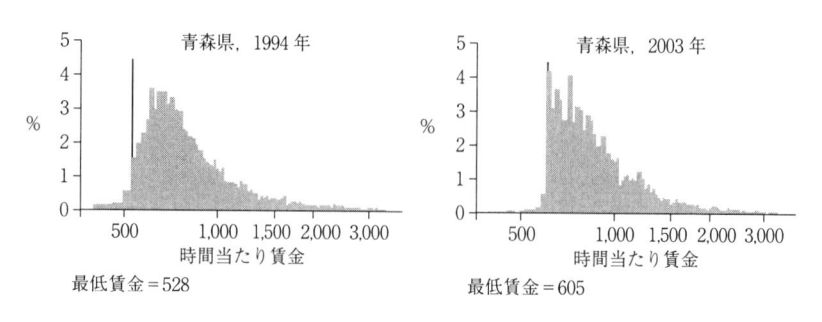

青森県，1994 年　　最低賃金＝528

青森県，2003 年　　最低賃金＝605

出所：Kambayashi, Kawaguchi and Yamada，前掲書，P.34 より抜粋。

いることが示唆される。

また，2003年を見ると，男性・女性ともに最低賃金額が賃金分布を分断する水準に設定されており，非常に多くの雇用が失われている可能性を示唆している。このように，前節で触れた図表5－9のように青森県の最低賃金は，「有効な制約である最低賃金」におかれている状態であるといえる。

Kambayashi, Kawaguchi and Yamada (2010) で示されている最低賃金が賃金決定に影響を与えているという「最低賃金の下支え効果」について，図表5－12にイメージ図表を示した。「下支え」とは，最低賃金額近辺に多く賃金が集積しており，まさに低賃金労働者の賃金を下から支えているような状況を指し示すと考えられる。また，併せて，最低賃金額未満の賃金額というのは法律違反であるため最低賃金額未満の労働者割合は小さく，ちょうど最低賃金額を境に崖が切り立ったような状況になることが考えられる（堀（2005））[9]。

すなわち，図表5－11で示した青森県では，最低賃金がまさに低賃金労働者の賃金を下から支えているような状況がみられ，最低賃金が経済発展の地域政策に大きな影響，すなわち，地域の雇用にマイナスの影響を与えている可能性が示唆されている。

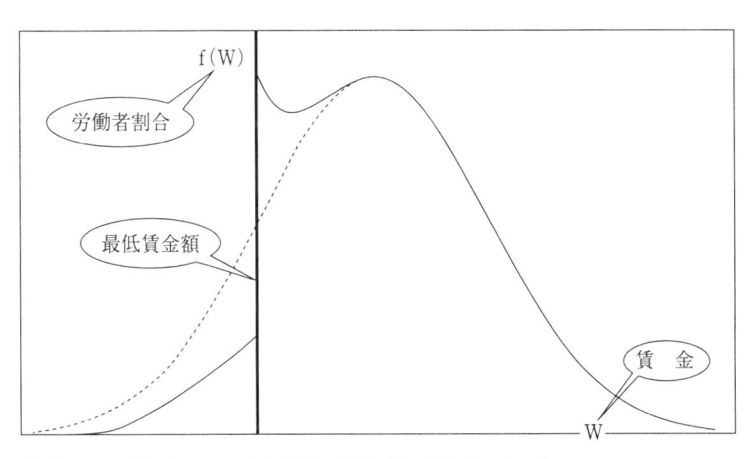

図表5－12　下支え効果のイメージ

出所：堀，前掲書，P.39より引用（吹き出しは筆者による）。

2 最低賃金と賃金分布の関係に着目した実証研究 その2

　古俣（2011）は，2009年版の賃金センサスの個票データを用いて，地域別最低賃金額近辺における賃金分布状況について検討を行っている[10]。その結果，一般労働者[11]においては，北海道（図表5-13），青森県，秋田県，長崎県，沖縄県の各道県では，地域別最低賃金額に張り付くように，地域別最低賃金を境として度数分布が始まる形となっており，他の地域と比べて，労働者の賃金を下支えする効果があるとしている。

　一方，パートタイム労働者[12]においては，一般労働者に比べて地域別最低賃金額の付近に賃金が分布している地域が多くみられるとしており，特に北海道（図表5-14），岩手県，福島県，岐阜県，山口県，長崎県，鹿児島県，沖縄県でそうした傾向が顕著である。

　このように，最低賃金額の引き上げは地域の労働市場に沿った水準に設定するように配慮しないと，労働者保護の目的とは反対に地域の労働市場にマイナ

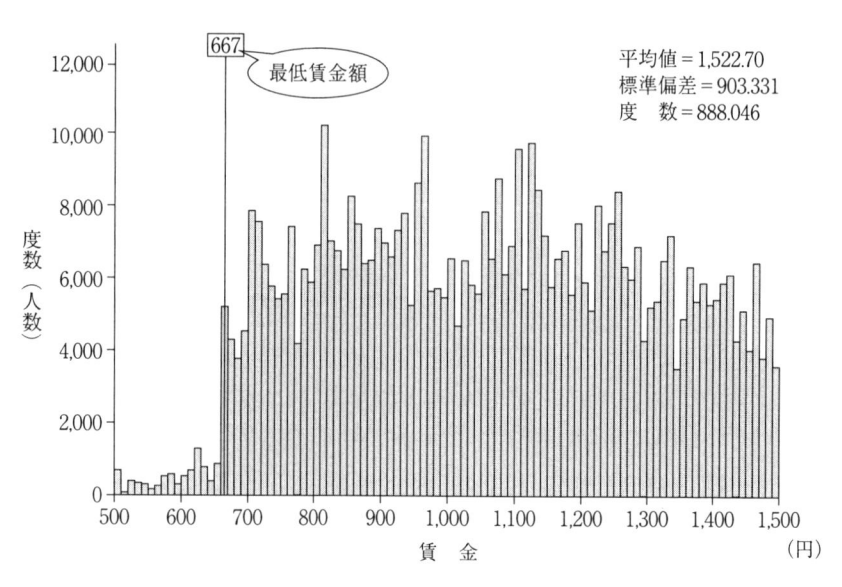

図表5-13　賃金分布　一般労働者 北海道

平均値＝1,522.70
標準偏差＝903.331
度　数＝888.046

出所：古俣，前掲書，P.5より引用（吹き出しは筆者による）。

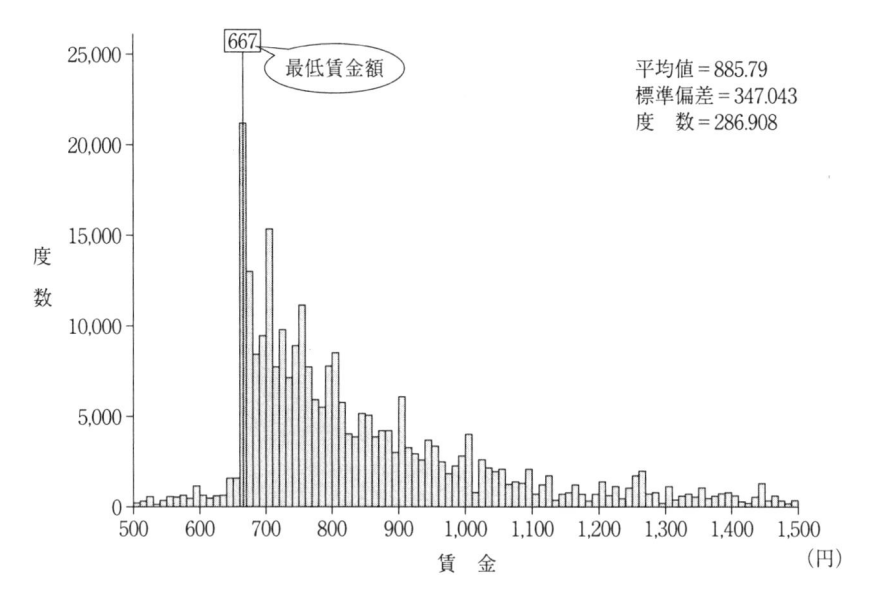

図表5-14　賃金分布　パートタイム労働者 北海道

[グラフ: 667 最低賃金額、平均値=885.79、標準偏差=347.043、度数=286.908]

出所：古俣，前掲書，P.29より引用（吹き出しは筆者による）。

スの影響を与える可能性があることがわかる。

3　名目最低賃金と実質最低賃金に着目した実証研究

　森川（2010）は，都道府県別の最低賃金（2007年）と『全国物価統計調査』（2007年）の「民営借家世帯」の都道府県別物価水準を用いて生計費の違いを補正した実質最低賃金を示し[13]，ワーキングプアをはじめ貧困に関する議論を行う際には，見かけ上の名目賃金ではなく生計費の違いを補正した実質賃金を観察することで政策的含意が大きく異なりうることを示している（図表5-15）。

　森川（2010）によると，（名目）最低賃金は東京の739円（2007年）が最も高く，沖縄の618円（2007年）が最も低い。総じて東北および九州各県の最低賃金が低い傾向にある。当然ながら神奈川，大阪，愛知といった大都市圏の最低

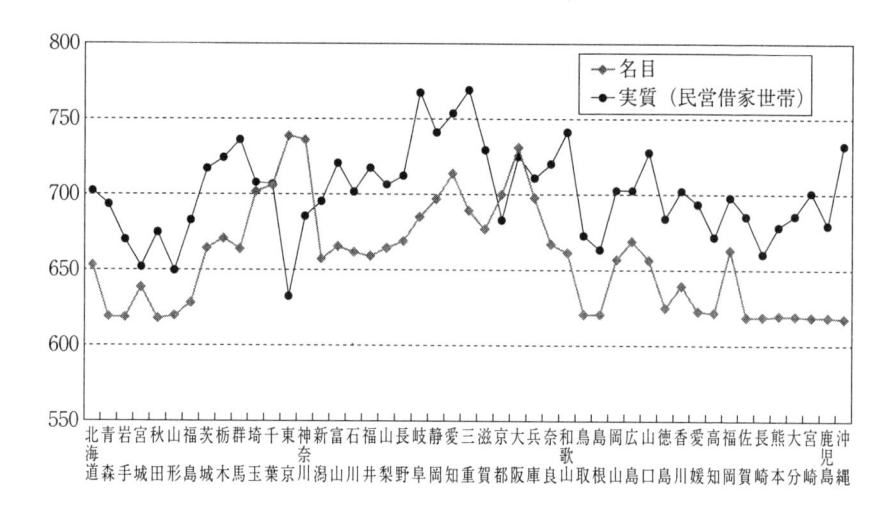

図表 5－15　名目最低賃金と実質最低賃金の比較（2007年）

出所：森川，前掲書，P.22 より引用。

賃金は高い傾向があるが，生計費の違いを考慮して実質化すると様相は大きく異なる。

　すなわち，家賃をはじめ物価水準の高い東京の実質最低賃金は47都道府県中で最低となる。これに対して，生計費の低い東北や九州の実質最低賃金は東京よりも高水準である。実質最低賃金が最も高いのは三重県で，次いで岐阜県であると述べている[14]。

　したがって，最低賃金の設定は地域の物価水準や購買力などを加味した考察が必要であるといえよう。

4　最低賃金水準と生活保護水準

　最後に，最低賃金と生活保護との関連について触れたい。論点となるのは，生活保護水準が最低賃金水準を上回っている場合，労働市場で働くよりも生活保護を受けた方が経済的に豊かになり，労働インセンティブを削ぐことになってしまうということである。そこで，最低賃金水準と生活保護水準との乖離が

図表5－16 都道府県ごとの生活保護（生活扶助基準（注1参照）＋住宅扶助）と最低賃金

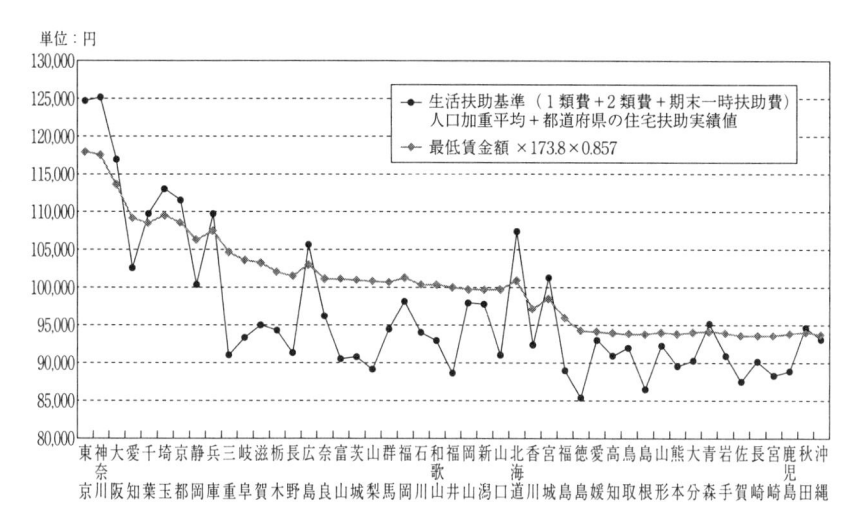

注1）生活扶助基準（1類費＋2類費＋期末一時扶助費）は12～19歳単身である。
注2）生活扶助基準は冬季加算を含めて算出。
注3）生活保護のデータ，最低賃金のデータともに2009年度のもの。
注4）0.857は時間額629円で月173.8時間働いた場合の税・社会保険料を考慮した可処分所得の総所得に対する比率。
出所：厚生労働省 http://www.mhlw.go.jp/

議論となる。

　樋口・佐藤・小林 (2011) によると，中央最低賃金審議会では日本経済全体の状況を考慮に入れながら，都道府県における生活水準の違いや，使用者の支払い能力の違い，雇用に与える影響度の違い等に着目する一方，地域間の賃金格差の拡大を避けるために，経済力等に比べ相対的に大都市圏の最低賃金を抑える傾向があったという。

　その結果，地域ごとに決定される生活保護支給額に比べ，最低賃金によってフルに働いた給与額のほうが低い，いわゆる「逆転現象」がいくつかの都道府県でみられるようになり，モラルハザードを引き起こす原因になっているとの批判の声が上がるようになったと指摘している[15]。

　そこで，2008年7月1日から最低賃金法が改正され，地域別最低賃金を決定する場合には，労働者が健康で文化的な最低限度の生活を営むことができる

よう，生活保護に係る施策との整合性にも配慮することとなった(最低賃金法第9条第3項)。2011年の検討資料である，都道府県ごとの生活保護と最低賃金を図表5－16に示したが，最低賃金よりも生活保護の方が高い，いわゆる逆転現象が起きているのは，9都道府県(北海道，宮城，埼玉，東京，神奈川，京都，大阪，兵庫，広島)であった。

そこで，2011年度の地域別最低賃金額の改定については，地域別最低賃金額が生活保護水準と逆転していた図表5－16の9都道府県のうち，埼玉，東京，京都，大阪，兵庫，広島の6都府県で逆転が解消された。

このように最低賃金水準と生活保護水準とのギャップを考えることは，地域発展の経済政策を考えるには，非常に重要な論点であるといえよう。

第5節　おわりに

本章では，労働者保護を目的とした「最低賃金を引き上げる」という政策に関して，最低賃金の理論的考察，実証的考察を行った。

その結果，「有効な制約でない最低賃金」なのか，「有効な制約である最低賃金」なのかを，地域ごとに考察する必要があることが確認された。最低賃金が，労働者の賃金を下支えする効果があるということは，最低賃金が有効な制約になり，最低賃金額の引き上げが労働者保護の目的とは裏腹に雇用を減少させる可能性をもつことにつながる。最低賃金の設定に関しては，最低賃金額がその地域の労働市場における均衡賃金水準を上回るのか，そうではないのかという点に注意を払いながら，設定する必要があるといえよう。

また，見かけ上の名目賃金ではなく生計費の違いを補正した実質賃金を観察することで政策的含意が大きく異なりうることも重要な論点である。都道府県ごとの最低賃金の引き上げ政策を考える際に「見かけ上の名目賃金」だけでなく，「生計費の違いを補正した実質賃金」を考慮する必要があるかもしれない。

さらには，最低賃金と生活保護水準との乖離の是正も重要な論点である。最低賃金の引き上げを考える際には，地域発展に資する引き上げになるかどうかを慎重に検討していくことが重要であろう。

【注】

1) この公約に対し，大橋（2009）は，3つの問題を提起している。第一にワーキングプアに代表されるような極度の貧困が日本にも存在することが認識され始め，経済格差の是正が緊急の課題になっているが，最低賃金は貧困の下支えとして機能していないこと，第二に労働基準法で定められた1週40時間を働いても最低賃金では所得が生活保護の給付額より低くなるケースが多くみられること，第三に外国人労働者の賃金が最低賃金近くに設定され，労働の内実とそぐわないために，労働資源の配分メカニズムに歪みが生じかねないことである（大橋勇雄（2009），P.4）。
2) 社民党の衆議院選挙公約2009 Manifestoでも，最低賃金が生活保護水準を下回る都道府県の最低賃金を早急に引き上げ，中小企業に充分に配慮をしつつ，最低賃金を段階的に時給1,000円以上へ引き上げ，ワーキングプアをなくすことを掲げている。また，日本共産党の総選挙政策2009においても全国最低賃金制度を確立し，当面，最低賃金を時給1,000円以上に引き上げ，くらしと地域経済の底上げをはかり，中小・零細企業には雇用保険財政なども活用して必要な賃金助成を行うことを記している。
3) 2011年10月6日に北海道は，691円から705円，2011年10月1日に栃木県は，697円から700円になったため，700円以下の道県は32となった。
4) 特定最低賃金は，事業別（産業別）または職種別に分類されるが，現在は，事業別（産業別）最低賃金のみが設定されている。
5) なお，一般の労働者より著しく労働能力が低いなどの場合には，最低賃金を一律に適用するとかえって雇用機会を狭めるおそれなどがあるため，使用者が都道府県労働局長の許可を受けることを条件として個別に最低賃金の減額の特例が認められている。
6) 安部（2010），P.23。
7) 安部，前掲書，PP.22-23。
8) Kambayashi, Kawaguchi and Yamada (2010), PP.1-41.
9) 堀（2005），P.39。
10) 古俣（2011），PP.3-73。
11) 一般労働者とは，1カ月の実労働日数が18日以上で，1日当たりの所定内実労働時間が5時間以上，所定内給与額が500円以上の者を指す（古俣，前掲書，P.3）。
12) パートタイム労働者とは，1カ月の所定内実労働時間が1日以上で，1日当たりの所定内実労働時間が1時間以上9時間未満，所定内給与額が400円以上の者を指す（古俣，前掲書，P.3）。
13) 森川（2010），PP.1-25。
14) 森川，前掲書，P.10。
15) 樋口・佐藤・小林（2011），P.2。

参考文献

安部由起子（2010）「最低賃金引き上げのインパクト」『日本労働研究雑誌』，労働政策研究・研修機構，No.597，4月，PP.22-25。

大橋勇雄（2009）「日本の最低賃金制度について―欧米の実態と議論を踏まえて」『日本労働研究雑誌』労働政策研究・研修機構，No.593，12月，PP.4-15。

古俣誠司（2011）「地域別最低賃金と低賃金労働者の分布」梅澤眞一・古俣誠司・川上淳之『最低賃金の引上げによる雇用等への影響に関する理論と分析』第1章，労働政策研究・研修機構，JILPT 資料シリーズ，No.90，5月，PP.3-73。

樋口美雄・佐藤一磨・小林徹（2011）「最低賃金引上げの経済効果：パネルデータによる分析」『KEIO/KYOTO GLOBAL COE DISCUSSION PAPER SERIES』，慶應義塾大学グローバル COE，DP2011-025，12月，PP.1-33。

堀春彦（2005）「最低賃金に関する経済理論と実証分析」堀春彦・坂口尚文『日本における最低賃金の経済分析』第2章，労働政策研究・研修機構，労働政策研究報告書，No.44，10月，PP.15-44。

森川正之（2010）「地域間経済格差について：実質賃金・幸福度」，経済産業研究所，RIETI Discussion Paper Series 10-J-043，7月，PP.1-25。

Kambayashi, Ryo, Daiji Kawaguchi and Ken Yamada（2010）"The Minimum Wage in a Deflationary Economy: The Japanese Experience, 1994-2003," *The Institute for the Study of Labor*, IZA DP No.4949, PP.1-41.

（大薗陽子）

第6章 地域発展の経済政策
―人口学的視点からみたわが国の課題―

第1節 はじめに

　2010年10月1日に実施された国勢調査によれば，わが国の総人口は1億2,805万7,352人（男性6,232万7,737人，女性6,572万9,615人）で，5年前の2005年に実施された国勢調査と比較すると0.2％の増加であり，国勢調査開始以来最低の人口増加率を記録した。厚生労働省の人口動態統計でも，1年間に日本に住む日本人の出生数から死亡数を差し引いた自然増加数がマイナスとなり，統計を取り始めた1899年以来初のマイナスを記録した2005年以降，2006年を除き人口の自然増加数は連続的にマイナスとなり，2011年の自然増加数は約20万人の減を記録している。

　団塊の世代が誕生した時期には合計特殊出生率（1人の女性が生涯に産むと思われる子供数：Total Fertility Rate，以下TFR）は4人程度であったが，1999年には"1.57ショック"という新造語がマスコミを通じて世間の注目を引くほどに出生率は低下した。そして，2011年現在でTFRは1.39人まで減少し，少子化＝高齢化という構図がわが国の社会にすっかり定着した感がぬぐえない。

　このような出生率の急激な低下に加え，死亡率も低下し，平均寿命も改善されてきている。2011年の平均寿命は男性が79.4歳，女性が85.9歳であり，世界の最高水準にある。そして，出生率と死亡率の低下の結果，わが国の人口は急速に高齢化しているとともに，世界で最も人口転換が進んでいることは周知の通りである。

　今後はこのような人口動態や人口減の状況が持続する可能性が高いために，

人口減少の局面は将来的に持続することが予想され，労働市場，資本市場，年金・医療・介護などの社会保障制度などの国民生活における重要な諸側面において，現在よりも一層深刻な問題が露呈することが危惧されている。また，これらの人口動態の数値は日本全体の値を示しているものであり，地域的にみるとこの状況よりさらに深刻な状態に陥っている。特に生産性年齢人口（15－64歳人口）が減少していく中で，各自治体が独自の政策を行い持続していくことが可能であるのか，本章ではわが国の人口の変化を示すとともにさらに，地域における人口動態とその将来の推計を示し，家族の介護能力の限界を人口学的視点から検討する。

第2節　わが国の長期的人口変動パターンとその特徴

1　出生率の変化

図表6－1で示されているように，第2次大戦後の1947-49年の3年間にわたるベビーブームの後に，わが国の出生率は10年間で半減するという人類史

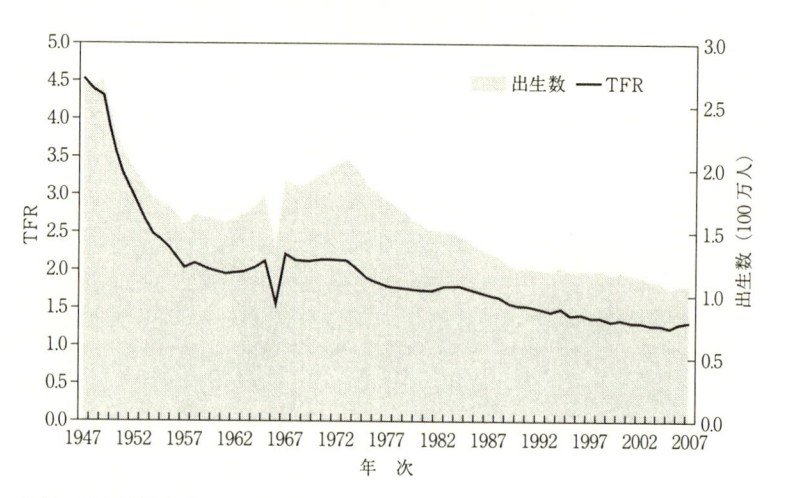

図表6－1　合計特殊出生率と出生数の変化

出所：厚生労働省『人口動態統計』，各年。

第6章 地域発展の経済政策―人口学的視点からみたわが国の課題― 113

図表6-2 出生数の変化

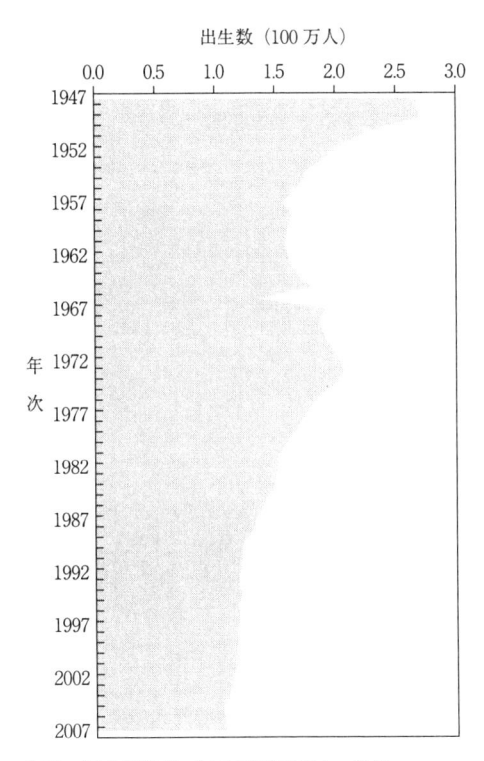

出生数（100万人）

出所：厚生労働省『人口動態統計』，各年。

上初めての出来事が起こった。すなわち，合計特殊出生率は1947年では4.50人であったが，1957年では2.04人まで低下したのである（Hodge and Ogawa (1991)）。その後は15年間ほど，1966年の丙午による影響で1.58人まで低下したのを除き，人口置き換え水準である2.06人程度で比較的安定して推移した。しかし，1973年の第1次オイルショックを契機にして出生率は再び低下を開始し，2005年では1.26人まで低下し，最近の数年間はわが国の史上最低水準の出生率を更新し続けている。この1970年代半ば以降における出生低下は，人口学者の間で第2次人口転換と呼ばれている。また，2005年の合計特殊出生率が1.26人まで低下した後は，連続的に若干の増加傾向がみられ2011年では1.39まで回復している。このように近年増加している出生率であるが，出生数の増加には大きく寄与していない。その理由は，出生率は増加しているが，その分母となる女性の人口自体がすでに縮小しているためであり，2011年では出生数は105万人となり1947年以来最低の値を記録している。このような出生数に関する議論はわが国においてはあまりされていないが，わが国の人口構造を理解するためには非常に有用な指標である。図表6-1における出生数の部分を縦に90度回転させたものが図表6-2である。この図から死亡の要因を考慮すると，わが国の人口構造を捉えることができる。つまり，出生

数の変化を追いかけることによって，底辺が先細りになっている人口のピラミッドが描かれることになる。

　このような戦後60年間のわが国における出生低下のプロセスを，人口動態統計と国勢調査結果をベースに形式人口学の手法を用いて分析してみると，その低下メカニズムが時間の経過とともに著しく変化してきていることがわかる。図表6-3は，出生率の変化量の要因を，結婚する確率（B to M），第1子をもつ確率（M to 1），第2子をもつ確率（1to 2），第3子をもつ確率（2 to 3），第4子をもつ確率（3 to 4），第5子以上をもつ確率（4 + to5 +）の要因に分解したものである。図表6-3における線グラフは各期間の2点間のTFRの変化量を示しており，0より下の値はマイナス，つまり出生率がこの2点間で低下したことを示している。例えばここで取り上げた期間では，1950年以降TFRは減少していることになる。それぞれのTFRの変化量に対しての各要因が棒グラフ上として表されており，それぞれの値を足し上げるとTFRの変化量（線グラフ）に等しい値になっている。これらの詳しい計算方法などは以下を参照されたい（Feeney (1986), Feeney and Saito (1985), Matsukura, Retherford and Ogawa (2007))。

　特に，1973年の第1次オイルショックの前後で大きく出生率が変化していることが知られている（Ogawa and Retherford (1993), Retherford, Ogawa and Matsukura (2001))。図表6-3に示されているように，1950-1970年について各期間の出生順位別の合計特殊出生率の低下への寄与率をみると，女性が第3子目を産む確率が減少したことが一番大きな要因であり，続いて第4子目の出産確率の減少が第2要因であった。また，第1子目，第2子目の出生確率の減少も合計特殊出生率の低下に多少は寄与しているが，女性の婚姻率の変化は合計特殊出生率に何ら影響を与えなかったのである。このような結果から，第一次オイルショック以前では，ほとんどすべての男女が結婚するという皆婚社会のパターンが定着しており，結婚したカップルは生活の質の向上を目指して子供は2人までという構図が出来上がったことを示唆している。

　また，4子目，5子目などの高いパリティ（出生順位）における有配偶出生確

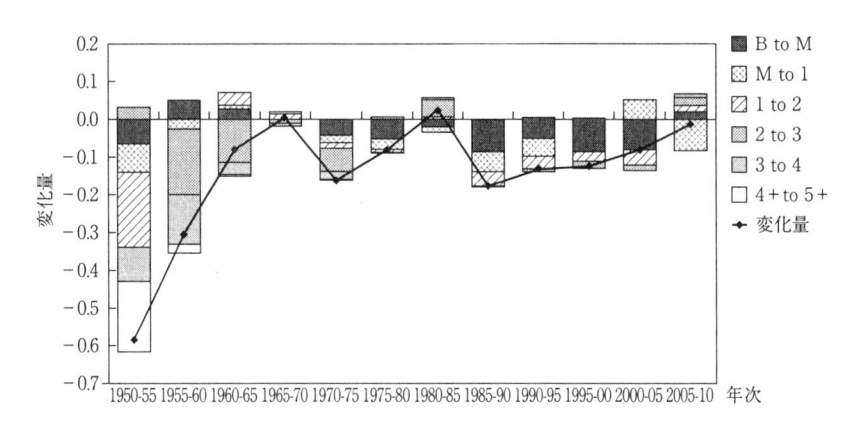

第6章 地域発展の経済政策―人口学的視点からみたわが国の課題― 115

図表6-3 出生率変化の要因分解

出所：筆者推計による。

率が低下したことにより合計特殊出生率が下降した背景には，第2次大戦後の生活苦が大きな原因として横たわっていたことが挙げられ，人工妊娠中絶や避妊などの手段を使って子供の数を減らしたためである（Hodge and Ogawa (1991)）。しかしながら，第1次オイルショック以降の出生率の低下は，結婚の確率が著しく低下し始めたことによるものである。それまでのわが国は"皆婚社会"であったが，今や結婚確率は減少し，初婚年齢も大幅に上昇している。このような人口変化は，晩婚化・未婚化現象と一般的には表現されている。図表6-3より1975年以降の分析を行ってみると，まったく異なった出生メカニズムが働いていることがわかる。特に1980年代に入ってからその特徴が明確になっているので，ここでは1980-2000年について検討してみると，結婚確率の低下がこの期間における合計特殊出生率の低下の第一要因となっていることが読み取れる。つまり，晩婚化現象が主要因となり，そして第1子目の出生確率の減少が第2要因となっており，結婚しない人や結婚しても子供をもたない人が多くなっていることを裏付けている。女性の高学歴化や職場進出を反映して，女性にとって結婚をしたり，子供をもつことに対する機会費用が増大していること示している。このような現象とは対照的に，第3子目や第4子目の

出生確率は合計特殊出生率を上昇させる方向に作用している。つまり，1980-2000年間では"無子派"と"多子派"とに二極化しているといえよう。

また，2000年以降の変化を見てみると，非常に興味深い結果が得られる。2000-2005年と2005-2010年の間で変化が異なっていることがわかる。2000-2005年の間では依然として婚姻が出生率を低下させる要因であるが，第1子出生確率が全体の出生率の上昇に寄与している。また，第2子の確率の低下も顕著である。2000年および2004年に行われた全国調査に基づくミクロデータ分析結果からその原因が分析されており，バブル経済の崩壊や経済のグローバル化によって引き起こされたリストラや雇用不安の影響により，これらの出生パターンの変化が生じ，第2子目の出生確率が統計的にも有意なレベルで減退している (Matsukura, Retherford and Ogawa (2007))。

一方2005-2010年の変化では，ほとんど出生率の変化は微量であるが，婚姻確率は出生率を上昇させる一方，第1子出生確率が唯一の低下要因となっている。このような現象の背景については，今後の詳細なデータの集積と分析が望まれるが，いったん結婚したものの，近年の経済見通しの悪さによって第1子出生をためらうケースが多くなっていることが考えられる。つまり，2000年の初期では結婚 → 第1子出生はしたが，第2子への出生の遅れが起こり，最近では結婚後に第1子の出生が遅れ，第2子目の出産に到達できなくなっている状況である。したがって，今後はさらに出生率の低下が起こりうる可能性を示唆している (Retherford, Ogawa and Matsukura (2009), Skirbekk, Matsukura and Ogawa (2012))。

2 死亡率の変化

1990年6月の"1.57ショック"以来，わが国の社会では低出生率に関する関心が時間の経過とともに高くなっており，政府も対応策に追われているのが現状である。このような出生率をめぐる動向の影に隠れてしまっているものの，目覚ましい死亡率の改善を見落とすことができない。わが国がOECDに加入した1964年末では，出生時の平均余命は，男性が67.7年，女性が72.9年であり，その時点では他のOECD加盟メンバー諸国に比べると最低の水準で

あった。しかしながら，1970年代末には，OECD諸国の中では最も高い平均余命となり，2011年現在では79.4歳，女性が85.9歳となった。また，1964年から2011年の間に，65歳における平均余命は男性の場合12.2年から18.9年に，女性の場合14.8年から23.9年に改善されており，定年後の老後生活の伸長，夫婦がともに共有できる年数の延びが顕著となっている。

　一般的なパターンとして，人口高齢化現象の初期段階では，出生率の低下による影響が死亡率の改善による影響を上回っているが，ある段階に到達すると，この人口高齢化の人口学的メカニズムのバランスが逆転し，死亡率の改善による影響が出生率の低下による影響を上回ることになる。すなわち，寿命の伸長が少子化によるインパクトを上回ることになるのであるが，わが国の場合についてみると，このような人口学的な大逆転が2005年から2010年の間で起こっている（小川他（2003））。わが国では，1947～1949年生まれの団塊世代が本格的な定年年齢（65歳）に到達することでさまざまな問題が起こると危惧されているが，ほぼ時を同じくして少子高齢化から長寿高齢化へと人口高齢化のメカニズムの中心がシフトし，今後は高齢化対策を考える上で，少子化現象よりも長寿化現象に伴う諸問題の方がより重要な政策的な視点となる可能性すら考えられるのである。

　また，長寿化現象の進行に伴い，死亡年齢の最頻値の目覚ましい上昇が起こっている。図表6－4に示されているように，女性の場合は1959年まで死亡年齢の最頻値は0歳であったが，2009年では93歳となっている。また，男性の場合も女性とほぼ同様な変化を示しており，86歳となっている。そして，その分散も時代とともに縮小してきている[1]。このような死亡のタイミングが高年齢でその分散が小さくなっているということは，定年後の生活設計，資産形成にも影響が出てくることは容易に考えられよう。

図表 6 − 4　死亡年齢最頻値

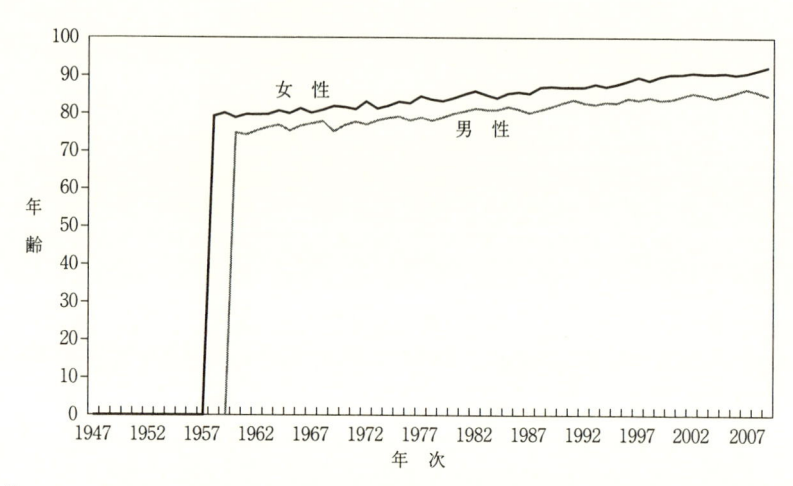

注：データは *Human Mortality Database.* University of California, Berkeley (USA), and Max Planck Institute for Demographic Research (Germany). より入手して推計。

　さらに，現在のわが国では人口学的に寿命の伸長が高齢化水準を決定する主要因となってきているということは，年少者ではなく，中高年者の生存率が大きく改善されてきていること示唆している。図表 6 − 5 は，女性 55 歳時における平均余命を世界先進主要国について時系列的にプロットして比較したものであるが，1985 年よりわが国の水準が現在まで世界一であるばかりでなく，わが国の改善ペースが群を抜いて速いことが示されている。これに対して定年年齢の延長という制度的ファクターが，顕著に変化する人口変化のスピードに追いついていない具体的な例であり，今後は新たな人的資本の活用法の確立が日本経済の存続に急務であろう。

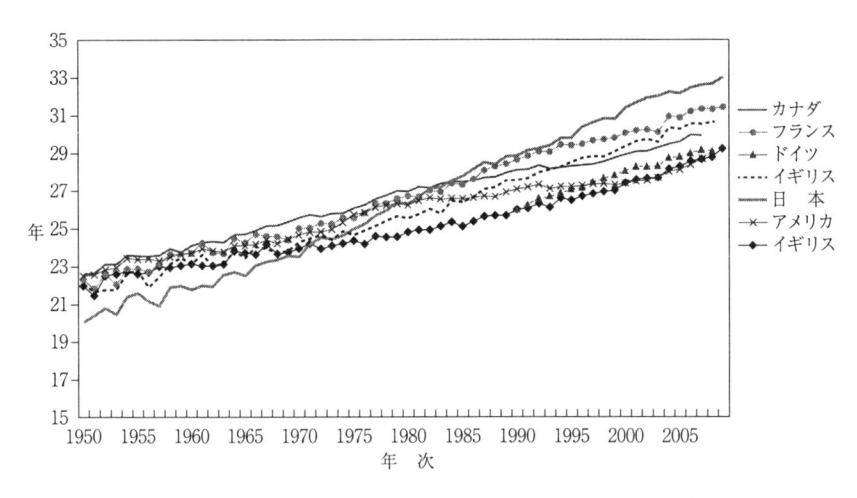

第6章　地域発展の経済政策―人口学的視点からみたわが国の課題―　119

図表6－5　55歳時の平均余命（女性）の変化

出所：*Human Mortality Database*. University of California, Berkeley (USA), and Max Planck Institute for Demographic Research (Germany). Available at www.mortality.orgorwww.humanmortality.de (data downloaded on August 21, 2012).

3　人口構造変化の特徴

　このような出生・死亡の長期的変動の結果，わが国の人口の年齢構造が図表6－6に示されているように，近年，顕著に変化してきている。図表6－6では，1950年から2010年までは国勢調査に基づいた総人口規模，人口構造の変化を示す指数であり，2005－2060年については厚生労働省社会保障人口問題研究所が2012年に発表した人口推計数値をもとに作成してある。

　図表6－6をみると，いくつか興味ある推計結果を読み取ることができる。第1点としては，65歳以上の高齢者の割合は1950年の4.9％から2000年では17.4％まで上昇し，2005年には20％を超え，2010年には23％に到達している。イタリアの20.4％，ドイツの20.4％を抜き，世界最高となっている。さらに，2025年では，この割合が30％を超え，このような高水準は世界で断トツであり，わが国は超高齢化国ナンバーワンを維持していく可能性が高いことが予想されている。またさらに，それ以降65歳以上の割合は上昇し続け，2060年に

は全人口の約40％となることが示されている。さらにわが国の高齢化のスピードは世界一である。すなわち，65歳以上人口が10％に到達したのは1984年であり，20％を超えるのに21年間しか要しておらず，スウェーデンやノルウェーなどの北欧諸国の高齢化の速度と比べると，3倍以上速いペースで進行している。

図表6－6　わが国の人口構造の変化

年次	総人口(1,000人)	0－14(％)	15－64(％)	65＋(％)	従属人口指数	75＋/65＋(％)	女性40－59/65－84
1950	83,200	35.4	59.7	4.9	67.5	25.7	1.82
1955	89,276	33.4	61.3	5.3	63.1	29.2	1.81
1960	93,419	33.0	64.2	5.7	60.4	30.4	1.80
1965	98,275	25.6	68.1	6.3	46.8	30.3	1.77
1970	103,720	23.9	69.0	7.1	44.9	30.2	1.69
1975	111,940	24.3	67.8	7.9	47.6	32.0	1.60
1980	117,060	23.5	67.4	9.1	48.4	34.4	1.48
1985	121,049	21.5	68.2	10.3	46.7	37.8	1.40
1990	123,611	18.2	69.7	12.1	43.5	40.1	1.30
1995	125,570	16.0	60.5	14.6	50.4	39.3	1.10
2000	126,926	14.6	68.1	17.4	46.9	40.9	0.91
2005	127,768	13.8	66.1	20.2	51.4	45.1	0.77
2010	128,057	13.2	63.8	23.0	56.9	48.1	0.65
2015	126,597	12.5	60.7	26.8	64.8	48.5	0.59
2020	124,100	11.7	59.2	29.1	69.1	52.0	0.57
2025	120,659	11.0	58.7	30.3	70.3	59.6	0.57
2030	116,618	10.3	58.1	31.6	72.2	61.8	0.54
2035	112,124	10.1	56.6	33.4	76.8	60.0	0.50
2040	107,276	10.0	53.9	36.1	85.4	57.5	0.44
2045	102,210	9.9	52.4	37.7	90.9	58.5	0.41
2050	97,076	9.7	51.5	38.8	94.1	63.3	0.40
2055	91,933	9.4	51.2	39.4	95.3	66.2	0.41
2060	86,737	9.1	50.9	39.9	96.3	67.4	0.43

出所：総務省統計局（2011）『平成22年国勢調査　人口基本集計結果』。
　　　国立社会保障・人口問題研究所（2012）『日本の将来推計人口（平成24年1月推計）』。

15歳未満の割合は1950年の35.4％から2010年で13.2％となり，ドイツの13.5％，ブルガリアの13.7％，イタリアの14.1％を下回り，世界最低の水準となった。この結果，わが国は高齢化・少子化ともに世界一となっている。前回の2005年の国勢調査時点ですでに，わが国は高齢化・少子化ともイタリアについで世界第1位であり，その後もわが国の少子高齢化現象は世界的に際立った国であることがいえる。さらに，15歳未満の年少人口と65歳以上の高齢人口は15～64歳の生産年齢人口によって支えられているが，2010年における生産年齢人口は8,103万人で，総人口に占める割合は63.8％となり，主要先進国（フランス，ドイツ，イタリア，イギリス，カナダ，アメリカ合衆国）と比べると，日本は世界で最も低い水準となっている。

　第2点としては，わが国の総人口規模は1950年の8,320万人から2010年の1億2,806万人まで増加しているが，その増加率は逓減しており，2010年以降は人口減少の局面に突入する可能性が高いことである。このような状況を反映して，現在のわが国では本格的人口減社会への対応策をめぐり，さまざまな議論が沸騰している。また，推計では2050年以降1億人を割り，2060年では総人口規模は8,674万人まで減少することが予想されている。

　第3点としては，65歳以上人口の中での75歳以上の高齢者の割合が，1950年の25.7％からほぼ連続的に上昇し，2000年には48.1％となっている。さらに，21世紀に入ると増加ペースは加速し，2060年では67.4％に到達するのである。国連人口部の2010年人口推計によれば，2025年のわが国のこの値は世界で一番高い値となっている可能性が極めて高いのである。しかも，今後2025年までに65歳以上，75歳以上となる人口はすでに生まれてしまっているため，極めて高い確率で予測することができるのである。75歳以上の高齢者の多くは要介護人口であるので，65歳以上高齢者が絶対数で増加するのみならず，65歳以上の中で75歳以上の割合が増加することは，在宅・在院による医療サービスの需要を高めるとともに，医療費を急増させる可能性が高くなる。

　第4点としては，従属人口指数（年少人口（0－14歳）と高齢人口（65歳以上）の和を生産年齢人口（15－64歳）で除し100倍した値，何人の人を何人で扶養するかという

値)が著しく変化することである。1950年では67.5(つまり約1.5人で1人を扶養)という値であったが,1990年には43.5(2人で1人を扶養)まで低下したのである。この変化は主として出生率低下による年少人口の減少によるものである。1990年以降は高齢人口の連続的な上昇により,2025年では70.3となるが,その時点でわが国の従属人口指数は世界で一番高い値となっている。また,2060年では96.3まで上昇しており,1人を1人で扶養しなければいけない社会が到来し,社会保障システム等の維持などの対応策が今から急務となる。

　第5点としては,家族扶養指数の変動に注目する必要がある。この指数は40-59歳の女性人口を65-84歳の高齢人口で除した値であり,1人の高齢者につき介護をしてくれる女性が何人いるかを示したものであり,介護に関して人口からみたポテンシャルを表す指数である。1990年では1.30という値であり,高齢者の数1に対して介護世代の女性数が1.3人いる値であり,介護をしてくる人数の方が上回っている。しかし,2010年にはその値は0.65(老人1.5人に対し介護する女性が1人)まで低下し,高齢者数・介護者数の状況が逆転するのみならず,数値的にも20年間でわが国の介護能力が半減することになる。そして2060年にはこの値が0.43(老人2.3人に対して介護する女性が1人)にまで低下する。特に,団塊の世代が60歳以上となると急激に介護ポテンシャルが低下しており,大人口集団である団塊の世代が看る方から看られる方に変化していくと,わが国の高齢者のための介護問題は極めて深刻な局面を迎えることになる。また,別の見方をすれば,わが国の家族による高齢者の扶養・介護能力が今後は連続的に低下していき,2000年から始まった介護保険制度ではホームヘルパーなどのスタッフの確保が困難となることが容易に想像される。さらに,これらのわが国における長期的な家族扶養指数の変化について,2010年の国連人口推計結果を使って国際比較を行ってみると,世界で最も深刻化した家族扶養問題を抱え,このような状態が2020年まで持続することになる。

　ただし,ここで断っておきたい点は,家族扶養指数の分子に40-59歳の女性人口数をとっているが,これは女性が介護をすべきであるというような価値判断によるものではなく,わが国の現状では80-90%のケースで中高年女性が介護者となっていることを考慮し,このような状況が今後も持続することを仮定

して計算したものである。

　これらが人口学的に把握しておくべきわが国の基本的な長期的変動パターンであり，以下ではこれらの情報をベースに都市や地域における人口問題の議論を進めていくことにする。

第3節　地域の人口変化

1　市町村数の変化

　前章でみられたように，少子高齢化によるわが国の人口構造の変化を地域的にみると，この状況はさらに深刻な状態に陥っていることが明らかになる。本節では市町村における人口の変化についてみてみるが，市町村を単位とした場合には，合併などによってその規模や人口構造が大きく変わってしまうことはもちろん，市町村の絶対数が変化してしまうために注意が必要である。例えば，第1回国勢調査が行われた1920年では12,244の市町村があった。その後少しずつ減少していき，1930年には11,864市町村，1940年には11,190市町村，1950年には10,500市町村までになった。第2次大戦後は，新制中学校の設置管理，市町村消防や自治体警察，社会福祉，保健衛生関係の新しい事務が市町村の業務とされたため，ある程度の規模が必要になり，1953年の町村合併促進法およびこれに続く1956年の新市町村建設促進法により，市町村数はほぼ3分の1になった。そのため，1960年の国勢調査時点では3,574市町村まで減少しており，その後はいわゆる"平成の大合併"と言われる市区村の合併までは市町村数は横ばい状態であり，2000年には3,230の市町村が存在していたが，2005年には2,217市町村，2010年には1,728市町村と減少している。

2　市町村の人口増減

　このように変化してきた市町村であるが，近年のデータを使用して人口の増減について比較してみたものが図表6－7である。この表は，1995-2000年間，2000-2005年間，2005-2010年間の3期間に関して同じ境域でその5年間の人口の増減をみたものである。1995-2000年の期間に人口増加した市町村は1,037

あったが，2000-2005年では611，2005-2010年では407市町村にとどまり，全体の市町村に占める割合も市町村が減少しているにもかかわらず，それぞれ32.1％，27.6％，23.6％と減少している。また，2005-2010年の期間で市と町村別に人口の増減をみてみると，市においても，増加している割合は31.8％しかなく，町村においてはわずか16.7％しか増加していない。

図表6－7　人口増減階級別市区町村の変化

増減率	実数					割合（％）				
	1995－00	2000－05	2005－10			1995－00	2000－05	2005－10		
	総数	総数	総数	市	町村	総数	総数	総数	市	町村
総数	3,230	2,217	1,728	787	941	100	100	100	100	100
人口増加	1,037	611	407	250	157	32.1	27.6	23.6	31.8	16.7
20％以上	4	3	1	0	1	0.1	0.1	0.1	0.0	0.1
10％－20％	58	19	17	4	13	1.8	0.9	1.0	0.5	1.4
5％－10％	223	95	70	38	32	6.9	4.3	4.1	4.8	3.4
2.5％－5％	267	181	107	72	35	8.3	8.2	6.2	9.1	3.7
0％－2.5％	485	313	212	136	76	15.0	14.1	12.3	17.3	8.1
人口増減なし	0	2	0	0	0	0.0	0.1	0.0	0.0	0.0
人口減少	2,192	1,603	1,321	537	784	67.9	72.3	76.4	68.2	83.3
0％－2.5％	641	411	280	189	91	19.8	18.5	16.2	24.0	9.7
2.5％－5％	714	539	331	182	149	22.1	24.3	19.2	23.1	15.8
5％－10％	727	553	560	157	403	22.5	24.9	32.4	19.9	42.8
10％－20％	107	96	146	9	137	3.3	4.3	8.4	1.1	14.6
20％以上	3	4	4	0	4	0.1	0.2	0.2	0.0	0.4

出所：総務省統計局（2011）『平成22年国勢調査　人口基本集計結果』。

　人口が増加している市町村を詳しくみてみると，増加率が10％以上だった市町村数は150となっている。図表6－8から，人口増加数が最も多かった市町村は東京都特別区部の456,042人で，続いて神奈川県横浜市（109,145人），神奈川県川崎市（985,010人）となっている。また，人口増加率が最も高かった市町村は三重県朝日町の35.3％となっている。一方，人口減少数が最も多かった市町村は福岡県北九州市の16,679人となっている。また，人口減少率が最も高かった所は奈良県野迫川村の29.5％となっている。

図表 6 − 8　2005 − 2010 年における市町村別人口および人口増減数および，人口増減率の上位 20 市町村

順位	人口増加数の多い市町村	人　口	増加数	人口減少数の多い市町村	人　口	減少数
1	東京都特別区部	8,945,695	456,042	福岡県北九州市	976,846	− 16,679
2	神奈川県横浜市	3,688,773	109,145	北海道函館市	279,127	− 15,137
3	神奈川県川崎市	1,425,512	98,501	福島県いわき市	342,249	− 12,243
4	福岡県福岡市	1,463,743	62,464	青森県青森市	299,520	− 11,866
5	愛知県名古屋市	2,263,894	48,832	長崎県長崎市	443,766	− 11,440
6	埼玉県さいたま市	1,222,434	46,120	広島県呉市	239,973	− 11,030
7	千葉県船橋市	609,040	39,205	北海道小樽市	131,928	− 10,233
8	千葉県千葉市	961,749	37,430	山口県下関市	280,947	− 9,746
9	大阪府大阪市	2,665,314	36,503	秋田県秋田市	323,600	− 9,509
10	北海道札幌市	1,913,545	32,682	北海道釧路市	181,169	− 9,309
11	千葉県柏市	404,012	23,049	兵庫県尼崎市	453,748	− 8,899
12	東京都町田市	426,987	21,443	長崎県佐世保市	261,101	− 8,473
13	宮城県仙台市	1,045,986	20,860	北海道旭川市	347,095	− 7,909
14	埼玉県川口市	500,598	20,519	神奈川県横須賀市	418,325	− 7,853
15	東京都八王子市	580,053	20,041	福岡県大牟田市	123,638	− 7,452
16	広島県広島市	1,173,843	19,452	愛媛県今治市	166,532	− 7,451
17	兵庫県神戸市	1,544,200	18,807	熊本県天草市	89,065	− 7,408
18	兵庫県西宮市	482,640	17,303	岩手県一関市	118,578	− 7,240
19	神奈川県相模原市	717,544	15,924	静岡県静岡市	716,197	− 7,126
20	茨城県つくば市	214,590	14,062	青森県八戸市	237,615	− 7,085

順位	人口増加率の多い市町村	人　口	増加率（%）	人口減少率の多い市町村	人　口	減少率（%）
1	三重県朝日町	9,626	35.3	奈良県野迫川村	524	− 29.5
2	東京都御蔵島村	348	19.2	高知県大川村	411	− 23.6
3	茨城県守谷市	62,482	16.4	北海道占冠村	1,394	− 23.4
4	熊本県菊陽町	37,734	16.3	奈良県黒滝村	840	− 21.9
5	埼玉県伊奈町	42,494	16.3	山梨県小菅村	816	− 19.8
6	千葉県白井市	60,345	13.8	沖縄県座間味村	865	− 19.7
7	宮城県富谷町	47,042	13.1	奈良県川上村	1,643	− 19.7
8	沖縄県北大東村	665	13.1	山梨県早川町	1,246	− 18.8
9	埼玉県滑川町	17,323	12.2	長野県平谷村	563	− 18.2
10	沖縄県中城村	17,680	11.9	長野県小谷村	3,221	− 17.8
11	愛知県長久手町	52,022	11.9	奈良県東吉野村	2,143	− 17.8
12	大阪府田尻町	8,085	11.7	群馬県南牧村	2,423	− 17.3
13	福岡県粕屋町	41,997	11.4	長野県天龍村	1,657	− 17.2
14	富山県舟橋村	2,967	11	北海道奥尻町	3,033	− 16.7
15	長野県軽井沢町	19,018	10.9	新潟県粟島浦村	366	− 16.4
16	東京都稲城市	84,835	10.9	北海道夕張市	10,922	− 16
17	東京都利島村	341	10.7	北海道歌志内市	4,387	− 16
18	茨城県つくばみらい市	44,461	10.7	青森県今別町	3,217	− 15.7
19	埼玉県八潮市	82,977	9.9	北海道上ノ国町	5,428	− 15.4
20	東京都三宅村	2,676	9.7	北海道神恵内村	1,122	− 14.9

出所：総務省統計局（2011）『平成 22 年国勢調査　人口基本集計結果』。

図表6－9は，市町村における年齢構造3区分 (0-14歳, 15-64歳, 65歳以上) の割合について上位20位，下位20位をみたものである。15歳未満人口の割合が最も高いのは富山県舟橋村 (21.8%)，最も低いのは群馬県南牧村 (4.3%)，15－64歳人口の割合が最も高いのは東京都小笠原村 (75.7%)，最も低いのは群馬県南牧村 (38.5%)，65歳以上人口の割合が最も高いのは群馬県南牧村 (57.2%) であり，全人口の半分以上が65歳以上である地域が上位11位まで占めている。

　一般的にこのような市町村における人口の増減や少子高齢化の歴史的背景には，戦後の経済復興とそれに続く高度経済成長によって都市部での労働需要が増大したため，農山村地域から大量の新規学卒者やその他の余剰労働力が都市部へ流出したことがある。高度経済成長期の後も，農山村部での第1次産業の衰退に伴い都市部への人口流出は現在も続いている。今後は総人口の減少に加え，農山村人口の激しい高齢化により，地方自治体にとって，地方交付税が先細りする中，さらに自治体の人口の減少や高齢化が進行し，基本的な行政サービスの行き詰まりが起こることも考えられる。

　これまで見てきたように，2010年の国勢調査からは，人口レベルでは比較的大きな都市や，その近郊でも人口の減少が起こっており，今後はそのような都市においてさまざまな問題が起こる可能性がある。2008年に国立社会保障・人口問題研究所は，2005年の国勢調査をベースに，2005年から2035年までの市町村の将来人口推計を行っており，その結果をみると2030-2035年においては全自治体の95%が人口減少し，2005年から2035年にかけて生産年齢人口が40%以上減少する自治体は全体の4割を超えると推計されている。

　このような人口構造を日本地図上にプロットしたものが図表6－10である。図表6－10は，2010年，2025年，2035年の従属人口指数の変化を4区分で表しており，特に1以上を示す黒の地域では，生産年齢人口1人に対して扶養される子供，または高齢者が1人以上であり，非常に大きな負担が伴う地域となり，現実的に地方自治体として存続することが難しくなる地域を示している。

　このような従属人口指数を使っての地域の存続性の議論も重要であるが，こ

第6章 地域発展の経済政策―人口学的視点からみたわが国の課題― 127

図表6−9 2010年における年齢区分別人口の割合における上位・下位の市区町村

	0−14歳					15−64歳					65歳以上		
順位	市町村	実数(人)	割合(%)	順位	市町村	実数(人)	割合(%)	順位	市町村	実数(人)	割合(%)
						上位							
1	富山県舟橋村	647	21.8	1	東京都小笠原村	2,109	75.7	1	群馬県南牧村	1,387	57.2
2	沖縄県多良間村	268	21.8	2	東京都青ヶ島村	144	72	2	福島県金山町	1,356	55.1
3	三重県朝日町	2,025	21.1	3	千葉県浦安市	118,402	71.9	3	長野県天龍村	896	54.1
4	石川県川北町	1,262	20.5	4	埼玉県和光市	57,533	71.6	4	高知県大豊町	2,549	54
5	宮城県富谷町	11,475	20	5	埼玉県戸田市	85,749	70.4	5	福島県昭和村	798	53.2
6	愛知県長久手町	9,249	19.7	6	神奈川県川崎市	988,540	70	6	徳島県上勝町	935	52.4
7	沖縄県南風原町	6,908	19.6	7	北海道苫小牧子府村	696	69.9	7	群馬県神流町	1,231	52.3
8	滋賀県栗東市	12,412	19.5	8	東京都武蔵野市	82,170	69.9	8	長野県大鹿村	598	51.6
9	沖縄県浦添市	21,264	19.4	9	東京都三鷹市	96,223	69.9	9	奈良県川上村	833	50.7
10	沖縄県沖縄市	24,925	19.2	10	石川県野々市町	129,619	69.7	10	和歌山県北山村	245	50.4
11	沖縄県宜野湾市	7,215	18.9	11	愛知県長久手町	35,400	69.6	11	高知県仁淀川町	3,267	50.3
12	沖縄県糸満市	10,727	18.9	12	北海道上ノ国町	964	69.6	12	奈良県東吉野村	1,057	49.3
13	沖縄県伊平屋村	258	18.7	13	山口県上関町	61,063	69.5	13	山口県上関町	1,628	48.9
14	沖縄県みよし町	11,152	18.7	14	千葉県印西市	43,175	69.3	14	和歌山県古座川町	1,496	48.2
15	愛知県与那原町	3,035	18.6	15	茨城県守谷市	35,212	69.3	15	愛知県東栄町	1,795	47.8
16	沖縄県北谷町	5,034	18.6	16	東京都国分寺市	82,677	69.2	16	山梨県早川町	9,101	47.7
17	沖縄県石垣市	8,637	18.5	17	群馬県大泉町	27,833	69.2	17	長野県大豊町	593	47.6
18	沖縄県与那国町	301	18.2	18	福岡県福岡市	997,884	69.1	18	鳥取県日南町	912	47.4
19	沖縄県宜野湾市	16,546	18.2	19	埼玉県春日部市	88,207	69.1	19	島根県知夫村	2,556	46.8
20				20				20	島根県知夫村	305	46.4
						下位							
1	群馬県南牧村	103	4.3	1	群馬県南牧村	933	38.5	1	東京都小笠原村	256	9.2
2	群馬県神流町	115	4.9	2	福島県金山町	955	38.8	2	福島県金山町	21	10.5
3	奈良県川上村	81	4.9	3	徳島県上勝町	703	39.4	3	千葉県浦安市	19,290	11.7
4	高知県大豊町	243	5.1	4	長野県天龍村	659	39.8	4	愛知県長久手町	6,795	13.2
5	北海道苫小牧子府村	53	5.3	5	福島県富岡町	598	39.9	5	宮城県富谷町	6,412	13.7
6	新潟県粟島浦村	20	5.5	6	和歌山県大鹿村	467	40.3	6	愛知県みよし市	8,190	13.7
7	山梨県丹波山村	40	5.8	7	群馬県大豊町	1,927	40.8	7	愛知県御蔵島村	48	13.8
8	福島県金山町	151	6.1	8	東京都大豊町	2,698	41.5	8	沖縄県西原町	4,867	14
9	長野県天龍村	102	6.2	9	高知県仁淀川町	206	42.4	9	埼玉県和光市	11,353	14.1
10	山口県上関町	215	6.5	10	群馬県北山村	1,006	42.8	10	矢城県守谷市	8,955	14.4
11	青森県今別町	208	6.5	11	鳥取県知夫村	282	42.9	11	沖縄県豊見城市	8,241	14.4
12	徳島県神山町	395	6.5	12	和歌山県古座川町	1,345	43.3	12	沖縄県浦添市	15,846	14.4
13	奈良県黒滝村	124	6.5	13	奈良県東吉野村	938	43.8	13	埼玉県戸田市	17,593	14.4
14	和歌山県高野町	259	6.6	14	愛知県東栄町	1,660	44.2	14	滋賀県栗東市	9,283	14.4
15	北海道夕張市	19	6.6	15	奈良県黒滝村	729	44.4	15	沖縄県宜野湾市	13,428	14.8
16	北海道日形村	327	6.7	16	愛知県豊根村	594	44.5	16	山梨県忍野村	1,279	14.8
17	奈良県上北山村	46	6.7	17	長野県売木村	293	44.7	17	福岡県新宮町	6,190	14.8
18	奈良県東吉野村	147	6.9	18	山口県上関町	1,489	44.7	18	沖縄県南風原町	5,224	14.8
19	福島県三島町	133	6.9	19	奈良県上北山村	465	44.8	19	沖縄県沖縄市	20,137	15.5
20	福島県昭和村	104	6.9	20	山口県下北山村	8,562	44.9	20	福岡県新宮町	3,837	15.5

出所：総務省統計局（2011）『平成22年国勢調査 人口基本集計結果』。

図表 6 − 10　従属人口指数の分布

2010年

2025年

2035年

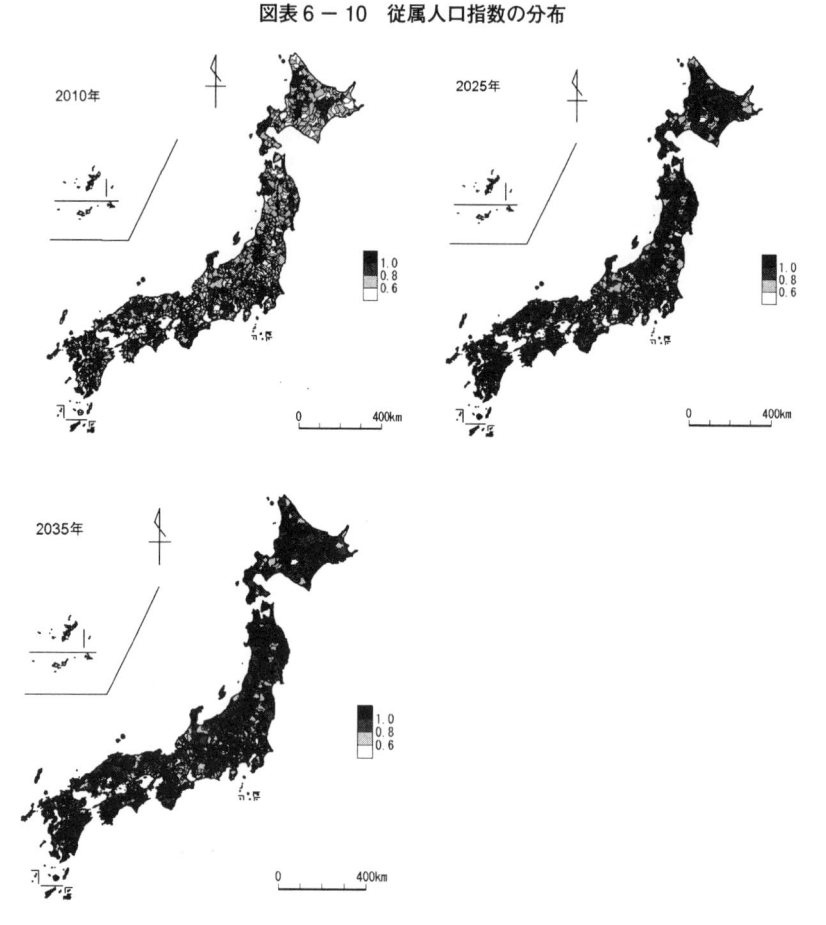

出所：国立社会保障・人口問題研究所『日本の市区町村別将来推計人口』（平成 20 年 12 月推計）をもとに筆者が計算。

れらの地域においては従属人口指数の増加とともに，75 歳以上の後期高齢者の人口も増加しており，要介護人口の増加も重要な問題である。ここで前節でもみた家族による高齢者の介護に関連した人口指数の変動を検討しておくことにしよう。図表 6 − 11 は人口学的視点からみた家族扶養指数であり，高齢者 1 人につき成人した女性介護適齢者が何人いるかを表す数値である。図表 6 −

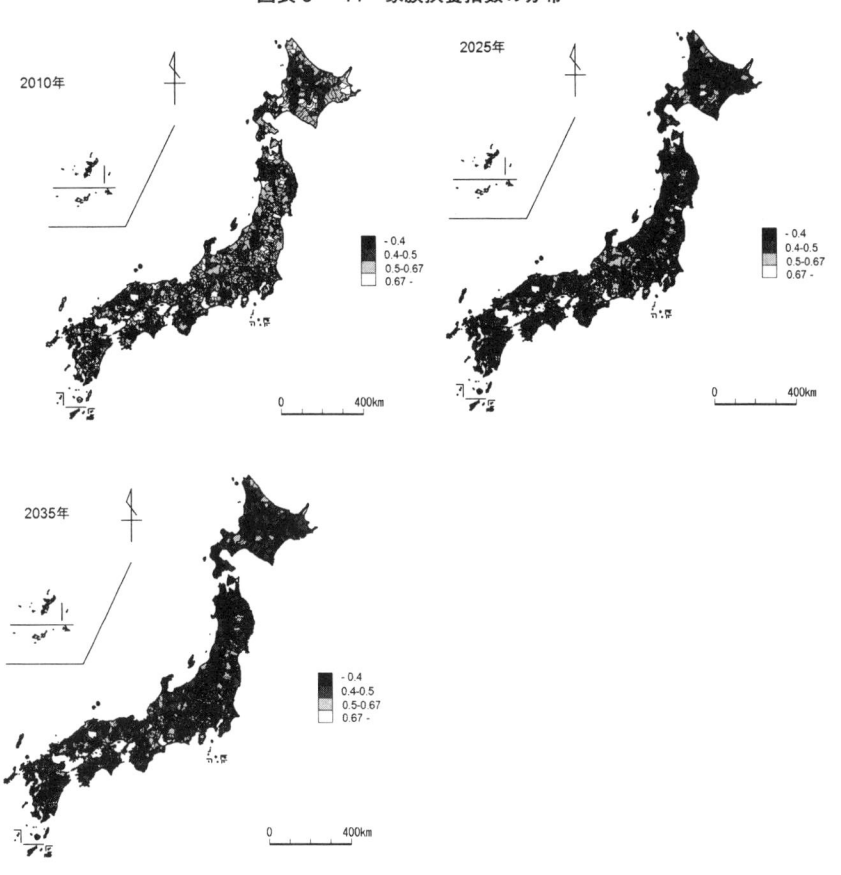

第 6 章　地域発展の経済政策―人口学的視点からみたわが国の課題―　129

図表 6 − 11　家族扶養指数の分布

2010年

2025年

2035年

出所：図表 6 − 10 に同じ。

11 においてはその値は 4 区分に分けられており，黒色が示す値は 2.5 人の高齢者に対して女性が 1 人という値を示している。この図表 6 − 11 にみられるように，すでに 2010 年においても高齢者 1 人に対して女性が 1 人いる地域はほとんどなく，2035 年ではそのような地域は存在しなくなる。さらに，2035 年において，女性 1 人に対して 2 人以上の高齢者がいる地域は全体の約 70％を占めることになる。ちなみに，2035 年における最低値は群馬県神流町の 0.15

であり，女性1人に対して最高6.5人の高齢者を介護しなければいけない地域が出現する。

　市町村レベルでは，生産年齢人口の低下によって自治体の運営が困難になることに加えて，要介護老人の増加により，人口サイドからみた家族による介護能力は低下を続け，特に，成人した女性を介護者とする在宅ケアなどは一層困難となるであろう。また，このタイプの家族介護指数は，死亡率の変化に多少の影響を受けるものの，出生率の変化には影響を受けないため，極めて予測性の高い数値であるといえる。この点を考慮すると，人口サイドからみた家族介護指数は在宅ケアなどを含む長期医療計画の構築などの際に有効な統計であり，地域においては，すでに深刻な状況が現実的になっている。

3　限界集落

　本章では，主に国勢調査データをベースに人口の地域的な問題を市町村という単位で検討してきたが，前述した市町村の合併などにより，統計上は大きな市町村に属しているが実際の共同体レベルでの人口による問題をとらえきれていない可能性がある。特に，日本の中山間地域や離島では，人口や戸数の激減により，その集落の自治機能が低下し，冠婚葬祭などの共同生活の維持がすでに困難な状態に陥っており，将来的には消滅するであろうという地域が点在している。

　このような地域は限界集落と言われている。その定義は，集落の50%以上が65歳以上である集落であり，高齢化の進行で共同体の機能維持が限界にきていると定義づけられている（大野（1991））。2006年に国土交通省が行った調査（過疎地域における集落の状況に関するアンケート調査：過疎地域62,273集落対象）によれば，1999年の調査と比較して191集落が消滅し，大野の定義による限界集落の割合は全体の12.7%にも上っている。

　このような限界集落の増加するプロセスは今後も進行していく可能性が非常に高く，高齢化による直接的な問題以外にも，集落における文化の継承などさまざまな問題が日本全体に進行しているといえよう。

第4節　おわりに

　これまでみてきたように，日本は世界がかつて経験したことのない人口の局面に突き進んでいる。今世紀の日本経済社会は，人口減少に加えて，急速に進む少子高齢化という現実の上に築かれることになる。地域に目をむけると，その人口減少や少子高齢化はさらに深刻であり，さらに市町村レベルを超えて集落という共同体のレベルで現実的に機能不全が起こり，人口の高齢化により集落の消滅が現実的に起こっている。将来的な人口の予測は，このような状況にさらに拍車をかけるものであり，しかもその現実性は高く，地域経済の将来には暗雲が立ち込めているといえよう。

　現在の地域経済を取り巻く環境は大きく変化している。しかも，今後はもっと変化していくと予想される。現時点において，たとえ人口減少の中でも地域が独自の政策を行い，自律的・循環的な成長を達成している所も一部ではみられる（徳島県上勝町[2]）が，その一方で時代の変化にうまく適応できず，経済規模の循環的な縮小が続いている地域も少なくない。こうした経済の循環的縮小を余儀なくされている地域に対してどのように対応していくのか，政府は本腰を入れて国策として地域の活動維持を支援するシステムを作るのか，または効率性のみを求めて集落の合併を繰り返していくのか，人口高齢化と人口減少の波は確実に地域を飲み込んでいる。深刻な介護マンパワーの不足や，生産年齢人口の減少などの他にも，文化の継承といった問題までをはらんできている人口の変化は速い。すでにわが国に残された時間と手だては多くないといえよう。

【注】

1) しかしながら，近年では分散の縮小ペースが停滞し始めており，やや拡大する時期もあることに留意されたい。
2) 住民の約半数が高齢者であるが，日本料理で「つまもの」と言われる木の枝や葉っぱを商品化している。都会に出た子供世代はもちろん，他の地域からの人口流入も起こっている。

参考文献

大野晃(1991)「山村の高齢化と限界集落」『経済』7月,新日本出版社。

小川直宏・近藤誠・田村正雄・松倉力也・齋藤智子・A. Mason・S. Tuljapurkar・N. Li (2003)『人口・経済・社会保障モデルによる長期展望―人的資本に基づくアプローチ―』日本大学人口研究所。

Hodge, Robert and N. Ogawa (1991) *Fertility Change in Contemporary Japan*, Chicago University of Chicago Press.

Feeney, Griffith (1986) "Period parity progression measures of fertility in Japan", *NUPRI Research Paper Series*, no. 35, Tokyo : Nihon University Population Research Institute.

Feeney, Griffith and Y. Saito (1985) "Progression to first marriage in Japan : 1870-1980", *NUPRI Reseach Paper Series*, No. 24, Tokyo: Nihon University Population Research Institute.

Matsukura, Rikiya, N. Ogawa and R.D. Rethrtford (2007) "Declining Fertility in Japan: Its Mechanisms and Policy Responses," *Asia-Pacific Population Journal*, 22 (2), PP.33-50.

Ogawa, Naohiro and R. D. Retherford, and R. Matsukura. (2009) "Japan's declining fertility and policy responses," in G. Jones, *Ultra-low Fertility in Pacific Asia : Trends, Causes and Policy Dilemma*, London: Taylor and Francis, PP.40-72.

Ogawa, Naohiro and R. D. Retherford (1993) "The resumption of fertility decline in Japan: 1973-92." *Population and Development Review*, 19 (4), PP.703-741.

Retherford, Robert, D., N. Ogawa and R. Matsukura (2001) "Late marriage and less marriage in Japan," *Population and Development Review*, 27, PP.65-102.

Skirbekk, Vegard, R. Matsukura and N. Ogawa (2012) "Is Japan in a Low Fertility Trap?" (mimeo.)

(松倉力也)

第7章 地域発展の経済政策
―日本経済の再生と構造改革―

第1節 はじめに

　アジア開発銀行が2011年8月に発表した報告書[1]によれば，中国やインドが順調に成長を続けた場合，世界の総生産に占めるアジアの割合は現在の27％から2050年には52％まで拡大することが予測されている。そのうち中国の割合は20％でインドは16％に達する。日本の割合は現在の9％から3％程度に低下すると予測されている。しかし日本の1人当たりGDPは3万ドルから8万ドルに増えると予測している。報告書は楽観シナリオと悲観シナリオを示して各国の政策対応を促している。楽観シナリオでは，アジア域内の好調な成長が続くと仮定し，2010年に17兆ドル程度の域内GDP（Gross Domestic Product：国内総生産）が2050年には174兆円に膨らむと試算している。

　アジアの1人当たりGDPは，2050年には現在の6倍にあたる4万ドルに達し，これは50年の世界平均3.7万ドルを上回ることになる。日本は2010年の約3万ドルが30年には5万ドルになり，50年には8万ドルに増えると予測されている。日本の成長の伸びは鈍いが，2050年時点でなお中国の5万ドル，インドの4万ドルを上回っている。アジアでは新たに30億人が富裕層になり，中国やインドなどは耐久消費財の需要が急拡大することが予想されている。人口の増加を伴うアジアの成長は消費の拡大につながるため，日本にとっては有望な輸出市場が広がることを意味する。アジアの成長をどこまで効果的に取り込むかが日本の重要な政策課題となる。

第2節　わが国の低調な対内投資

1　低下する日本の存在感

　IMFの統計によれば，2010年の世界のGDPに占める日本のシェアは約9％と1980年以降最低となっている。経済のグローバル化が進展する中で，日本の存在感の低下が顕著になってきた。存在感低下の最大の要因は，上述した日本経済の停滞と中国経済やインド経済の著しい台頭である。かつて先進7カ国で首位だった日本の国民1人当たり名目国内総生産は，OECD（Organization for Economic Co-operation and Development：経済協力開発機構）加盟30カ国中17位に後退している。周知のように日本経済は1990年代からのデフレ経済からなかなか脱却できず，名目成長率が上がらない状況が続いている。物価上昇率で調整した実質成長率のペースでは成長を続けているが，中国やインドなどの高度経済成長達成国と比較すると当然ながら大きく見劣りする。ちなみに2010年度の主要企業株式時価総額ランキングによると，中国企業が大幅に増加し日本企業を上回っている。これはGDP成長率の高い中国経済の好調な推移を示しているものである。

　このような日本経済の地位の低下は，日本の対内投資の低調にも現れている。わが国企業の対外直接投資は順調に推移しているが，対内直接投資は低調で産業空洞化の問題が起こっている。これはわが国企業のグローバルな事業展開を反映してのものであり，今や対外直接投資は75兆円にまで増加している。ちなみに2011年末の証券投資残高は262.3兆円である。地域別の投資残高は北米が最も多く，次いでアジア，EUの順である。わが国の2011年の対内直接投資残高を対GDP比でみると，約3.7％である。ちなみにアメリカは16.9％，イギリスは51.5％，ドイツは27.1％，フランスは36.9％となっており，日本の対内投資の少なさが際立っている。

　上述したように，主要国と比較してわが国への海外からの直接投資は極めて少ないことが明らかになった。それでは対日直接投資の阻害要因はいかなるものであろうか。わが国への対内直接投資の制約要因として，1.高い法人税，2.

訴訟制度，3. 起業制度の3点が大きな阻害要因を形成している（平成24年版経済財政白書，p.111）。ちなみにわが国の法人税率は図表7－9のように世界でも最も高い水準となっており，アジア諸国に比べてその法人税の高さは際立ったものとなっている。

　国際社会における各国企業の活動に目を転ずると，中国企業の存在感の高まりが注目される。

　2010年の主要企業株式時価総額ランキングによると，中国企業が大きく躍進している。2011年5月の時点で，エクソンモービル（米），アップル（米）に次いで中国企業は3位に中国石油天然気，4位に中国工商銀行，5位に中国建設銀行を中心にベスト100に10社がランクされている。これに対して日本は，トヨタ自動車の39位を最高に以下，75位にNTTドコモ，95位にホンダ，96位にNTTと4社がランクされているだけに過ぎない。中国企業が日本の2倍以上ということになる。こうして2010年に名目GDPで中国が日本を追い抜き，世界第2位の経済大国に躍進した。実際，購買力平価での中国のGDPは

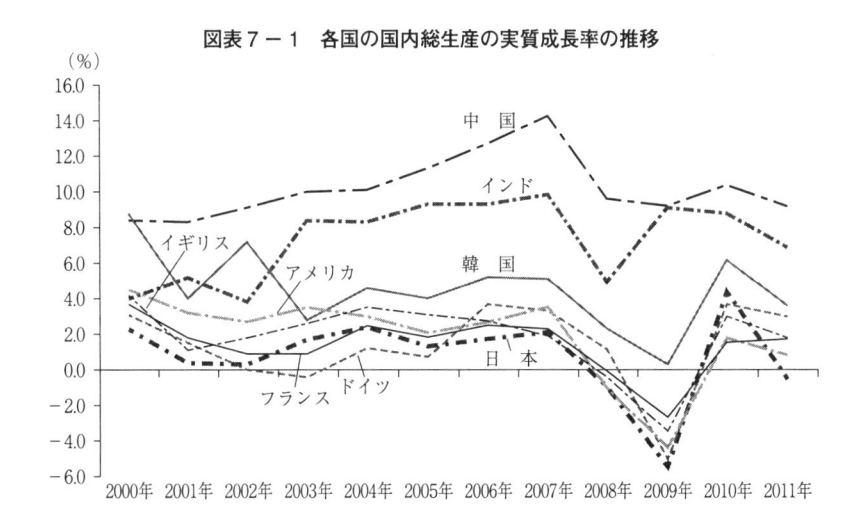

図表7－1　各国の国内総生産の実質成長率の推移

出所：総務省統計局「世界の国内総生産」をもとに作成。
http://www.stat.go.jp/data/sekai/0116.htm#c03

すでに日本の約3倍で日本を凌駕していた。もちろん、少子高齢化が進展し、人口減少の局面にある日本経済が、規模や量の側面において、中国やインドと競争するには無理がある。一国の経済の豊かさを示す指標として1人当たりGDPがあるが、その指標においても図表7－2のように、日本は2010年時点で17位と国際的地位の低下は看過できない大きな問題となっている。

　IMFの試算によれば2020年の世界のGDPに占める各国のシェアは、アメリカが22.5％、中国が13.2％、日本が7.0％、インドが2.9％となっている。また、イギリスのHSBCホールディングスの「The World in 2050」(2012年1月)によると、2050年の名目GDPランキングでは中国が約25兆3,340億ドルで第1位となり、日本の3.9倍、第2位は約22兆2,700億ドルのアメリカで日本の3.4倍、そして第3位は約8兆1,650億ドルのインドで日本の1.2倍となっている。日本は6兆4,290億ドルで第4位に後退し、日本の比重が急速に低下することが試算されている。

図表7－2　OECD各国の1人当たりGDP（2011年）

順位	国名
1（1）	ルクセンブルク
2（2）	ノルウェー
3（4）	カタール
4（5）	スイス
5（17）	オーストラリア
6（7）	デンマーク
7（10）	スウェーデン
8（17）	クウェート
9（18）	カナダ
10（12）	オランダ
17（16）	日　本

（注）カッコ内は2005年順位。
出所：総務省統計局「1人当たり国内総生産」をもとに作成。
http://www.stat.go.jp/data/sekai/0116.htm

2 産業空洞化問題

このような日本経済の地位の低下は，対内投資・対外投資の不均衡，換言すればわが国への対内投資の低調さも大きな要因となっている。言うまでもなく，わが国企業の対外直接投資の増大がただちにわが国の国際競争力の低下や産業の空洞化を意味するものではない。わが国企業の対外直接投資がいくら増大しても，わが国への外国からの投資，すなわち対内直接投資が同じように増加した場合には，産業空洞化などの問題は起こらないのである。

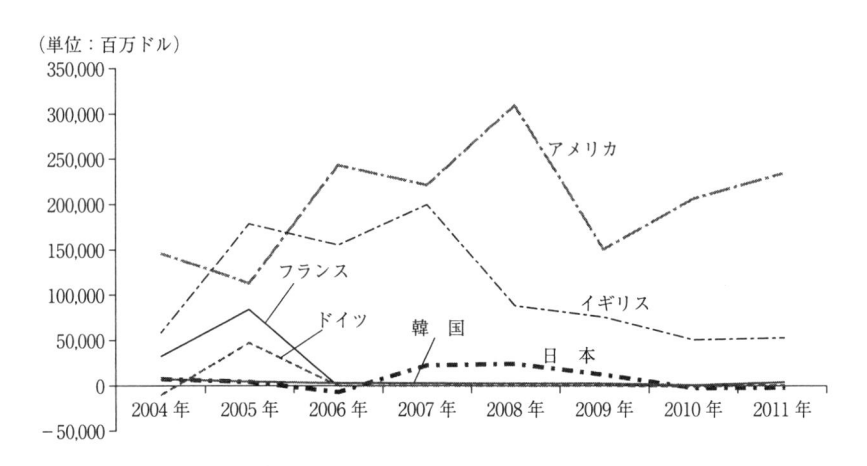

図表7−3　世界の対内直接投資の推移（フロー）

（単位：百万ドル）

出所：OECD「Outflows and Inflows of foreign direct investment」をもとに作成。
http://www.oecd.org/statistics/

わが国の対内・対外直接投資を主要国と比較すると，残高ベース・フローベース，いずれにしても大きな不均衡が存在していることがわかる。2011年のわが国の対内直接投資残高をGDP比でみると，約3.7％である。上述したようにイギリス51.5％，フランス36.9％，ドイツ27.1％，アメリカ16.9％，韓国12.6％となっている。アジアの隣国である韓国でさえも12.6％となっており，日本の対内投資の少なさが際立っている。このようにわが国の対内直接投

図表7－4　世界の対内直接投資の推移（フロー）

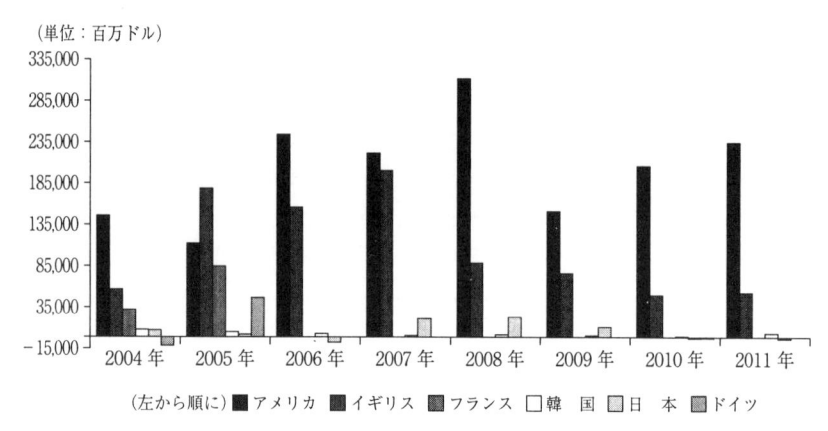

（単位：百万ドル）

（左から順に）■アメリカ　■イギリス　■フランス　□韓　国　□日　本　■ドイツ

出所：OECD「Outflows and Inflows of foreign direct investment」をもとに作成。
　　　http://www.oecd.org/statistics/

図表7－5　世界の対内直接投資の推移（残高ベース）

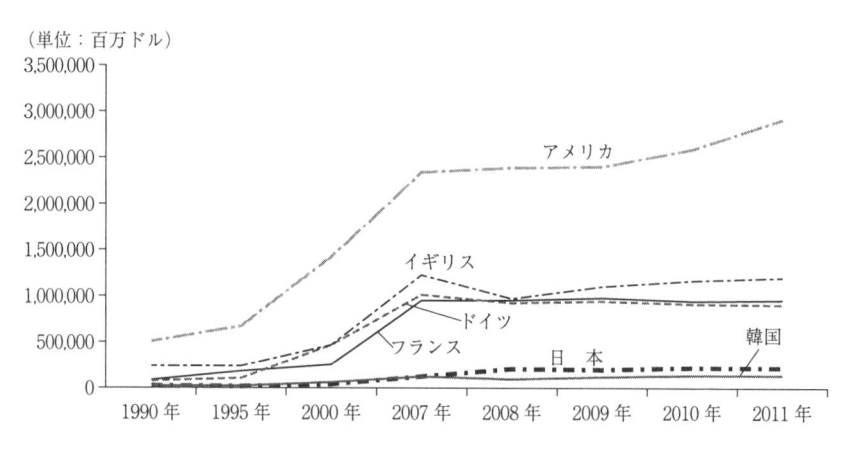

（単位：百万ドル）

出所：OECD「Foreign direct investment: outward and inward stocks」をもとに作成。
　　　http://www.oecd.org/statistics/

第7章 地域発展の経済政策―日本経済の再生と構造改革― 139

図表7－6 世界の対内直接投資の推移（残高ベース）

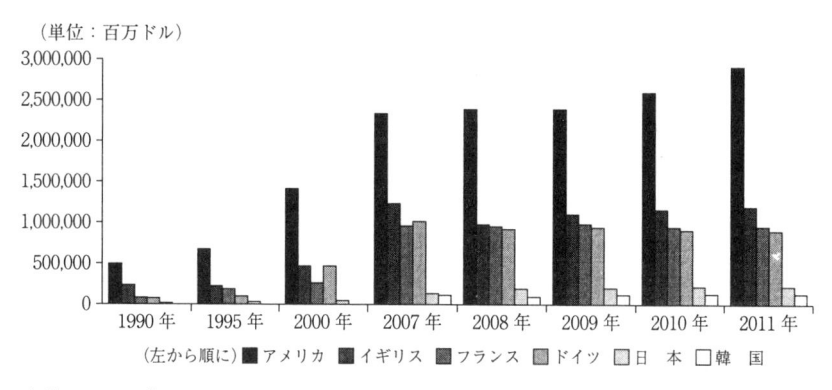

（単位：百万ドル）

（左から順に）■アメリカ ■イギリス ■フランス ■ドイツ □日　本 □韓　国

出所：OECD「Foreign direct investment: outward and inward stocks」をもとに作成。
http://www.oecd.org/statistics/

図表7－7 対日直接投資残高の推移と目標

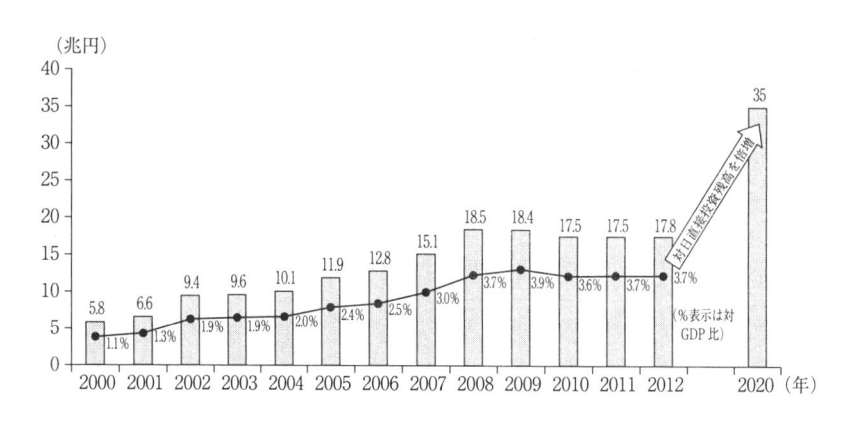

（兆円）

年	残高	対GDP比
2000	5.8	1.1%
2001	6.6	1.3%
2002	9.4	1.9%
2003	9.6	1.9%
2004	10.1	2.0%
2005	11.9	2.4%
2006	12.8	2.5%
2007	15.1	3.0%
2008	18.5	3.7%
2009	18.4	3.9%
2010	17.5	3.6%
2011	17.5	3.7%
2012	17.8	3.7%
2020	35	

（％表示は対GDP比）
対日直接投資残高を倍増

出所：内閣府(2011)「対日直接投資の促進に向けた取り組み」、P.1。
2012年度は財務省「対外資産負債残高統計」内閣府「国民経済計算」から算出。

資の対 GDP 比はイギリスの14分の1，フランスの10分の1，ドイツの7分の1，アメリカの5分の1，韓国の4分の1に過ぎないのである。

2012年の対日直接投資残高をみると17.81兆円となっている。2020年の政府

目標35兆円にはさらなる努力が必要である。

第3節　対日直接投資の阻害要因

1　誘致策の問題点

　前述したように主要外国と比較して，海外からわが国への直接投資はきわめて少ないことが明らかになった。それでは対日直接投資の阻害要因はいかなるものであろうか。三菱UFJリサーチ＆コンサルティング株式会社の「対日直接投資促進施策に関する調査報告書」(2011年3月)によると，インフラ整備，研究開発環境の質と能力，優秀な人材の獲得，拠点機能の集積，外国人に適し

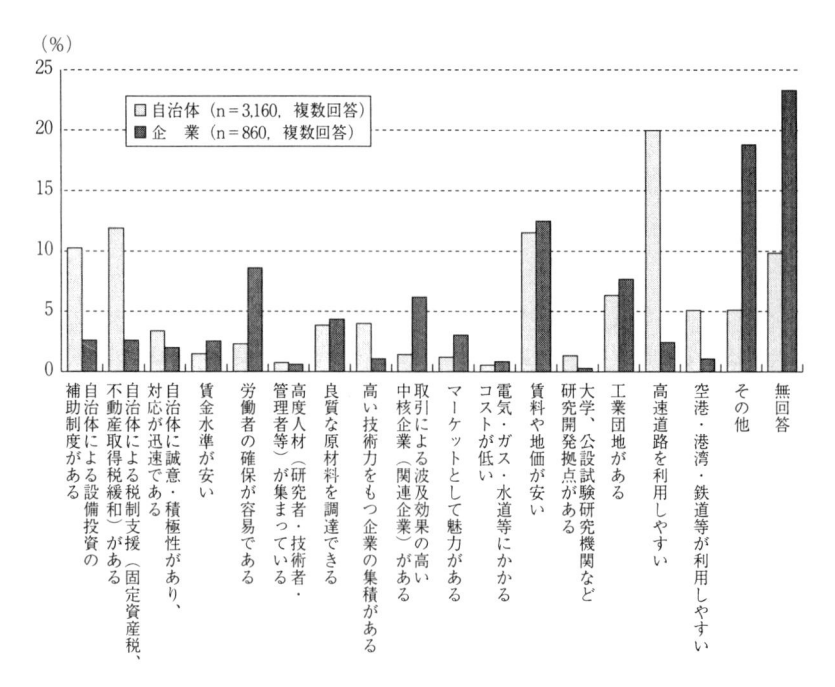

図表7－8　自治体の考える企業誘致上の強みと企業サイドの立地理由

出所：三菱UFJリサーチ＆コンサルティング株式会社「平成23年度地域経済産業活性化対策調査」，P.6。

た生活環境，などの項目では評価が高くなっている。しかし，法人税率，優遇税制などのインセンティブ，事業活動コストでは日本は魅力的ではないとの評価がなされている。また，『経済財政白書』2012年版では1）税制，2）訴訟制度，3）起業制度，4）建築制度，5）倒産制度などの改善の必要性が指摘されている。また，わが国の地方自治体も企業誘致を熱心に行っているが，自治体の考える企業誘致上の強みと企業サイドの立地理由には大きな乖離があることが明らかになった。市町村を始めとする自治体は企業誘致に対して，企業立地に対する補助金や税の優遇処置，高速道路などの予算関連政策が重要と認識しているのに対し，企業側は労働者確保や取引先中核企業の存在などの事業環境を重視しているのである。

2　高い日本の法人税・電気料金・携帯電話料金

また，わが国の法人税の実効税率の高さも，対日直接投資阻害要因の1つである。図表7－9からわかるように，わが国の法人税の実効税率は約40％で，世界でも最高水準の高さにある。元来，法人税率の低いアジア諸国はもとよりアメリカやヨーロッパ諸国と比べても高い水準にある。それに加えて現在では，アメリカ・ヨーロッパ主要国で法人税のさらなる引き下げが予定されている。イギリスは，法人税率は2014年4月より24％に引き下げられることになっている。2014年4月からはさらに22％に引き下げられる予定である。アメリカ政府は，2012年2月に連邦法人税率を35％から28％までに引き下げる改革案を提示した。台湾は，2010年に25％の法人税率を17％に引き下げた。タイは，現行の23％から2013年には20％に引き下げられる。フィリピンは，2009年に35％から30％に引き下げられている。オーストラリアは，現行の30％から2013年には29％に引き下げられる予定である。このように法人税の実効税率は，アジア諸国を中心に今や20％台が主流になりつつある。各国が法人税の引き下げに動いているのは，グローバル化の進展によって企業が税負担の軽い国に活動拠点を移す傾向が広がっているからである。また，総務省が調査した2011年度の世界主要7都市の通信サービス価格調査[2]によれば，月額携帯電話料金は東京が最も高く，6,687円となっている。ちなみにニューヨー

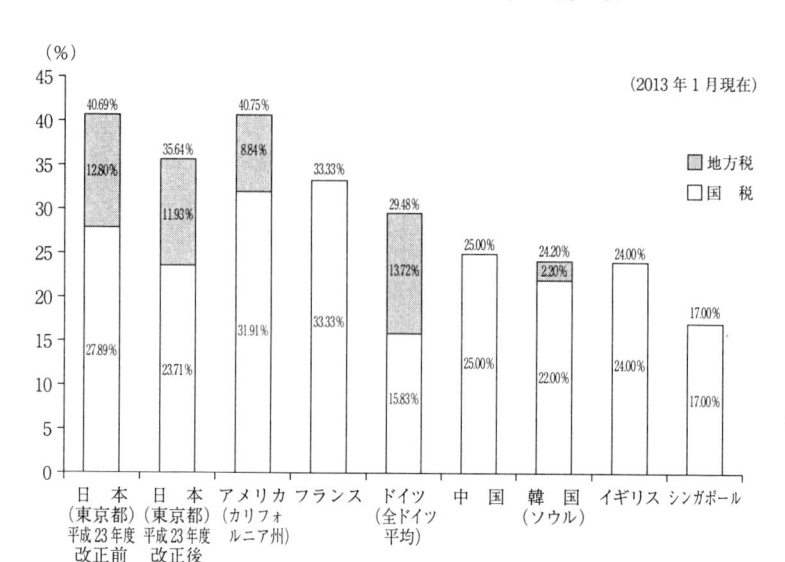

図表7-9　法人所得税率の実効税率の国際比較

(2013年1月現在)

国	地方税	国税	合計
日本（東京都）平成23年度改正前	12.80%	27.89%	40.69%
日本（東京都）平成23年度改正後	11.93%	23.71%	35.64%
アメリカ（カリフォルニア州）	8.84%	31.91%	40.75%
フランス	—	33.33%	33.33%
ドイツ（全ドイツ平均）	13.72%	15.83%	29.48%
中国	—	25.00%	25.00%
韓国（ソウル）	2.20%	22.00%	24.20%
イギリス	—	24.00%	24.00%
シンガポール	—	17.00%	17.00%

(注)
1. 上記の実効税率は，法人所得に対する租税負担の一部が損金算入されることを調整した上で，それぞれの税率を合計したものである。
2. 日本の地方税には，地方法人特別税（都道府県により国税として徴収され，一旦国庫に払い込まれた後に，地方法人特別譲与税として都道府県に譲与される）を含む。また，法人事業税及び地方法人特別税については，外形標準課税の対象となる資本金1億円超の法人に適用される税率を用いている。なお，このほか，付加価値割及び資本割が課される。
3. 日本の改正後の実効税率は，平成24年4月1日以後開始する事業年度のものである。なお，平成24年度以降の3年間は法人税額の10％の復興特別法人税が課される。
4. アメリカでは，州税に加えて，一部の市で市法人税が課される場合があり，例えばニューヨーク市では連邦税・州税（7.1％，付加税［税額の17％］）・市税（8.85％）を合わせた実効税率は45.67％となる。また，一部の州では，法人所得課税が課されない場合もあり，例えばネバダ州では実効税率は連邦法人税率の35％となる。
5. イギリスの法人税率は2013年4月より23％，2014年4月より22％に引き下げられる予定。
6. フランスでは，別途法人利益社会税（法人税額の3.3％）が課され，法人利益社会税を含めた実効税率は34.43％となる（ただし，法人利益社会税の算定においては，法人税額から76.3万ユーロの控除が行われるが，前記実効税率の計算にあたり当該控除は勘案されていない）。さらに，別途，売上高2.5億ユーロ超の企業に対する法人税付加税（法人税額の5％）を2012年より導入している（2年間の時限措置）。なお，法人所得課税のほか，国土経済税（地方税）等が課される。
7. ドイツの法人税は連邦と州の共有税（50：50），連帯付加税は連邦税である。なお，営業税は市町村税であり，営業収益の3.5％に対し，市町村ごとに異なる賦課率を乗じて税額が算出される。本資料では，連邦統計庁の発表内容に従い，賦課率390％（2010年の全ドイツ平均値）に基づいた場合の計数を表示している。
8. 中国の法人税は中央政府と地方政府の共有税（原則として60：40）である。
9. 韓国の地方税においては，上記の地方所得税のほかに資本金額及び従業員数に応じた住民税（均等割）等が課される。

出所：財務省　法人所得課税の実効税率の国際比較　http://www.mof.go.jp/tax_policy/summary/corporation/084.htm

クは6,493円，デュッセルドルフは4,502円，パリは2,911円，ロンドンは2,584円，ソウルは2,093円である。資源エネルギー庁の調査による，2009年の為替レート換算による各国の産業用電気料金[3]は，1キロワット当たり日本が0.158ドルであるのに対し，イギリス0.135ドル，ドイツ0.12ドル，フランス0.107ドル，アメリカ0.068ドル，韓国0.058ドルとなっている。韓国の月額携帯電話料金および産業用電気料金は，ともに日本に比べ3分の1以下の水準である。このような法人税，携帯電話料金，電気料金の安さなどから韓国に進出した日本の製造業も多い。今日のように企業が国を選ぶ時代においては，単に自国内の企業の競争力を高めるだけでなく，海外の企業を自国に引き寄せる政策の実施が不可欠となる。産業空洞化を阻止し，雇用を維持・拡大するには経済成長を実現させる対内直接投資の拡大が重要となる。

3　対日投資促進政策

　わが国は，外資系企業にとっていかなる立地上の利点があるのだろうか。わが国と中国の投資環境を比較した調査をみると，市場の大きさ，市場としての成長性，拠点機能の集積，研究開発環境の質・能力，地理的要因，資金調達・金融環境の充実，優秀な人材の獲得，事業活動コスト，法人税率，優遇税制などのインセンティブ，知財等の法整備の充実，事業規則の開放度などほとんどの分野において中国が優位に立ち，わが国が優位に立つのは，研究開発環境の質・能力，知財等の法整備の充実，インフラ整備，外国人に適した生活環境の4項目に過ぎない（図表7－10参照）。

　わが国の高コスト体制の改善や規制の緩和，法人税などの税制改革などによって，わが国産業の国際競争力を回復させると共に，合わせて外国企業の対日進出を促進することが重要となる。外国企業の対日投資の拡大は，日本経済の空洞化を阻止するだけでなく，新たな競争をとおして日本経済を活性化させることが期待できるのである。それだけに対日直接投資をいかに促進・拡大させるかは今後のわが国の大きな政策課題の1つである。既述した対日直接投資阻害要因を改善し，外国企業のわが国における事業を支援するための政策体系は図表7－11である。

図表 7 － 10　投資環境項目別のアジアで最も魅力ある国・地域

	日本	中国	インド	シンガポール	韓国	香港
市場の大きさ	9	①120	②13	4	0	1
市場としての成長性	2	①114	②22	2	1	2
拠点機能の集積	②15	①78	13	13	1	8
研究開発環境の質，能力	①27	①27	②21	12	6	4
地理的要因	13	①45	16	②26	3	15
資金調達・金融環境の充実	21	①28	13	14	4	②27
優秀な人材の獲得	16	①29	②28	23	6	9
事業活動コスト	0	①74	②32	3	3	4
法人税率	1	①25	6	16	1	②18
優遇税制などのインセンティブ	3	①28	8	②17	3	6
知財等の法整備の充実	①16	①16	②15	①16	9	11
事業規制の開放度	16	①24	11	17	5	②19
インフラ整備	①43	②36	7	23	3	6
外国人に適した生活環境	①28	20	6	②23	2	22

※投資環境ごとに国・地域を1つ選択。数値は回答企業180社の企業数。
出所：三菱UFJリサーチ＆コンサルティング株式会社「対日直接投資促進施策に関する調査（欧米アジアの外国企業の対日投資関心度調査）」，P.9，2010年3月。

　対日直接投資には，外国企業による新たな製品の投入や，新規のサービスの提供による新市場の創造，斬新な経営ノウハウや新技術の導入，雇用の創出，新規事業の展開や事業再生のリスクマネーの確保，国際的な合従連衡による競争力の強化といったさまざまな効果が期待できる。海外から投資資金を確保し，生産性の向上を図り，経済を活性化させることは，今後のわが国の安定的な経済成長の達成には不可欠な要素なのである。このような認識のもとに，政府はこれまで対日直接投資残高の倍増を目標にしてきた。しかし，こうした投資の大部分は首都圏に集中しており，地域経済の活性化には必ずしもつながっていない。したがって，地域経済活性化のためには，地域金融機関や中小企業基盤整備機構，日本政策投資銀行などによる新規企業設立や企業再生のための

第7章　地域発展の経済政策―日本経済の再生と構造改革―　145

図表7－11　アジア拠点化・対日投資促進プログラム

目標	5つの柱と具体的施策
(1) 高付加価値拠点の増加（年間30件の誘致） (2) 外資系企業による雇用者数倍増（75万人→200万人） (3) 対日直接投資残高倍増（17.5兆円→35兆円）	(1) 投資を促進するため収益性を向上 　補助金や税制などインセンティブ措置を強化することにより，我が国の立地競争力を高め，世界水準の投資環境を整備する。 　・アジア拠点化立地補助金による高付加価値拠点の誘致 　・法人実効税率5％引き下げによる企業の税負担の軽減　等 (2) 投資を呼び込むため特区制度等を活用 　自治体と連携し，総合特区制度・復興特区制度等を活用することにより，国内外からの投資を呼び込む。 　・外国企業の集積の促進に資する国際戦略総合特区の推進 　・復興特区制度による国内外からの投資の呼び込み　等 (3) 投資環境の整備と投資サポート体制を構築 　ヒト・モノ・カネの流れを増加するために，社会資本の整備や規制等の見直しを行うとともに，行政手続き透明性の向上，行政の英語化を進める。 　・高度人材に対しポイント制を活用した出入国管理上の優遇措置（永住許可の要件の緩和等）を講ずる制度の導入 　・ビジネスジェット専用ターミナルの設置等，ビジネスジェットの受け入れ環境の整備の推進 　・ジェトロと関係府省庁の連携による行政手続きに係るワンストップサービスの強化 　・医療機器の審査手続きの明確化・透明化を図ることによる審査の迅速化 　・行政の英語化推進　等 (4) 投資先での生活環境をより暮らしやすく 　外国人向け教育・医療等，生活環境の整備を進める。 　・医療通訳の育成など，外国人が医療機関を受診しやすい環境の整備 　・インターナショナルスクールの各種学校設置認可の促進　等 (5) 投資を歓迎する情報発信の充実 　政府による我が国の立地条件の魅力PR，風評被害の払拭に向けた情報発信を行い，「開かれた復興」を目指す。 　・海外で開催される展示会や国際協議等を通じ，震災後の我が国のビジネス環境に関する正確な情報発信や本プログラムのPRの実施。 　・復興特区制度等のPRや復興事業についての情報発信，被災地への外資系企業招聘等を通じた被災地への投資の促進。 　・英語による情報提供の推進　等

出所：経済産業省「通商白書2013」，2013年，P.197 第Ⅱ-4-2-3表をもとに作成。

ファンドの設立も重要となる。

4　自治体の企業誘致政策

　このような現状を踏まえて，政府は2007年度から地域の投資誘致活動の強

化，情報発信活動の拡充，投資環境の整備・改善などに取り組んでいる。こうした多岐にわたる政策の実施により，対日直接投資拡大への相乗効果を生み出すことが期待されている。特に地方への対日直接投資を増加させるためには，自治体による企業誘致活動が重要となる。

また，投資環境の整備政策の一環として，三角組織再編を実施するための税制を含めた制度整備，対日直接投資総合案内窓口における情報提供の拡充，構造改革特区制度の活用，規制改革の推進と手続きの簡素化・迅速化，各省庁による法令の翻訳整備の実施，内外への情報発信・PRの抜本的強化，官僚などによるトップセールス，対日投資シンポジウムおよび各種セミナーの開催，外国企業への情報アクセス面の改善，などが実施されている。

これらの政策によって，地域への産業集積の促進，地域の特性を生かした外国企業の誘致，効果的なビジネスパートナー作りなどが期待されている。周知のように，わが国はこれまでも地域産業政策を実施してきた。具体的には，全国26地域にリサーチパークを整備しようとした1983年のテクノポリス法，1997年の地域産業集積活性化法，1998年の電脳立地法，2001年の産業クラスター計画，2007年の企業立地促進法などがある。しかし，これらの政策は必ずしも十分な効果をもたらしたとはいえない。その理由として，企業のニーズとのずれがあったこと，新技術の開発を促進する強力な産業政策の策定・実施がなかったことが指摘される。

各地域の経済活性化のためには，その実績や特性に応じ，地域の比較優位や潜在的な経営資源を活用する企業誘致，地域連携の枠組み構築による経済波及効果の拡大をもたらす企業立地の促進が重要となる。

既述したように，少子化・高齢化による人口減少社会の到来によって，わが国経済を取り巻く環境は大きく変化している。ボーダレス化と国際進展とそれへの適応力によって，地域間格差が拡大しているのである。激化する国際競争の中で，わが国が引き続き安定的に経済成長を達成するためには，地域の強みや特性を生かした地域経済の成長と発展が重要となる。

地域には，産業特有の技術，特色ある農林・水産業，固有の観光資源といったその地域が比較優位を有する地域資源が多く存在している。他の地域との差

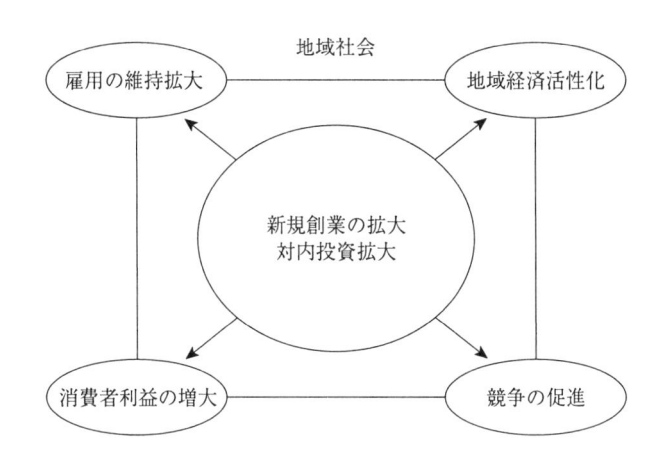

図表7－12　対内投資および創業拡大の効果

```
          地域社会
雇用の維持拡大 ─────── 地域経済活性化
    ↑                    ↑
    │   新規創業の拡大    │
    │   対内投資拡大      │
    ↓                    ↓
消費者利益の増大 ─────── 競争の促進
```

出所：筆者作成。

別化を図りながら，地域資源の効果的な活用と事業展開の創意工夫によって，地域ブランドを確立することも重要である。

多くの自治体が企業誘致に積極的である。図表7－12に示したように，国内外の企業誘致によって地域経済を活性化するとともに，雇用の拡大や地域産業への波及効果を促進し，税収の拡大を目指して企業誘致の取り組みを強化しているのである。

第4節　外国企業の対日進出動向

1　M&Aと対日投資

日本企業による海外企業のM&A（Merger and Acquisition：企業の合併・買収）が活発化している。人口減少や消費低迷で国内市場が縮小する中，海外に活路を見いだそうとする動きが広がっている。調査会社のレコフのデータによると，2011年の買収額は前年比66.7％増の6兆2,665億円と，同社が調査を開始した1985年以降で3番目の高水準だった。件数でみても前年比22.6％増の

図表7－13　2011年は日本企業の海外企業買収が加速

主な買い手	買収対象	金　額
武田薬品工業	ナイコメッド （スイス製薬）	1兆1,086億円
細る内需に危機感　キリンHD	スキンカリオール （ブラジル・ビール）	3,038億円
東京海上HD	デルファイ・ファイナンシャル （米保険）	2,050億円
商社の事業投資が拡大　三菱商事	アングロ・アメリカン・スール （チリ鉱山）	4,200億円
伊藤忠	米ドラモンドの石炭事業	1,265億円
グローバル展開を加速　テルモ	カリディアンBCT （米医療機器メーカー）	2,162億円
東　芝	ランディス・ギア （スイス電力計メーカー）	1,863億円

出所：レコフ調べ（日本経済新聞 2011年12月29日）。

455件と，1990年（463件）に次ぐ多さであった。このうち，アジア企業へのM&Aは198件と，これまで最高だった2005年の153件を上回った。中でも目立ったのは，ビールや薬品といった内需企業による大型買収である。武田薬品工業がスイスの製薬大手のナイコメッドを約1兆1,000億円で買収し，キリンホールディングスはブラジルのビール2位，スキンカリオールを買収した。さらに三井住友ファイナンシャルグループは大手英銀のロイヤル・バンク・オブ・スコットランドから航空機リース事業を買収し，東京海上ホールディングスは米保険会社のデルファイ・ファイナンシャルを約2,050億円で買収した。その他に三菱商事はチリ鉱山会社のアングロ・アメリカン・スールを約4,200億円で買収，伊藤忠は米ドラモンドの石炭事業を約1,265億円で買収，テルモは米医療機器メーカーのカリディアンBCTを約2,162億円で買収，東芝はスイス電力計メーカーのランディス・ギアを約1,863億円で買収した[4]。また，2013年のソフトバンクによる米携帯電話事業者のスプリントの買収などがあ

る。歴史的な円高で収益悪化に苦しむ日本企業が，逆に割安となった海外企業を傘下に収める好機と捉え，販路や生産拠点を国外に求める動きが加速している（図表7－13参照）。

　一方，円高，電力不足，日本の低成長などを背景に，外資系企業が日本からの撤退を加速している。ちなみに2011年の対日直接投資は，撤退などによる流出が新規進出による流入額を1,832億円上回った。具体的には，英ボーダフォンが携帯電話事業を約1兆7,000億円でソフトバンクに売却撤退した2006年（7,566億円の流出超過）を除けば，比較可能な1985年以降で最大となる。2011年は，英国のスーパー最大手テスコが8月末に日本からの撤退を発表。国有化された欧州最大手デクシアも6月に日本から撤退した。アリアンツ生命保険は2012年初から新規契約募集を停止し，オランダの金融大手INGも日本での生命保険事業からの撤退を表明した[5]。1月以降も，エクソンモービルは東燃ゼネラル石油に石油精製・販売事業を売却すると決定した[6]。こうした外国企業の日本離れを食い止め，対日直接投資の促進を図るため，政府はアジア拠点化・対日投資促進プログラムを策定した[7]。このプログラムは，2020年までに達成すべき目標として3つの目標を設定している。1）高付加価値拠点の増加。国内の高付加価値拠点について，2009年度末時点で約500拠点のところ，年間30件の誘致を行って増加させていく。2）外資系企業による雇用者倍増。雇用者数について2006年時点で約75万人のところ，2020年に200万人まで拡大させる。3）対日直接投資倍増。これは対日直接投資を倍増させる目標である。3つの目標については「新成長戦略」において，2011年8月に閣議決定済みである。本プログラムは，①投資を促進するための収益性を向上，②投資を呼び込むために特区制度などを活用，③投資環境の整備と投資サポート体制を構築，④投資先での生活環境をより暮らしやすくする，⑤投資を歓迎する情報発信の充実，によって構成されている。

　①のポイントは，内外無差別の立地補助金やグローバル企業への法人税負担軽減制度の創設など，補助金や税制などのインセンティブ措置を強化することにより，わが国の立地競争力を高め，世界水準の投資環境を整備し，積極的に企業誘致を展開することである。②のポイントは，総合特区制度（国際戦略総合

特区，地域活性化総合特区）や「環境未来都市」構想，復興特区制度を活用することにより国内外からの投資を呼び込み，これらの特区制度等の取り組みにより，地方自治体と有機的に連携し，地域における雇用創出につなげることである。③のポイントは，ヒト・モノ・カネの流れを増加させるため，空港や港湾などの社会資本の整備などにより人流・物流の効率化・円滑化を進め，対日直接投資の阻害要因となっている規制などの見直しを継続的に行う。さらに関連行政手続きの透明性および情報アクセスの利便性を高めるとともに，行政の英語化の取り組みを進めることである。④のポイントは，生活に欠かせない教育，医療などについて，より暮らしやすい環境を実現する。また，効率的な外国人受け入れ環境を整備することにより，外国人の利便性を向上させることである。⑤のポイントは，わが国が対日直接投資を歓迎している姿勢を明確に示すとともに，政府が先頭に立ってわが国の立地環境の魅力をPRする。さらに，風評被害を払拭しつつ安心・安全を諸外国に強く印象づけ，東日本大震災からの「開かれた復興」を目指すことである。

　政府は，空洞化防止のために外国企業の研究開発拠点などの積極的な誘致を展開している。その結果，外国資本10社が日本に拠点を置くことが決定した[8]。具体的な企業は，フランスの医薬品メーカー，サノフィ・アベンティス，アメリカのヘルスケア事業のスリーエムヘルスケア，オランダの化学品メーカーのディーエスエムジャパンエンジニアリングプラスチックをはじめ，アメリカの電子材料メーカーの日本キャボット・マイクロエレクトロニクス，同じくアメリカの光通信機器メーカーのネオフォトニクス日本，フランスの種苗メーカーのみかど協和，同じくフランスの医療情報システム会社のメダシスジャパン，英国の燃料電池メーカーのインテリジェント・エナジー，ベルギーの触媒会社のユミコア，スウェーデンの商用車メーカーのボルボ・テクノロジーの計10社である。このように外資企業の誘致を目指す政府の前述した「アジア拠点化戦略」が本格的に動き出している。

第5節　ベンチャー創出と企業の廃業率・開業率

1　ベンチャー育成の必要性

　このようなわが国経済を取り巻く環境の変化の中で，経済を活性化し活力を維持するためには，中小企業の活性化と発展が不可欠となる。なぜなら，わが国の企業数の99.7％，雇用の約70％は中小企業によって占められているからである。周知のように，わが国は欧米と比べてベンチャー創出の側面で大きく立ち遅れている（図表7-14（1）参照）。また，近年，開業率と廃業率の差がほとんどなくなり，経済の活力の低下が大きな問題となっている。

　産業空洞化を阻止し経済を活性化するためには，中小企業の経営革新や新たな連携，企業創業に関わる情報や成果の全国的な蓄積と普及によって中小企業の経営革新を促進し，情報収集，資金調達，人材確保，技術革新，異分野連携

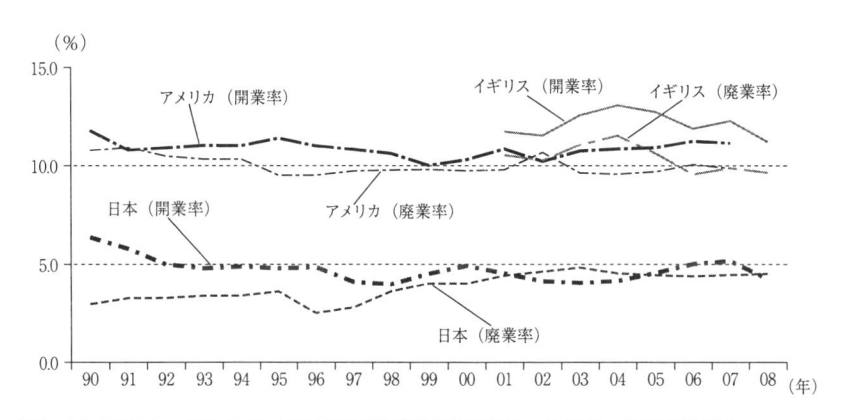

図表7-14（1）　開業率・廃業率の国際比較

(注) 1) 開業率＝当該年度の雇用保険新規適用事業所数÷前年度の適用事業所数
　　　　 廃業率＝当該年度の雇用保険消滅事業所数÷前年度の適用事業所数
　　　2) 1995年度以降について，実質経済成長率と開業率の相関係数は0.327，廃業率との相関係数は−0.111。
　　　　 1981〜2009年度での相関係数は，開業率0.741，廃業率−0.146。
出所：厚生労働省「平成25年度 労働経済の分析」，2013年，P.101 第2-(3)-1図。

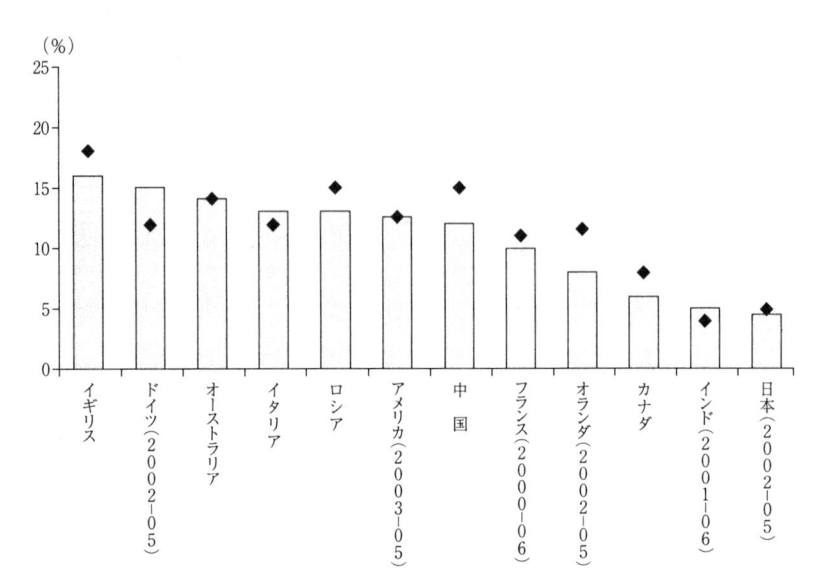

図表 7 − 14（2）　開業率の国際比較（2007 年度）

（注）棒グラフは，期間が明記されていない国については 2000 〜 2007 年平均。
出所：厚生労働省「平成 25 年度　労働経済の分析」，2013 年，P.101 第 2-(3)-2 図より 11
　　　カ国を抜粋した。

などを総合的にサポートする施策が重要である。ちなみに，アメリカには 10 億ドル規模のエンゼルファンドがあるが，わが国にはそうしたファンドがないのである。

　ベンチャー企業の育成においてはエンゼルファンドの存在が重要であることはいうまでもないが，技術を製品化し事業展開をするいわゆる「目利き」が重要な役割をもつ。わが国において，ハイテクベンチャーの輩出が思うように進まないのは，企業化に際し資金面・技術面・事業面の三位一体で創業支援の役割を担える人材が不足しているからである。

　すなわち，顧客の要求する品質のレベルを認識するとともにそれに対応する技術を開発する，そして製品やサービスを供給する，こうした創業ロードマップを理解し経営基盤を確立するためのサポート役が不足しているのである。

第7章　地域発展の経済政策─日本経済の再生と構造改革─　153

図表7－15　ベンチャー創業促進モデル

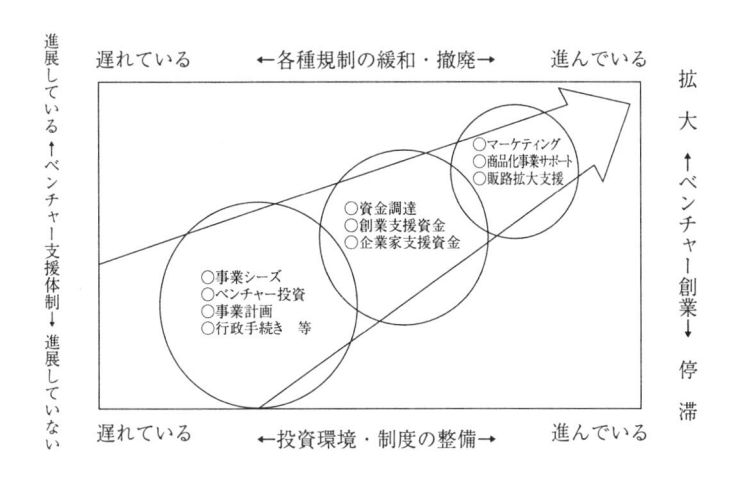

出所：筆者作成。

2008年の税制改革大綱に，設立3年未満の開発型ベンチャー企業に投資をした場合，1,000万円を上限に寄付金控除として課税所得から差し引かれることが盛り込まれた。これはエンゼル投資拡大にとって大きな第一歩となろう。

このように，新規企業創出のためには，資金調達環境の整備，人材の育成，ベンチャー企業に関する法制の整備，金融および資本市場の改善などが重要である。

第6節　企業誘致政策─沖縄情報特区の事例

1　沖縄情報特区構想

1998年10月，沖縄は「沖縄県マルチメディアアイランド構想」を策定した。この構想は，国際都市形成計画の基幹作業政策となる①自由貿易地域，②国際観光拠点形成による振興，③情報通信関連産業の振興を柱としている。

情報通信関連産業の振興においては，1997年の約6,000人の情報関連産業の従事者数を，2010年には2万4,500人までに拡大することを目標としていた。

図表7－16　コールセンター集積地の拠点数（2013年7月現在）

1	沖縄県	93（うち那覇市55）
2	北海道	76（うち札幌市62）
3	福岡市＆北九州市	38（福岡市28，北九州市10）
4	宮城県	36（仙台市31）
5	宮崎県	21（うち宮崎市14）
6	長崎県	19（うち長崎市9）
7	青森県	17（うち青森市5）
7	愛媛県	14（うち松山市8）
9	新潟県	11（うち新潟市9）
10	佐賀県	10（うち佐賀市6）

（注）沖縄県は2011年度までの進出状況を集計。
　　　宮城県は仙台市を含む県下の進出状況を集計。
出所：『月刊コンピューターテレフォニー』2013年10月号。

　この構想の実現に向けて，沖縄県は国の支援をバックに1999年の沖縄振興開発特別措置法の改正などによる情報通信産業への投資減税制度の導入，本土と沖縄間の高速通信料金を8割削減する通信コストの低減支援政策，新規雇用に対する沖縄県若年者雇用開発助成金制度などの優遇税制や優遇措置，雇用支援を強化し，情報産業の県内誘致活動を強化している。

　1999年6月に，沖縄経済振興の新たな政策ビジョンとなる「沖縄経済振興21世紀プラン」の中間報告が出された。報告は，自立型経済の構築を目標に産業振興を柱として，①加工広域型産業の振興，②観光・リゾート産業の新たな展開，③国際的なネットワークを目指す情報通信産業の育成，④農林水産業の新たな展開の4つの主要分野を中心とする47の具体的なプロジェクトから構成されている。そのほかに，研究開発の促進や人材育成，環境共生地域の形成など，創業支援のための33の事業を盛り込んでいた。

　情報通信では，沖縄をアジア太平洋の情報通信ハブ基地とする「沖縄国際情報特区」構想を初めて打ち出し，那覇市，名護市，沖縄市，嘉手納町などを情

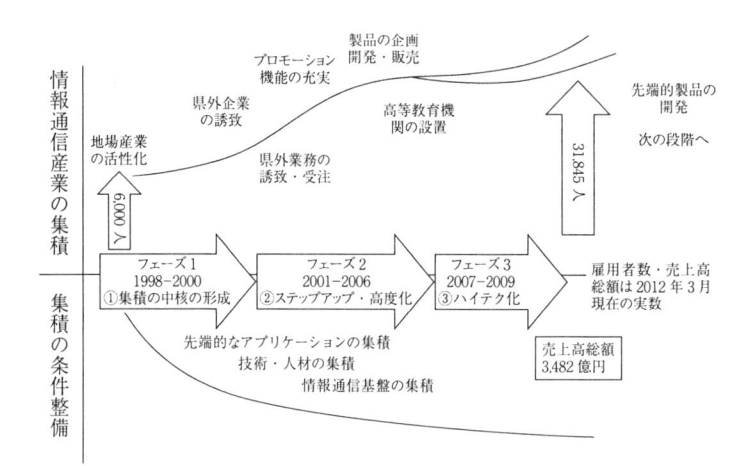

第 7 章 地域発展の経済政策—日本経済の再生と構造改革— 155

図表 7 − 17 沖縄マルチメディアアイランド構想の基本シナリオ

出所：沖縄県「沖縄県マルチメディアアイランド構想」1998 年に「新沖縄県情報通信産業振興計画（仮称）策定調査事業報告書」2012 年 3 月の数字を加筆し修正した。

報通信振興地域に指定し，情報通信分野の研究開発施設の整備強化を図ってきた。

マルチメディアアイランド構想の基本シナリオ，基本ステップは，図表 7 − 17 のようになっている。

図表 7 − 17 にあるように，フェーズ 1 である 1998 年から 2000 年に企業誘致によって情報産業集積の中核を形成した。そしてフェーズ 2 である 2001 年から 2006 年に，さらにステップアップを図り，プロモーション機構の充実や製品の企画・開発・販売を行ってきた。そして，フェーズ 3 の 2007 年から 2009 年には，さらなる高度化を図り先端的製品の開発などを目指したのである。沖縄の IT 産業の振興イメージについては図表 7 − 18 の通りである。

沖縄県のコールセンター支援制度・助成促進費の対象は，1) 沖縄県に事業所を置き，3 年間で 20 人以上の一般人材，または高度な専門知識を有する 10 人以上の人材の新規雇用が見込める情報通信関連企業，2) 沖縄県で新たに事業を開始・拡大するために事業所の設置・整備を行う事業主であり，また，沖

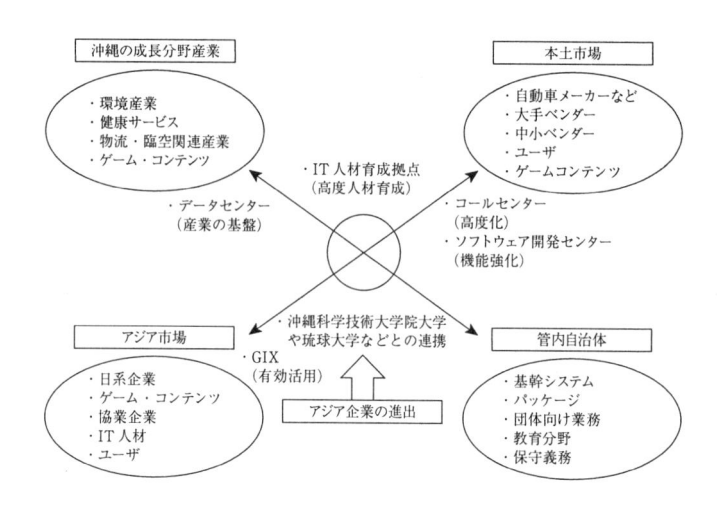

図表 7 － 18　沖縄の IT 産業の振興イメージ―アジアの IT ハブへの進化―

```
┌─沖縄の成長分野産業─┐              ┌─本土市場─┐
  ・環境産業                              ・自動車メーカーなど
  ・健康サービス                          ・大手ベンダー
  ・物流・臨空関連産業                    ・中小ベンダー
  ・ゲーム・コンテンツ                    ・ユーザ
                   ・IT 人材育成拠点      ・ゲームコンテンツ
  ・データセンター   (高度人材育成)
   (産業の基盤)                    ・コールセンター
                                    (高度化)
                                  ・ソフトウェア開発センター
                                    (機能強化)

┌─アジア市場─┐   ・沖縄科学技術大学院大学   ┌─管内自治体─┐
                   や琉球大学などとの連携
  ・日系企業       ・GIX                      ・基幹システム
  ・ゲーム・コンテンツ (有効活用)              ・パッケージ
  ・協業企業       ┌──────────┐            ・団体向け業務
  ・IT 人材        │アジア企業の進出│          ・教育分野
  ・ユーザ         └──────────┘            ・保守義務
```

出所：『情報サービス産業白書』2011 年，P.302 の図 2-6-2-11，沖縄経済
　　　産業局における取組を加筆・修正した。

縄県の区域内に移住する 35 歳未満の求職者を継続して 3 人以上雇い入れる事業者（雇用数は正社員を含む常用労働者とし，パートは含めない），以上の 2 つが該当する。

　助成内容は，公募により選定された企業の通信回線をトロピカルテクノセンター（TTC）が安価で調達し，さらにその回線使用料（通信費）の 2 分の 1（離島地域は 3 分の 2 ～ 10 分の 9）を県が一部を補助する。その他にも沖縄県は，該当する事業者にその事業者が 35 歳未満の労働者に支払った賃金に相当する額の 4 分の 1（中小企業については 3 分の 1）を助成する。限度額は 1 人につき年間 120 万円で，支給対象期間は原則 1 年間である。沖縄労働局長が認める事業主については，2 年間である。

　人材育成に対する支援策については，リモート開発業務を行う際に，中核となるプロジェクトマネージャー，ブリッジ SE などを実地で育成（県外 OJT）する経費の一部を助成し，さらに，リモート開発業務を行う際に必要な技術講座

（集合教育）を行い，プロジェクトを推進する人材を効果的に育成する。また，業務発注を前提とした核人材育成講座，事業密着型講座を受講する前に，技術要素全般を取得するための講座を実施する，などである。

なおこれらの政策によって，沖縄にはコールセンターが93拠点の立地がなされ，全都道府県中最多となっている（図表7－16）。なお，コンテンツ制作業やソフトウェア開発業，情報サービス業などについては図表7－19の通りである。

今後，沖縄の情報通信産業のさらなる発展のためには，情報通信インフラの整備はもちろんのことだが，何よりも重要なことは，それに対応した人材の育成が着実に行われているかどうかである。小・中・高等学校における他地域に

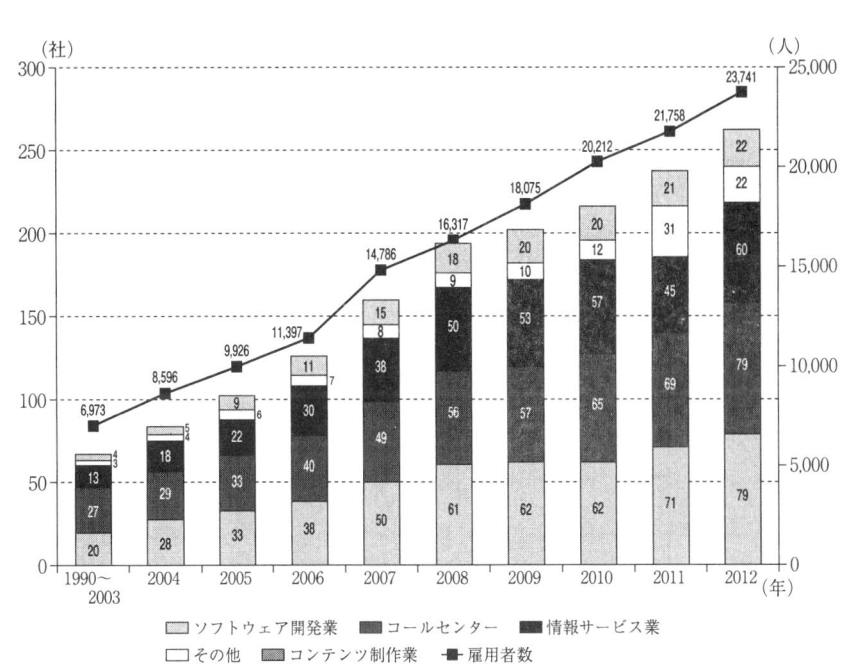

図表7－19　沖縄へ進出した情報通信関連企業の推移

年	ソフトウェア開発業	コールセンター	情報サービス業	その他	コンテンツ制作業	雇用者数
1990～2003	20	27	13	4	3	6,973
2004	28	29	18	5	4	8,596
2005	33	33	22	9	6	9,926
2006	38	40	30	11	7	11,397
2007	50	49	38	15	8	14,786
2008	61	56	50	18	9	16,317
2009	62	57	53	20	10	18,075
2010	62	65	57	20	12	20,212
2011	71	69	45	21	31	21,758
2012	79	79	60	22	22	23,741

出所：「2013-2014情報通信産業立地ガイド」，P.4をもとに作成。

図表7－20　沖縄情報通信産業の高度化モデル

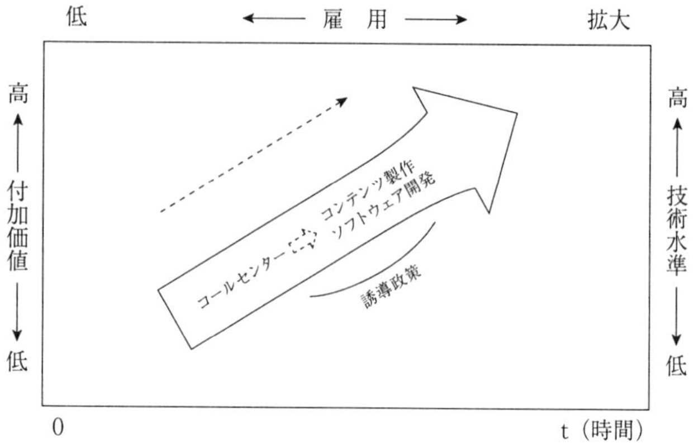
低
雇　用
拡大
高
付加価値
低
高
技術水準
低
コンテンツ製作
ソフトウェア開発
コールセンター
誘導政策
0
t（時間）

出所：筆者作成。

先じた徹底した情報教育（インターネット活用型教育）の推進，専門学校，大学レベルでのネットワークの構築と人材育成プログラムの実施，さらにはアジア地域の核となる大学院レベルの高等教育機関との連携も重要である。その意味において，2011年11月に開学した45の研究ユニットを有し，教員・研究者合わせて200人を擁する沖縄科学技術大学院大学の貢献が注目される。

結局のところ，コールセンターからエンターテイメントへの高度化，そしてソフト開発への進展といった誘導政策が適切に行われるとともに（図表7－20参照），こうした進展に附随する専門的な教育と人材の育成ができるかどうかが，沖縄情報通信産業のさらなる発展のカギを握っているのである。

第7節　おわりに

以上，これまで，わが国の低調な対内投資，対日直接投資の阻害要因，外国企業の対日進出動向，ベンチャー創出と企業の廃業率・開業率，企業誘致政策—沖縄情報特区の事例について論じてきた。今後，製造業を中心にわが国とアジア諸国などとの国際分業の展開が加速するであろう。わが国は産業空洞化を

極力防止しながら，比較優位の原則に沿った形でのグローバルな分業体制を確立し，内外無差別を原則とするイコールフッティングな経済環境を構築する，いわゆる国際共生型の社会経済構造を構築しなければならない。そのためには既述したように，医療，福祉，介護，公共サービスなどの分野における潜在内需を掘り起こすためのより一層の規制緩和，制度改革，競争促進政策が不可欠である。

　さらには国内産業の高付加価値分野へのシフト誘導政策と，新規事業の創出のための新たな基盤整備も重要である。周知のように，経済のグローバル化・ボーダレス化の進展によって，各国の経済環境，社会システム，制度および将来性などを比較しながら，最適な企業環境を求めて，企業が国を選ぶ時代になっている。したがって，国際共生型産業構成の構築と日本経済の再活性化には，わが国企業だけでなく外資系企業にとっても，創造的でダイナミックな企業活動が行われるような，自由で魅力のある経済・社会環境の確立が不可欠である。アベノミクスの実施によって我が国経済はデフレ経済から脱却しつつあるが，今こそ大胆な成長戦略の実施と徹底した構造改革が求められているのである。

【注】

1) Asia Capital Markets Monitor, 2011年8月　参照。
2) 総務省「電気通信サービスに係る内外価格差に関する調査」2012年8月。
3) 資源エネルギー庁「電気料金の各国比較について」2011年8月。
4) 日本経済新聞 2011年12月29日　参照。
5) 日本経済新聞 2012年9月8日　参照。
6) 日本経済新聞 2012年2月18日　参照。
7) 内閣府「アジア拠点化・対日投資促進プログラム，2011年12月16日」参照。
8) 日本経済新聞 2011年12月22日　参照。

参考文献

沖縄県（2008）「第3次沖縄県情報通信産業振興計画」。
沖縄県商工労働部情報産業振興課（2011）「2011情報通信産業立地ガイド」。
経済産業省（2012）「経済財政白書（2012年版）」。

月刊コンピューターテレフォニー編（2011）『コールセンター白書 2011』リックテレコム。
情報サービス産業協会 編（2011）『情報サービス産業白書 2011-2012 ～新たな成長に向けたビジネスモデル転換宣言～』日経 BP 社。
中小企業庁 編（2012）『中小企業白書 2012 年版』日経印刷株式会社。
日本経済団体連合会（2010）「「日本国内投資促進プログラム」の早期実行を求める」。
日本情報経済社会推進協会 編（2012）『情報化白書 2012 − 激動の時代の情報化』翔泳社。
三菱 UFJ リサーチ＆コンサルティング株式会社（2010）「対日直接投資促進施策に関する調査（欧米アジアの外国企業の対日投資関心度調査）」。
三菱 UFJ リサーチ＆コンサルティング株式会社（2012）「平成 23 年度地域経済産業活性化対策調査（今後の企業立地の促進及び産業集積活性化に係る検証調査）」。
安田信之助（2001）「情報通信産業の国際競争力と沖縄情報特区構想」『城西大学国際文化研究所紀要』第 7 号。
安田信之助編著（2008）『新講 国際経済論』八千代出版。
安田信之助編著（2012）『現代 国際経済論』八千代出版。

（安田信之助）

第2部
事例研究

第8章　地域発展の経済政策
―ベンチャーおよび商店街活性化―

第1節　ベンチャー：横浜市における大学とベンチャー企業育成

　横浜市には産業が集積し，また数多くの大学があり，こうした立地の良さを生かして大学関連ベンチャーの育成が盛んである。横浜市は鶴見地区に理化学研究所横浜研究所と横浜市立大学医学部鶴見キャンパスなどを誘致し，バイオ関連の研究機関および企業の集積を促進している。近隣の川崎市には神奈川科学技術アカデミー（KAST）や日本最大級のビジネスインキュベーターであるかながわサイエンスパーク（KSP）があり，これらの機関は横浜市内の大学と連携しながら技術系ベンチャー育成を行っている。同じく川崎市にはかわさき新産業創造センター（KBIC）が慶應義塾大学新川崎（K2）タウンキャンパスに隣接する形で立地し，創業支援を行っている。東京工業大学すずかけ台キャンパス（横浜市緑区）内には，中小企業基盤整備機構と東工大による東工大横浜ベンチャープラザがある。このように横浜市内外には研究型大学と関係の深い起業家支援施設が数多くあり，創業間もないベンチャーにとっては良好な環境が整っている。

　その一方で近年，ソーシャルベンチャーやコミュニティビジネスといったビジネスの手法を利用した市民による社会的課題解決の重要性が認識され，政府や自治体もこうした活動を積極的に支援している。内閣府は，地域雇用創造事業（2009年〜）でNPO・社会起業家などの「社会的企業」における人材育成・雇用促進などのために約70億円の予算を計上している。内閣府は新しい公共

支援事業（2010年〜）で87.5億円を計上し，新しい公共の担い手となるNPOなどの自立的活動などを支援している。このように社会起業家やそれを支える人材，組織の育成が社会的に要請される中，大学は従来の技術系ベンチャーだけではなく社会系ベンチャー育成やそれに関わる人材の育成も社会的に求められるようになってきている。横浜では地域雇用創造事業の一環でiSB公共未来塾が創設され，社会的企業の起業家や担い手を育てるビジネススクールを開校している。特定非営利活動法人エティック（ETIC.）は，ソーシャルベンチャー企業への学生インターンシップ派遣や社会起業家の育成などを手がけ，横浜市内の大学との関係も深い。

それ以外にも，横浜市では横浜市男女共同参画推進課およびマイクロソフト社による女性起業UPルームでは，女性起業家支援を積極的に行っており，近年，市内大学との連携関係を構築しつつある。このように横浜市を中心とした地域では，大学関連ベンチャー育成の多様な展開がみられる。

本章では，この中で特に筆者が関わった横浜国立大学によるベンチャー育成および起業家教育の取組みを紹介しながら，大学とベンチャーを巡る最近の動向について議論する。

第2節　横浜国立大学におけるベンチャー企業育成と起業家教育

政府は1998年に大学等技術移転促進法を制定し，大学の知財や技術シーズを企業などに斡旋するTLO（Technology Licensing Office）の整備を始めた。1999年には産業活力再生特別措置法（日本版バイドール条項）や，2000年の産業技術力強化法の制定により産学連携促進の下地をつくり，2001年の「平沼プラン」で2002年からの3年間で大学発ベンチャー1,000社構想を打ち上げた。2005年までに実際に1,000社以上の大学発ベンチャーが設立されたが，当初期待されたような，大学発ベンチャーが継続的に生まれ成長し出口（exit）まで行くというベンチャーエコシステムの構築にはほど遠いというのが実状である[1]。創設間もないベンチャーにとっての課題は数多くあるが，特に資金調達で苦心

するベンチャーが多いのが現状である。

　横浜国立大学でも，大学教員などが知財や技術シーズをもとにした起業を支援する多様な仕組みがある。例えば，大学発ベンチャーは学内のインキュベーション施設に低コストで入居することも可能である。また，学生の起業家精神を涵養するために起業家教育科目を開講している。学内で起業家精神を喚起し，教員や学生の中から起業しようとするものを支援していく一貫した仕組み，すなわち起業家教育とベンチャー育成を接続することが重要であると考えられている。

　学内では，経営学部の「経営者から学ぶリーダーシップと経営理論」，「ベンチャーから学ぶマネジメント」，「マイ・プロジェクト・ランチャー」，大学院環境情報学府の「イノベーション組織論」，「イノベーション戦略論」，「イノベーション政策論」，「地域イノベーション政策」，「ベンチャークラスター論」などの起業家教育に関する科目が開講されている。これらの科目は主に企業の経営や政策に関するものである。これらの科目以外に横浜国立大学では，ベンチャー・ビジネス・ラボラトリー（2011年度より改組され成長戦略センターベンチャービジネス部門）を中心に大学院からポスドクまでの一貫した起業家教育を行っている。これはすでに述べたように，大学での起業家教育と大学発ベンチャー創出を切れ目なくつなげるための仕組みである。以下，横浜国立大学VBLによる起業家教育の取組みを詳述する。

第3節　横浜国立大学VBLによる起業家教育と大学発ベンチャー育成

　横浜国立大学VBL（以下，VBL）により提供されている教育プログラムは以下の通りである。
(1)　（大学院博士課程前期　起業家教育科目）「イノベーションと起業」
(2)　（大学院博士課程前期　長期課題解決型インターンシップ）「イノベーションと起業Ⅱ（横浜発ベンチャーインターンシップ）」
(3)　（大学院博士課程後期）　VBL博士学生研究員（RA）制度

(4)（ポスドク）ポスドク・アントレプレナー（PDE）制度

(1)の「イノベーションと起業」は，起業に関わる各分野のゲスト講師による講義，ベンチャー企業訪問調査およびプレゼンテーション，ビジネスプラン作成およびプレゼンテーションからなる。(2)の「イノベーションと起業Ⅱ」は，横浜や東京地区に立地するベンチャー企業での210時間程度のインターンシップであり，受入企業の抱える課題の中から学生が取り組むものを選定し，それに取り組むという長期課題解決型インターンシップである。このインターンシッププログラムは文部科学省「産学連携による実践型人材育成事業—長期インターンシップ・プログラムの開発—」に採択され実施したもので，現在では毎年度平均20名程度の学生が受講している。「イノベーションと起業」と「イノベーションと起業Ⅱ」の単位を取得した学生は，副専攻プログラム「ベンチャー・ビジネス」修了となり学長名の修了証が発行されるほか，成績台帳に特記される。これは学生の質を保証する仕組みとなっている。大学院生の就職状況は厳しく，また社会も学生が学問的知識だけではなく高度な専門知識をもった実践型の人材を要求している。副専攻プログラム「ベンチャー・ビジネス」は，修了した学生がベンチャー・ビジネス分野での高度実践型人材であることを保証する仕組みとなっている。図表8－1にベンチャーインターンシップと高度副プログラム「ベンチャー・ビジネス」それぞれの修了者数の推移を示す。

大学は学生の交通費と保険加入費用を負担する。学生は無給でインターンシップを行う。インターンシップの受入先開拓は教員が行った。受入企業の負担は大きく金銭的な報酬もないが，大学側から趣旨説明を丁寧に行った結果，

図表8－1　ベンチャーインターンシップ修了者および副専攻プログラム「ベンチャー・ビジネス」修了者数推移

	2006年度	2007年度	2008年度	2009年度	2010年度
ベンチャーインターンシップ修了者数	12	13	23	17	20
副専攻プログラム「ベンチャー・ビジネス」修了者数			22	13	15

多くの企業の協力を得ることができている。学生の多くは工学系の大学院生であり基礎学力が高くまじめな者が多く，概して受入企業からの評価は高かった。複数年度にわたり複数の学生を受け入れる企業も多くあった。企業のインターンシップ受入のメリットとしては，①学生が社内にいることによる若手社員への刺激，②インターン受入を担当する社員が「教える」経験を得られること，③大学の専門知識に触れること，などが挙げられる。また，ベンチャーインターンシップを通してVBLと横浜・東京地区のベンチャーとのネットワークが築かれるという副産物も出てきている。

　このようなインターンシップを大学が教育プログラムとして実施している例は未だ少なく，また担当教員の負担も大きいが，参加学生への教育効果は大きく，今後同様のプログラムが波及することが望まれる。積極的な学生はこのような教育プログラムを通さずに，個人としてベンチャーでのインターンシップやアルバイトを行うこともできるだろう。しかし，このベンチャーインターンシップの狙いは，そのような学生以外が大学の教育プログラムを通してベンチャーインターンシップを行い，起業家精神を涵養することにある。

　(3)のVBL博士学生研究員（RA）制度は，毎年度10名ほどの博士課程後期学生を学生研究員として採用し，研究費なども支給する制度である。学内の博士課程後期の学生を対象に公募，選抜される。研究員は自分の専門分野の知識などをもとにビジネスプランを作成し，ブラッシュアップしていく。VBLの起業支援アドバイザーがビジネスプラン作成指導を行う。

　(4)のポスドク・アントレプレナー（PDE）制度は，全国からポスドクを対象に公募を行い，毎年度6名程度が採用される。PDEは起業を目指すポスドクが対象で，採用後は給与のほか，研究開発のためのスペースや研究費が支給される。最大3年間までの雇用が可能である。VBL起業支援アドバイザーの指導を受けながらビジネスプランをブラッシュアップし，起業する。希望者はKSPのビジネススクールに通い，ビジネスプラン作成やネットワーク構築を行うこともできる。PDE修了後は，審査を経て学内のインキュベーション施設に入居することも可能である。横浜国立大学内での起業家教育と大学発ベンチャー創出を切れ目なく接続するために，(3)のRAがPDEになるという径路

図表 8-2 VBL 関係ベンチャー例

名　称	設立年	活動内容	VBL 関係者
(有) プロジェクトラボ	2004 年	電子教材開発など	PDE
(有) NC プロジェクト	2004 年	位置情報システムの開発	RA のちに PDE
(株) メタボスクリーン	2005 年	血液検査用マイクロチップの開発など	PDE
劇団唐ゼミ☆	2005 年	唐十郎氏の弟子による劇団	RA
クスノキ石灰 (株)	2006 年	建築材料製造など	PDE
(株) 生物学応用研究所	2006 年	機能性食品の品質保証など	PDE
フジサワケミカル (株)	2009 年	健康食品開発など	PDE
(株) LD ファクトリー	2009 年	科学教育，地域活性化	RA のちに PDE
特定非営利活動法人ディスカバーブルー	2011 年	海洋生物学啓蒙による生態系保全	RA のちに PDE
(株) Lab 2	2011 年	高齢者施設に関するデータベース開発など	PDE

を重視している。図表 8-2 に VBL の PDE と RA によるベンチャーの例を示す。

図表 8-2 からわかるように，RA を経て PDE になり起業した例がいくつか出てきており，これは VBL による起業家教育およびベンチャー創出が滑らかに接続されていることを示すものである。

このように VBL では，大学院生からポスドクまでの段階に応じた起業家教育プログラムを提供している。大学発ベンチャー育成という目的のほかに，ポスドクの就職難に対して起業家というキャリアパスを示すというねらいもある。科学技術振興機構 (JST) は，VBL のポスドク・アントレプレナー制度などをモデルにして 2009 年に「若手研究者ベンチャー創出事業」を創設した。

2011 年度からはこれに加えて，学部生向けの共通教育科目「アントレプレナー入門」を開講し，学部生からポスドクまでの一貫した起業家教育プログラムとして発展している。

図表 8-3 に VBL による起業家教育の概念図を示す。

図表8－3　VBLによる起業家教育の概念図

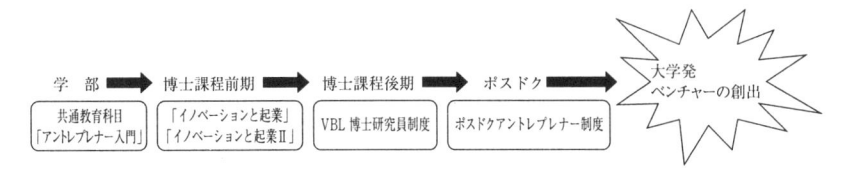

学部 ➡ 博士課程前期 ➡ 博士課程後期 ➡ ポスドク ➡ 大学発ベンチャーの創出

| 共通教育科目「アントレプレナー入門」 | 「イノベーションと起業」「イノベーションと起業Ⅱ」 | VBL博士研究員制度 | ポスドクアントレプレナー制度 |

　VBLはそもそも技術系ベンチャー育成を念頭に置いて創設されたものだが，近年はそれに加えて社会系ベンチャーの創出の社会からの要請が高まっている。これに応える形でVBLでは，2010年度から社会系ベンチャーを包摂した起業家教育プログラムに拡張することとなった。VBLの博士学生研究員からPDEとなった水井涼太氏は2011年に特定非営利法人ディスカバーブルーを設立し，主に神奈川県内で海洋生物学の知識を一般の人にわかりやすく伝える人材を養成しながら市民による海洋生態系の保全活動を展開している。NPOディスカバーブルーは，VBLが輩出した初めての本格的ソーシャルベンチャーであり，今後も継続的な社会起業家の創出が期待されている。

　VBLによる起業家教育，ベンチャー育成の試みは，大学発ベンチャー育成の1つの実験的な試みである。現時点では大学発ベンチャーがこの仕組みから毎年度数社継続的に設立されるようになり，起業家精神の涵養とそれを起業に接続するという当初の目的はある程度達成されたといえよう。こうして設立された企業を次の成長フェーズに移行させていく仕組み作りは，今後の課題である。

　大学発ベンチャーを取り巻く環境は相変わらず厳しいが，この試みは大学発ベンチャー創出の新しい経路を創り出すものであり，今後の展開に注目したい[3]。

第4節　商店街活性化：横浜市における商学連携による商店街再生

　商店街活性化は，わが国の地域再生における大きな課題である。大規模店の

進出などにより衰退する商店街が増える一方,少子高齢化社会における生活の基盤,コミュニティの中核としての商店街の役割が注目されている。昭和期に人々の生活を支えた商店街の「骨格」は,人口構成が変化した成熟社会において新たなコミュニティの単位となる可能性を秘めている[2]。地方自治体の財政難により商店街振興のための財源が潤沢ではない中,近年,商店街と大学の連携(商学連携)による商店街活性化が全国的に多く試みられている。本節では横浜市における商店街と大学の連携の事例を取り上げ,商学連携の取組みや成果を紹介するとともに課題を検討する[4]。

1 横浜市における都市再生と大学の役割

1970年代から都市デザインや歴史的な街並みを利用したまちづくりを実践してきた横浜市は,2002年の中田市長の就任後,創造都市形成を都市政策に盛り込み,アートやデザインによる都市再生に本格的に取り組んでいる。東京藝術大学大学院映像研究科の誘致にみられるように,大学は横浜市の創造都市政策における重要な要素の1つである。風俗街であった黄金町では2005年から警察による摘発により約250店が空き店舗となっていたが,現在はアーティストのスタジオなどとして利用されている。黄金町エリアマネジメントセンターを中心として,「黄金町バザール」というまちづくりを視野に入れた芸術祭を毎年開催し,アートによる都市再生を推進している。黄金町では横浜市立大学の都市デザインゼミが地区に拠点をもち,ゼミ生や教員がまちづくりに積極的に参加している。

横浜国立大学は,2009年に7大学(横浜国立大学,横浜市立大学,東京藝術大学,神奈川大学,関東学院大学,東海大学,京都精華大学)連携による横浜文化創造都市スクール(通称「北仲スクール」)を市内中心部の馬車道地区に開校し,都市デザインや都市文化(芸術)の担い手となるような人材育成の拠点とした。北仲スクールでは,アートやデザインによる都市再生,まちづくりに関心をもつ学生,教員,市民などのプラットフォームとなっている。ワークショップなどを通じて学生はまちづくりの現場に関わる機会をもち,また公開型の講演会やワークショップは,市民がアートやデザインによるまちづくりに関する意見を

北仲スクール　　　　　北仲スクールワークショップ光景

共有する場となっている[5]。

このように横浜市における都市再生では，アート，デザインおよび大学が重要な役割を果たしている。本節では，都市再生の中でも特に商店街活性化における大学の役割を事例を通して検討する。

2　商店街活性化における大学の役割と持続可能な商学連携

　地方自治体財政を取り巻く環境は厳しく，商店街活性化の予算を潤沢に確保することは一般的に難しい。また，商店街活性化のための活動が自律性，持続性を獲得するためにも，自治体からの補助金に過度に依存する体質をつくることは望ましくない。したがって，商店街活性化においては，商店街が連携（パートナーシップ）を組み，パートナーと互恵的な関係を築いていくことが１つの有効な戦略である。商店街近隣の大学は，商店街にとって魅力的なパートナーの候補である。商店街活性化の戦略策定に大学教員，大学院生などの専門知識は役に立ちうるし，大学生が商店街活性化に参画し，若さが商店街に刺激を与えるほか，高齢化が進む商店街は若者の嗜好を知り，若者の来街機会を増やすための対策を考えることができる。商店街が各種補助金を申請する際に大学と協働していることは，高評価の要因になることがある。

　一方，大学は近年その役割を大きく変化させている。学生は大学で学問的な素養を身につけるだけではなく，社会で実践的に活躍できる下地を身につけることが求められてきている。また，国立大学は2004年の法人化以降，地域貢

献を積極的に行い，高度実践的な人材を輩出することが社会から要請されるようになってきている。このような状況において大学近隣の商店街は，学生が実社会の人々とともに地域再生に主体的に参画するのにふさわしいフィールドと考えられている。大学教員にとっても，都市再生や地域再生の事例として商店街は魅力的な研究対象となり得るものである。このように商店街と大学は互恵的なパートナーシップを形成しやすい状況にある。

　神奈川県や横浜市は，こうした商店街と大学の連携を促す施策を行っている。県や市は商店街と大学とのマッチング，商店街の補助金申請支援，商学連携によるイベントなどへの補助金給付などを行っている。商店街と大学は普段直接の交流が少なく，時間をかけた信頼関係の構築が重要である。県や市は両者を引き合わせパートナーシップを形成し，その関係を発展させるためのコーディネーターとしての役割を担っている。図表8－4に商学連携の概念図を示す。

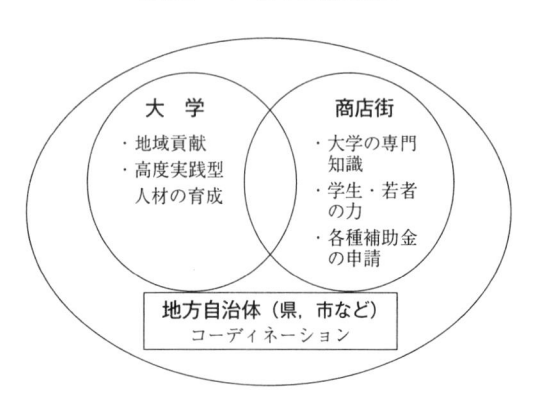

図表8－4　商学連携概念図

```
         大　学              商店街
      ・地域貢献           ・大学の専門
      ・高度実践型            知識
        人材の育成         ・学生・若者
                            の力
                          ・各種補助金
                            の申請
       地方自治体（県，市など）
          コーディネーション
```

3　横浜国立大学における地域課題実習を中心とした地域実践人材育成

　横浜国立大学は2004年の法人化以来，地域貢献や地域で活躍する高度実践型人材の育成のためのさまざまな試みを行っている。2007年に設立された地域実践教育研究センターは2005年に採択された文部科学省現代GP「『地域交

流科目』による学生参画型実践教育」を前身とする組織で，1名の専任教員と兼任教員からなる全学的な研究センターである。横浜国立大学では，地域課題実習と呼ばれる地域での実践的な実習を開講している。学生は必修科目である「地域連携と都市再生」（4単位），選択必修科目（4単位以上）と地域課題実習（2単位）を取得すると副専攻プログラム「地域実践」を修了することができる。これは，学生の質を保証するための仕組みであり，通常の学部卒業または研究科修了に加えて，学生が地域で実践的に活躍するための訓練を受けていることを示すものである。地域課題実習は毎年10前後開講され，担当教員とともに学生は地域住民とともに地域再生に取り組んでいる。図表8－5に2009年度の地域課題実習のリストを挙げる。

図表8－5　2009年度　地域課題実習リスト

カテゴリ①　課外実習プロジェクト	数字で捉える地球経済Ⅳ 公共空間の活用と賑わいまちづくり 神奈川区魅力さかせ隊 エコの芽を育てるプロジェクト@横浜Ⅱ 市民活動を体験して考える協働型まちづくりプロジェクトⅡ ガラスシティ・プロジェクトⅡ 地域から水と大気を考えるエコプロジェクト 2008年「リーマン・ショック」と県下ブラジル人 地域経済振興のための新ビジネスを考える 中国研修を通じた国際化対応人材育成プロジェクト 障害児の余暇活動の支援ボランティア 松原商店街バザール創造プロジェクト
カテゴリ②　学生公募型プロジェクト	和田べんプロジェクト 横国エコキャンパスプロジェクト 食を中心としたまちづくりプロジェクト

ここでカテゴリ①　課外実習プロジェクトは教員主導で企画された実習であり，カテゴリ②　学生公募型プロジェクトは学生主導で企画した実習である。横浜国立大学では，地域実践教育研究センターを中心にして地域課題実習お

よび副専攻プログラム「地域実践」を開講することにより，地域と連携した実践型教育の制度を整備している。地域課題実習リストの中で，「公共空間の活用と賑わいまちづくり」は主に近隣商店街でのイベント開催などのまちづくりに関する実習であり，「松原商店街バザール創造プロジェクト」，「和田べんプロジェクト」は近隣商店街活性化を行う実習である。このように，地域課題実習において商店街活性化は重要な役割を占めている。

　大学が商店街と協働して地域再生に取り組む例は多くみられる。このような取り組みは一朝一夕で成果が現れることは少なく，持続性を賦与することが課題となる。大学では，典型的にはゼミや研究室が研究テーマの1つとして選択し，継続的に商店街再生に取り組んでいる。その一方で，ゼミや研究室単位での取組みでは参画する教員や学生の専門などが偏る傾向がある。近年の商店街が抱える課題は経営的なものから都市計画的なものまで多岐にわたり，大学の専門知を生かすためには多様な分野の教員，学生が参画できる仕組みを整備することが重要である。横浜国立大学の地域課題実習では，全学から教員，学生が参画する仕組みとなっている。こうした方式の場合，ゼミや研究室単位での取組みとは違い，持続性は自動的には生まれない。しかし，横浜国立大学では地域実践の取組みに持続性を付与するためのさまざまな工夫がなされ，多くの地域課題実習は複数年度にまたがり開講されている。こうした工夫については後に詳しく議論する。

　次節以降，横浜国立大学と近隣商店街による商店街活性化の具体的な取組みを紹介，分析する。

4　横浜国立大学と近隣商店街の協働による商店街活性化

　横浜国立大学は，近隣商店街と協働した商店街活性および地域実践型の人材育成に取り組んできた。前節で述べたような地域実践教育研究センターを中心とした地域課題自習を核として，全学から教員と学生が地域再生に取り組む仕組みを整備している。本節では横浜国立大学と和田町商店街，洪福寺松原商店街（以後，松原商店街）の協働の取組みを紹介する。特に，著者が指導教員として関わった松原商店街の事例を詳細に分析する。

（1）和田町商店街

　和田町商店街は，横浜国立大学の最寄り駅の1つである相鉄線和田町駅周辺に位置する商店街である。かつては横浜国立大学の学生があふれる典型的な大学近隣商店街であったが，1984年の横浜市営地下鉄三ツ沢上町駅の開業以来，学生の来街者が減っていた。2001年頃より都市系の複数の研究室が中心となり，商店街活性化の試みが始まった。教員，学生，商店街関係者，地域住民などによる定期的な会合を行い，夏祭りなどのイベントへの大学の参加，ミニコミ季刊誌「和田町いきいき通信」の発刊，手作り車止めの作成による路肩駐車一掃実験など複数のプロジェクト型の企画が実行された。大学の教員や学生は単に商店街活性化の企画に参画するだけではなく，大学での研究などから得た知見を地域の実社会に還元するように意図している。各プロジェクトは，調査に基づき企画された実践的研究となっている。商店街にとっては学生がイベントなどに参加し新鮮なアイデアや刺激を商店街にもたらすこと自体に意義があると考えることが多いが，それに加えて学生の知的好奇心を満たす，または実社会で役立つ経験ができるような教育プログラムになっていなければ持続性をもった商学連携にはなりにくい。このような商店街と大学の間の認識の違いをコミュニケーションによって埋めていくことが重要な要素である。

　地域課題実習として「和田町いきいきプロジェクト」，「コミュニティビジネスとワークプレイス」，「公共空間の活用とにぎわいづくり」，「和田べんプロジェクト」などが和田町商店街をフィールドに開講されてきた。こうした実習を通して，和田べっぴんマーケットなどのイベントの開催，和田町駅前広場の整備，まちづくりアイデアコンテストの開催をはじめとする数多くの企画が実行された。2005年に和田町商店街と横浜国立大学の間で発足した和田町タウンマネジメント協議会は定期的に会合を開き，学生も含めた会議で商店街活性化やまちづくりについての議論がなされている。商店街活性化のためのアイデアは，この会議で提案され承認を受ければ実現の可能性が出てくる。このように協議会などの形で定期的に会合を開く仕組みを整備することが，商学連携の重要な要素の1つである。もう1つ重要なのは，拠点，または場所の整備である。商店街現地に大学教員や学生が行く機会が増えれば，商店街の人々や地域

住民とのコミュニケーションも円滑になる。商店街に何らかの物理的な場所を設け，そこに大学も含めた地域の人々が集えるようにするのは商店街活性化のための重要な方策である。和田町商店街においても商店街内に拠点を設けている。

　和田町商店街と横浜国立大学は連携して活性化に取り組み，イベント時には多くの来街者が集まるようになっている。参画する学生の数も多く，ここでの取組みをもとに学生や教員が多くの研究論文を執筆している。連携事業は10年以上継続しており，商学連携による商店街活性化としては一定の成果を挙げたといえるだろう。課題としては，こうした取組みを商店街の各店舗の売り上げ増に結びつけることであると考えられる。商店街活性化を進めるための土壌はできているが，それをもとに収益を生み出すような構想が必要である。商店街は，少子高齢化が進む成熟社会に求められる新たなコミュニティの起点になりうると考えられている。和田町商店街でも託児所の設置などコミュニティ機能を付加するような提案がなされており，こうしたものを個店の売り上げに結びつける仕組みを考案，実現することが次のステージの課題である[6),7)]。

（2）松原商店街

　松原商店街（図表8-6）は横浜市保土ヶ谷区と西区にまたがる商店街で，

図表8-6　松原商店街

出所：「松原商店街プロジェクトブック2009」編集委員編（2010）『松原商店街プロジェクトブック2009』，3月，横浜国立大学。

「ハマのアメ横」とも呼ばれる下町情緒あふれる大変ユニークな商店街である。ここの商店街の特徴は安売りである。生鮮食品から衣類まで驚くほどの低価格でものが売られている。週末には1日に数万人もの人が訪れることのある横浜の元気な商店街である。商店街は，頻繁にマスコミによる取材や全国の商店街からの視察訪問を受けている。このように活況を呈する松原商店街であるが，大型店の進出による来街者の逓減，商店主の高齢化や後継者問題などの課題を抱えている。商店街は5～10年後に世代交代や店舗の老朽化による立て替えなどが急速に進み，その際に商店街の未来ビジョンをつくることの重要性を認識していた。商店街の青年部が危機感を抱き，神奈川県の「商店街・大学・地域団体パートナーシップモデル事業」を利用して2008年に県内大学の連携先を探した。神奈川県のコーディネートにより，横浜国立大学が連携に応じることになった。2008年秋より松原商店街，横浜国立大学，神奈川県，横浜市による会合を重ね，次年度以降本格化する連携事業の方針を協議した。

横浜国立大学では，ベンチャー・ビジネス・ラボラトリー（VBL）の教員が担当となり地域課題実習「松原商店街バザールプロジェクト」を開講した。それと同時に建築家育成のための工学府建築都市スクール"Y-GSA"のインディペンデントスタジオも開講し，プロフェッサー・アーキテクトと呼ばれる現役建築家2名の指導の下，建築家を目指す大学院生も連携事業に参画することとなった。

2009年度には，歳末セールと連動してイベントを開催することとなった。ピンク色を基調としたデザインコード（図表8－7）を設定し，商店街内の三角旗，幟旗，エコバッグなどを作成し，商店街のブランディングの基礎付けをした。同時にデザインを来街者増や商店街での滞在時間，回遊性の向上に結びつけるために，三角旗の配置などをデザインした。建築意匠専攻の大学院生が参画していることを生かすために，商店街の近未来像を構想し，模型を制作し商店街内で展示し地域住民が商店街の将来ビジョンを共有する場を提供した。

2010年度には老朽化した街路灯を付け替えるために，横浜国立大学の照明デザインを専門とする教員も参画し，商店街現地の照度調査や地域住民へのアンケートによる意識調査などを実施した。また，商店街内でのコミュニケー

図表8-7 松原商店街デザインコード

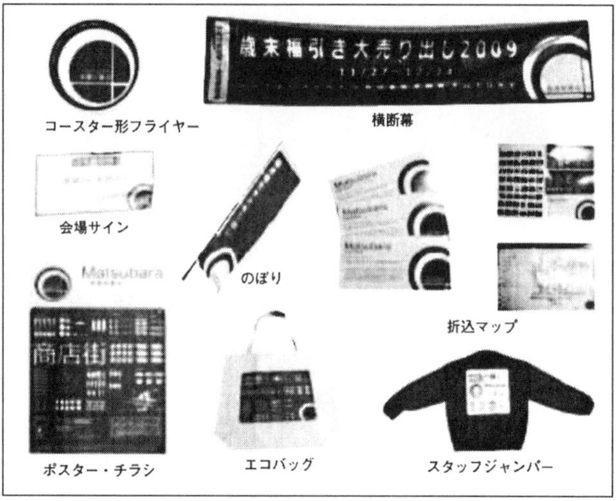

出所:図表8-6に同じ。

ションを促進するために，開発途上国支援で用いられているPCM（Project Cycle Method）ワークショップを実験的に商店街内で実施し，商店街店主の問題意識の共有を図った。

　2010年度にその後の商学連携に継続性を確保するために，拠点設置について協議がなされ，2011年度内に商店街事務所スペースの一部を使用して商学連携拠点（松原商店街まちづくり事務所，図表8-8）が設けられることになった。ここでは，Y-GSAの大学院生が1週間のうち一定時間滞在し，まちづくりに関する相談に乗っている。Y-GSAの学生は建築家を志す大学院生である。商店街に拠点を設け，まちづくりの相談に乗りながら，大小の仕事を請け負っていくことを狙いとしている。わが国では，建築家が独立して一人前になるまでに大変時間がかかるのが現状である。商店街内でのまちづくりの実践的経験は，建築家としてのキャリア形成の新しい試みである。Y-GSAは日本でもトップレベルの建築家養成機関であり，大学院生たちの専門知識や技術は非常に高い。商店街活性化にデザインの要素を取り入れ，それを商店街の経済的効果に

図表8-8 松原商店街まちづくり事務所

出所：図表8-6に同じ。

結びつけるデザインマネジメントの要素を取り入れた松原商店街の事例は，こうした高い専門性をもつ大学院生の参画によって可能となっている。商学連携による商店街活性化の事例は，大学の学部生が主な参画者である事例が多い。今後はより高い専門性を備えた大学院生が主体となった取組みにも注目すべきである。その際に重要なのは，参画する大学院生にとって有用な教育プログラムを構築することである。学部生であればイベントの開催などの商店街再生の実体験だけでも教育効果があるだろう。しかし，大学院生が主体的に参画するようになるには，松原商店街の事例にみられるようなキャリア形成にとって有用な実践的経験を積む機会，または研究対象とする場合には，研究のための資料収集や調査に対する便宜を図るなどの配慮が必要であろう。

5　商学連携による商店街活性化の課題

　前節まで，横浜国立大学と近隣の和田町商店街および松原商店街との商学連携による商店街活性化の事例を検討した。両者とも連携関係は中長期的な関係になり安定期に入り，一定の成果を挙げたといえるだろう。横浜国立大学独自の地域実践教育プログラム，協議会，連携拠点の設置などの継続性を付与する

ための工夫，神奈川県や横浜市による商学連携支援，補助金申請支援などが互いに補完的に機能し，こうした成果をもたらした。また，松原商店街での建築家や建築家を目指す学生によるデザインによる商店街活性化などは先駆的な試みであり，都市再生の新たな方法となりうるものである。

関係者はこうした商学連携による商店街活性化の意義や効果を認めている。こうした取組みが商店街の来街者増や売り上げ増に結びつけば理想的である。また，大学のもつ専門知識の活用については，教員の積極的な参画により都市計画，都市デザイン，経営などの専門家による助言が商店街活性化に生かされている。しかし，その一方で参画教員は時間や労力の制約が厳しく，こうした活動には十分には注力できないこともままある。こうした地域と密着した実践的活動の意義は明らかであり，大学教員の実践的活動を評価する枠組みを構築することができればさらなる発展も見込まれる。

商店街と大学は親和性が高く，今後の都市再生においても重要なパートナーシップとなっていくことが期待される。これまでの連携によって得られた経験や知見をもとにさまざまな実験的な試みを行い，都市・地域再生モデルにまで昇華していくことが期待される[8]。

【注】

1）わが国の大学発ベンチャーの現状については，東京大学・経済産業省（2011）などを参照されたい。
2）わが国の商店街の盛衰を社会学の視点から分析した近著に新（2012）がある。
3）起業家教育と大学発ベンチャー育成についてより詳しくは松行・松行・松行（2011），第16章「起業家教育の改革と大学発ベンチャーの育成」などを参照されたい。
4）大学と地域が連携したまちづくりについては小林＋地域・大学連携まちづくり研究会（2008）が詳しい。
5）北仲スクールは文部科学省による助成期間終了に伴い2012年3月に閉校した。現在は横浜国立大学による横浜文化都市ラボと横浜市立大学，横浜市芸術文化振興財団，横浜市，横浜国立大学によるYCCスクールが後継事業を行っている。
6）事業戦略の視点からまちづくりを分析したものに木下（2009）がある。
7）一橋大学と近隣商店街の連携では，学生主体で経営する店舗がビジネスとして成功を収めている。詳しくはKF書籍化プロジェクト（2012）を参照されたい。

8）松原商店街を中心とした商学連携についてより詳しくは松行（2010, 2011）を参照されたい。

参考文献

新雅史（2012）『商店街はなぜ滅びるのか』光文社新書。
木下斉（2009）『まちづくりの「経営力」養成講座』学陽書房。
小林英嗣＋地域大学連携まちづくり研究会（2008）『地域と大学の共創まちづくり』学芸出版社。
東京大学・経済産業省（2011）『大学発ベンチャーに関する追跡調査』実施報告書。
KF書籍化プロジェクト（2012）『学生まちづくりーの奇跡』学文社。
松行輝昌（2010）「地域社会圏としての商店街の戦略的再生と合意形成過程」日本交渉学会誌, 20 (1), PP.39-47。
松行輝昌（2011）「松原商店街の経済学序論」横浜国立大学地域実践教育研究センター平成22年度成果報告集, PP.56-59。
松行康夫・松行彬子・松行輝昌（2011）『ソーシャルイノベーション　地域公共圏のガバナンス』丸善出版。

（松行輝昌）

第9章 地域発展の経済政策
―日光市における観光振興の公共政策―

第1節 はじめに

　本章では，地域発展（観光振興）の公共政策における事例研究の対象として，産業・観光政策を中心とした栃木県日光市の公共政策を検討する。

　日光市は，人口減少・高齢化等による地域社会の衰退，国の内外に原因のある産業の沈滞化といった全国共通の悩みを抱えている。しかし，日光は日本あるいは世界有数の観光地として「日光」というブランドを擁している。現在の日光市は2006年に5市町村が合併して成立したが，その全域が日光ブランドにカバーされることとなった。

　日光市の地域発展の大方針として，日光ブランドの活用があるであろう。日光以外の地域は同じことはできないが，対策に軸があるだけに日光における対応策の例を示すことはできる。悩みは全国共通のものといえるので，日光市の政策は，地域発展の公共政策のよい事例になるであろう。

　そこで，同市の最新の地域発展政策を知るために，同市関連部署での聞き取り調査を希望し，受け入れていただいた[1]。本章で示す資料の大部分は，この調査時等に受領したものである。

第2節 日光市

1 新設日光市の諸問題

　現在の日光市は，2006年3月20日に（旧）日光市，今市市，足尾町，藤原

第9章 地域発展の経済政策―日光市における観光振興の公共政策― 183

図表 9－1　日光市の位置と地形

町，栗山村が新設合併して発足した（図表9－1参照）。全国3番目に広い市で 1,450 km² の面積を有し，栃木県全体の4分の1近い広さである。かなりの面積の国立公園等を含み，可住地が制限されている。現在の人口は 90,249 人（2012年2月1日現在）である。この日光市は多くの問題・悩みを抱えている[2]。

　第一は社会的問題で，まず人口減少である。合併時の 95,875 人からみると，現在の人口は5％以上減少している。この時期だけでなく人口減少は継続的に続いている。人口減少と表裏一体ではあるが高齢化も深刻である。

　5市町村が合併したのであるが，その5市町村も以前の合併によってその形ができている。市内各地に，より古い市町村の名残ともいえる支所や出張所がある。その担当地区内には，支所や出張所にしか若者がおらず，域内各戸の雪下ろしを自治体の職員が行っているところもあるという。合併後もそれを続けてくれるかという問い合わせがかなりあったとのことである。いつまでもこのようなサービスは続けられない。続けなければ，住民のほとんどが高齢者である集落の冬の生活が成り立たない。社会面での悩みは大きい。

　第二は，交通である。市域があまりに広く，市内の高低差が大きく，道路整備も限界があるため，交通アクセスに時間がかかる。日光市は，一番標高の低い行川の谷が標高 200 m，一番高い白根山頂が 2,578 m と，市内の標高差は最大で 2,380 m に及ぶ。可住地に作られる市の役所と支所の標高差も最大で 350 m 近くある。

　坂が多く，市内を流れる川（沢）に沿って道路があり集落が存在するため，行政サービスを提供する際移動時間が長くなる。これにより能率が下がるた

め，行政の費用が多くかかる。通常は限界集落と呼ばれる，高齢者集落（日光市での呼び方）への施策，過疎対策が重要課題である。限界集落を維持しようとすると，莫大な費用が必要である。アクセス大幅改善のための道路整備にはさらに巨額の資金が必要である。人が少なくなった集落の人口を，中心市街地近くに集めれば，問題はかなり軽減する。しかし，移住の説得は難しく，強制することもできない。社会問題と交通問題は共に，因となり果となり，解き難い結び目を形成している。

第三は，観光市場の構造変化である。一度に多量の観光客が押し寄せる型の観光旅行をマスツーリズムと呼ぶことがある。日光の温泉地，特に鬼怒川温泉は，修学旅行等の団体旅行客を受け入れて繁栄した。社会が豊かになると，大衆が観光旅行を行うようになることが知られている。この初期には，団体旅行が良く行われる（マスツーリズム）。観光客が旅行に慣れてくると一律的コースをたどる団体旅行に飽き足らず，より高度なサービス，より自分の嗜好に合ったサービス（旅行）を求めることになる。

観光旅行への嗜好が変わってくると，旧来型の観光に適応した温泉地等の観光地は，観光客の減少に苦しむこととなる。日光市内に数ある他の温泉地等が新しい観光需要の受け皿になればよい。しかし，マスツーリズムの客数は多く彼らが落とす金は膨大である。リピーター狙いの細く長く続けられる個々人の嗜好を重視した型の観光では，マスツーリズムから得られる規模の売上を得ることは難しいのである。

こういったさまざまな問題に，自治体として対処するのが（地域発展そして観光振興のための）公共政策である。

2 強 み

日光の強みの第一は，「日光」というブランドである。「日光」は，富士山や京都と並んで日本を代表するブランドである。第二のものは，このブランドを育み支えてきた幾多の優れた観光資源である。日光は，いくつもの温泉，何カ所にもわたる景勝地，日本でも有数の神社仏閣といった優れた観光資源を有している。観光業に携わった長い経験も，観光資源のうちであろう。第三は，豊

かで良質な地下水源である。

　まず地下水であるが，日光市にはいくつかの食品工場が立地しているが，その中には豊かで良質な地下水に魅かれて立地した工場もある。地下水はまだ余裕があるので，今後の立地も期待できる。新規の地域外企業の工場立地を願う点で，後に述べる内発的経済発展とは異なるが，地域に固有の資源に依存する産業（工場）は，地域への定着率が高いことが期待できるであろう。域内の関連する製造機能の集積が，工場を一定地域に立地させる誘因となっている方が，地域発展に望ましいのは言うまでもない。しかし，合併しても人口規模は小さく，従来の産業集積が乏しい日光市においては，これは望めない。

　豊かで良質な地下水が企業立地の誘因として大きな利点となっている。この地下水も合併によって「日光」というブランドでカバーされることになった。これにより，企業・製品のイメージアップが期待できることも強みに挙げてよいであろう。

　現在の日光市は，前述のようなさまざまな問題を抱えている。これらへの基本的対策は地域の産業・経済振興であろう。地域振興の指標として，域内人口の増大は多くの自治体が望むところである。しかし，日本全体の人口が減少傾向にある時，非大都市圏の山岳地域にある1都市の人口増大は困難である。それでも，地域社会の崩壊を防ぐためには，地域からの人口流出を止めなければならない。あるいは流出を減少させなければならない。地域社会を維持しようとすれば，地域内の就労年限に達した若者，これから就労しようとする若者に雇用機会を提供しなければならない。そのため，地域の諸問題への基本的対策が産業・経済振興になるのである。

　地域内に「安定的」雇用機会を増大・創出するためには，地域内に固定的拠点をおく経営体が雇用を創出することが望ましい。これは，一般的に内発的経済発展と呼ばれる。地域外の資本・技術・経営による経済振興は，効果が大きくかつ効果が出るのが早いものになりえる。しかし，地域外にいる意思決定者に判断により，状況が悪くなれば簡単に資本が引き上げられてしまう。

　21世紀の2番目の10年期に入った現在，経済のグローバル化は，予想できる将来において進展し続けるであろう。グローバル企業の意思決定は時にドラ

スティックであり，地域の都合を考慮することは少ない。彼らも厳しい競争に直面しているのである。地域内に「安定的」雇用機会を維持するには，内発的経済発展が不可欠となる。ただし，地域内の資源（資本，技術，経営等）によるものだけに，大きな成果を得ることは難しく時間もかかる。

　内発的経済発展を追求する場合，前述した日光の幾多の素晴らしい観光資源は，重要な強みである。観光業は，大資本や先端技術が無くても振興可能だからである。先に述べたようにマスツーリズムに限界が感じられ，個人の嗜好に合い，環境保全や自然との触れ合いの価値が高く評価されるのであれば，大資本投入の必要性は減少する。観光振興の可能性は，地域の内発的発展に有利であり，日光市はそこで有効な強みを有している。

3　課　題（対応策）

　日光市の現在の課題は，「日光」ブランドの活用であろう。民間の経営体やその連合体でも，部分的活用はできる。市全体としての活用は，公共政策の課題であろう。総合政策課長の小曾根光秀氏は「日光市は合併後，今まで基礎造りに時間をかけてきた。平成24年度から日光のブランド力を活かした共同のまちづくりを行う」と述べている。また，「合併前の5市町村の個性を尊重しつつ，特に観光を軸とした産業面で，日光という地域ブランドを活かすことを進めている」[3]とのことである。

　日光東照宮4百年祭という大きなイベントが控えているが，こちらの具体的方策は検討中のようであった。

　次節以降，日光市の観光振興政策と産業振興政策について，その具体的内容を見ていく。全体的印象として，観光振興政策はホスピタリティ重視といえるソフトな事業が多く，産業振興政策は補助金を使用する重点的施策になっているようである。

第9章　地域発展の経済政策—日光市における観光振興の公共政策—　187

第3節　観光振興政策

1　日光市観光の概況

（1）公共政策

　観光振興政策はホスピタリティ重視といえるソフトな事業が多く行われている。多額の追加資金は使わずに，観光客への情報発信，地域としてのおもてなし，利便性の向上に力が注がれているようである。現在の大きな問題は，事故を起こした福島原発に近いというイメージをもたれていることから，放射線量増大に対する不安の鎮静化である。これについては，冷静かつ適切な対処を行っているように見える。

　以下，本項では，日光市観光の概況を伝える。観光振興の公共政策については，次項以下で述べる。

（2）観光客数

　日光市地域への観光客の入込数および宿泊者数は，図表9－2の通りである。

　棒グラフ全体が日光へ入り込んだ人数（入込客）である。すべてが観光客と

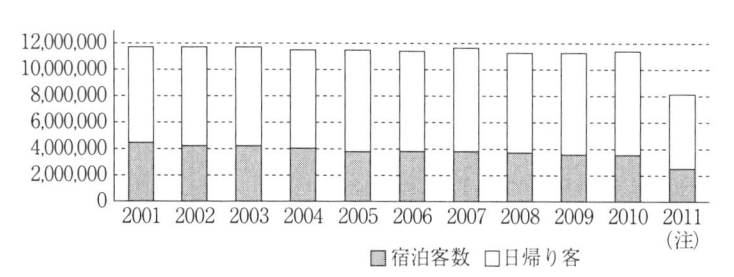

図表9－2　日光市入込客，宿泊客推移（2001～2011年）

（注）2011年（暦年）数値は，1～11月の数値から日光市が推計。
出所：日光市（2012）「日光市観光客入込数・宿泊数結果調査」および同補足資料より作成（訪問調査時における日光市提供資料）。

は限らないが，日光のような大観光地では，これが観光客の概数となる。2001年からの10年間は，多少の波はあるが，1,100万人は超えるが1,200万人には届かないという水準で推移している。2011年について，日光市は約800万人と推計している[4]。もちろん東日本大震災とその後の原発事故の影響によるものであろう。前年比23.8%減との推計値である。

棒グラフの下の黒い部分が日光に宿泊した人数（宿泊客）である。2001年からの10年間は，多少の変動はあるが，442万人から361万人へと傾向的に減少している。2011年について，日光市は247万人と推計している[5]。前年比27.1%減である。棒グラフの白い部分が，入込客数から宿泊数を引いた部分で，日帰り客と目される部分である。

宿泊客の減少は，観光産業としては深刻な問題である。1人の観光客が観光地で費消する金額（客単価）は，宿泊客は日帰り客の3～4倍以上に達するからである[6]。宿泊する客は，まず宿泊代を払う。例外もあるが，夕食と朝食は宿でなくともその地でとる。滞在時間が長く，その他の行動に関わる支出も多くなるので，客単価が大きいのである。宿泊客減少への対策であろう。日光市では，宿泊客に連泊してもらうという目標を掲げている。

（3）外国人観光客

日光市地域への外国人宿泊客数は，図表9－3の通りである。かなり変動が大きく傾向は見定め難いが，2010年で7万3,180人と絶対数が少ない。この数字は宿泊のみで，訪問客数の資料はないが泊まり客の倍ぐらいであろうと見込まれている。また，2011年では外国人観光客は激減しているとのことであった[7]。

外国人を対象にしたイベント的なツアーはいくつか企画しているとのことである。しかし，日光市のアイディアだったものが，いつの間にか国や県のプロジェクトになっていることがあると苦笑していた。20人くらいの外国人観光客を2泊3日3,000円で泊まらせ，あとで5ページくらいのアンケートに答えてもらうといったものである。

2003年にビジットジャパン事業を始めてから，日本の観光業において外国

図表 9 − 3　日光市外国人宿泊客（2006 ～ 2010 年）

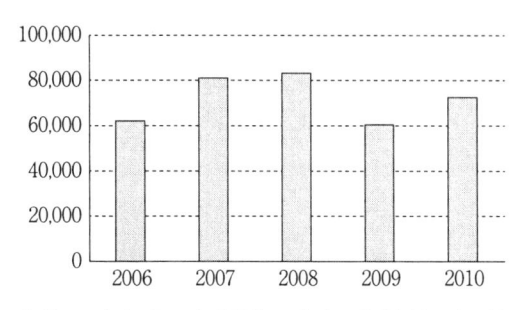

出所：日光市（2011）「平成 23 年度日光市観光の概要」。

人観光客の誘致が大きな話題となっている。日光市においては，図表 9 − 3 に見るように外国人観光客の絶対数がまだまだ少ないが，上に述べたようなさまざまな試みに参加している。

（4）観光資源[8]

　日光市の観光資源の第一は，1999 年 12 月に世界遺産に登録された，日光東照宮，日光山輪王寺，日光二荒山神社であろう。これらは，103 棟の建物群とそれを取り巻く自然と人間が影響しあって形造られた環境である文化的景観から構成される。

　第二のものは，現在の日光市にある幾多の温泉である。鬼怒川，川治，湯西川，川俣，奥鬼怒が紹介されている。奥鬼怒では「泉質の違う四つの秘湯の一軒宿」との記述があり，細かく見れば多様な温泉が存在する。

　第三のものは，景勝地である。2005 年にラムサール条約登録湿地となった，奥日光の湯ノ湖，湯川，戦場ケ原，小田代原が誇らしげに紹介されている。その他，瀬戸合峡，川俣湖，川治温泉の間欠泉等が示されている。鬼怒湖や日光杉並木もここに入れてよいであろう。その他，上三依水生植物園，平家の里，二宮尊徳ゆかりの報徳二宮神社や報徳仕法農家等が案内されている。また，平家大祭，かまくらまつり等のイベントもある。

　日光の観光資源は実に豊富である。こういった観光資源も，「日光」という

ブランドの下におかれることにより、一層輝きを増すように思う。素材の良さ（観光資源）に依存するのみでなく、上手に料理する（公共政策）ことで、一層客を楽しませられるのである。

2 観光宣伝（情報発信の相乗化）

　観光宣伝については、情報発信の充実を企図して、従来各々の観光地で行っていた宣伝の一括化が政策として行われている。そのような努力の一例として、「栃木県日光まるごと体験ガイドブック」の製作がある。このパンフレットは2011年に発行され、東日本大震災後の観光客減少対策として5万部作成され、都内の旅行代理店などに配布された。この「体験ガイドブックはA4判、55ページ。自然体験、工芸品作りなど98のプランを作る、食べる、観るなどのテーマ別に案内。四つのモデルコース、周遊ルート別の地図も掲載した」[9]とのことである。

　「やってみる、作ってみる、観てみる、学んでみる、食べてみる」といったカテゴリー別に観光対象を探したり、同じことをエリア別に探せたりする。パンフレットだけでなくホームページでも検索できる[10]。5万部作成して配布したのは小さな事業ではないが、予算的には特筆するほど大きな事業ともいえない。また、この種のパンフレットの作成は、多くの観光地等で行っている。言い換えれば、観光政策としては定番のものである。この事業の最も重要なポイントは、パンフレットの形で日光の観光コンテンツを簡単に探せるようにしたことで、ここに掲載したコンテンツすべてに日光ブランドを付けたことである。

　その他、観光に関するアイディアを募集してその結果を冊子にしている[11]。こちらはサービス提供側のためのものである。また、観光とそば、観光とゴルフの連携といった形で、「他業種と観光の連携」[12]が実施されるとともに、広報されている。

　観光以外のものも含むさまざまなコンテンツ（客を誘うもの）の相乗性を狙うこのような努力・工夫は、短期の効果は出なくても、重要なものである。行政機関がこのような情報発信を行おうとする場合、時に、すべてを同じ形式で一

本化しようとする。日光市はそうでなく，各々の観光コンテンツの広報宣伝はそれぞれが行い，すべてのコンテンツの情報を1カ所でわかるようにした。各地の観光事業体等の主体性が高く，こういう形でしか一本化できなかったのだろうとは思うが，公共政策としてはよいものであると評価する。

3　地域のホスピタリティ

近年，ホスピタリティ（Hospitality）ということが強調される。接待あるいは親切なもてなしという意味であり，これを仕事として行うのがホテルやレストランといった接客業である。個別の事業体だけでなく，地域として親切なもてなしをしようという動きがある。自治体単位で，地域外から来る人に「おもてなしの心」で接しようといった運動が行われることもある。

観光地では，地域的ホスピタリティが特に重要である。訪問者の好悪は，当該地域への全体的印象で決まるからである。また，「おもてなしの心」といった情緒的なものも重要であるが，訪問者に提供できる利便性の水準がまず問題となるのは，言うまでもない。日光市では，ホスピタリティを具体化するための施策がいくつか行われている。以下述べていくように，民間組織との協力によって行われる事業が大部分である。

（1）日光コンシェルジュ育成事業

2010年から，日光コンシェルジュと呼ぶガイドボランティアの育成事業が行われている。コンシェルジュ（concierge）とはフランス語で，本来はアパートの管理人という意味であるが，お客様のあらゆる要望・案内に対応する人といった意味で使われる。日光コンシェルジュは，日光検定の合格者に地域学講座を受けてもらい，認定バッヂを交付するというものである。2010年には173人に交付した。それだけの日光ガイドボランティアが，2010年に誕生したのである。この事業の背景に，日光の商工会議所で行っている日光検定がある。

日光検定は，いわゆる「ご当地検定」の1つであり，日光に関する知識を試すものである。2009年2月に第1回検定（3級のみ）を行っており，同年8月に申込者118人であった第2回検定を行った。日光コンシェルジュとの関わり

ができた以後2回の検定は9月に行っている。

　第1回検定は，募集定員300人のところ申込者300人（受験者は277人）であるから盛況だったと思われる。この年の受験者は，日光市からがほぼ70％を占めており，宇都宮を中心とした県内各市町からのものが残りの大部分を占めている。その他少数ではあるが東京（4名），千葉（2名），埼玉（6名），茨城・群馬（各1名）と，関東各地から受験者が来ている。2010年の第3回検定から，合格者の要望に応えて，3級合格者が受験できる2級を創設した。この時から，2・3級合格者は日光コンシェルジュ事業に参加できることとされた。第3回の申込者は2級160人，3級176人，第4回は，2級88人，3級91人であった。

　この事業は，日光市の公共政策としては実に効率が良いといえる。「地域学講座」を行い，認定バッヂを出すので市の事業ではある。すでにあった日光検定の合格者が対象であるから，ガイドとしての基礎知識は十分である。日光市が地域内の力を活用しているといえるが，地域内にそれだけの力・実績があるともいえる。このような力を簡単にコピーすることはできないが，地域内で自主的に行われている事業を邪魔せず，ある種の権威づけを行う形で相乗効果を狙うという手法は参考にできるであろう。

（2）電子マネー

　日光市は，スイカやパスモを使用できる店を多くしたいと考えている。全市で利用できることが目標であろう。また，バスで利用できるようにしたいとのことであった。外国人にとっては，電子マネーの使用可能性は旅の便利さを大きく変える。電子マネーの利用は世界中で拡大していくであろうが，同市では前倒し的普及を望んでいる訳である。

　技術的な問題はないと思われるので，問題は投資と維持の資金である。日光市の一般会計2009年度歳出決算額は423億円である。商工費全体では33億円ほどである。観光への支出は統計書[13]には出ていなかったが，1億1,000万円ほどとのことであった。この水準では，市からの資金的てこ入れによる電子マネー利用可能性の拡大は難しいであろう。

（3）手荷物配送サービス

　手荷物配送サービスとは，駅に降りた観光客が，駅の案内所等で業者に手荷物を預け，ホテルまで届けてもらい手ぶらで観光できるというサービスである。鬼怒では行っているが，他の地域では難しいようである。サービスは宅急便業者が行っているが，秋の観光シーズンになると渋滞で荷が届かないことがあり，5年前にサービスを止めたとのことである。料金は500円だったそうであるが，駅の案内に料金表示をしてはならないとのことである。

　公共政策の観点からは，駅でのこのサービスの案内を行うことは，難しくないであろう。しかし季節的渋滞解消は難しい。運送システムに革命的進歩が無い限り，渋滞対策は道路整備であろう。日光市の予算から渋滞対策ができるほどの投資資金をひねり出すのは困難というより無理であろう。

（4）その他

　その他の話として，旧日光市域を大体含むエリアの小売店，旅館で，観光客にトイレを貸し，お茶の接待もするということをやっているとのことである。「町の駅」とは異なるとのことであるが，類似した考え方と感じた。通る人す

図表9－4　日光仮面のキャラがついた貸し傘

写真：日光市観光部観光振興課課長補佐兼誘客推進係長　田中宏充氏提供。

べてにトイレを貸し，借りた人すべてにお茶の接待をすれば地域のホスピタリティの評価は高まるであろう。公共政策として考えると，財政資金の必要度は低く効率的政策である。観光地であるから，観光関連の業者も協力しやすい，あるいは嫌とは言いにくい施策であろう。

　日光仮面というご当地キャラのついた「フリー貸し傘」を，無料で貸している（図表9－4参照）。貸し出す場所も多く，日光に多くある観光スポットで返却可能なのでかなり好評のようである。日光仮面というご当地キャラは他にも色々付けられており，着ぐるみもある。日光商工会議所で作ったキャラであるが，かなり好評である。上記貸し傘は，付いているキャラが好評で帰ってこない傘が多いそうである。これも商工会議所で作ったキャラに市が相乗りした形である。広報効果に比べれば，貸し傘の補充費用は安いものと思う。

4　放射線量の情報開示

　福島原発の事故により，観光客減少という形でかなりの風評被害を受けた。2011年の4月に市長が安全宣言を出した。一般の観光客はあまり気にしないようだが，修学旅行客は大幅に減った。神奈川県や都内の学校から調査に来て，実際に放射線量を測り，自分のところよりも放射線量が高い場所には行かせないといったことを言われる。市の関係者が一緒に測定地に行って一緒に測るということもしている。どうしても測定誤差はあるので，放射線量を第三者機関に認定してもらう方法を研究中である。放射線量の問題については，細かく放射線量を測り，それをそのまま発表して，お客さんに判断してもらう他ないと思っている，とのことである。

　かつて栃木県（だけではないが）は，狂牛問題による風評被害に悩んだ。その経験が生かされていると感じる。はっきりしない健康問題は，安心と安全に分けて対応する必要がある。いくら安全とされても安心できない人がいる。不安が収まらないのである。それが間違っているとか神経質過ぎるという非難も無用である。このような時，ごまかしはいけないし，説得も難しい。できる限り正確に測定を行い，そのまま伝えるしかない。

　なかなか気のきいた対策も行っている。食材だけでなく，旅館等の食事（調

理したもの）の放射線量の測定も行っているとのことである。食材の放射線量も計測されており，基準値を超える食材を使うことはない。調理されたものも放射線量が基準値を超えることはあり得ない。しかし，不安に駆られている人は，それでも不安になる。プロセス（食材）だけでなく，結果（調理済みのもの）も安全であることを示すのは，賢明な広報と考える。

　この面における日光市の対応は的確と思う。この場合，放射線量の正確な測定に要する費用は，地元の民間企業ではなかなか負担しきれない。また，結果への信用度も十分ではないであろう。色々工夫して何か新しいものを作るのは，行政は苦手とすることが多い。はっきりとした害悪・障害を除くのは得意であるし，信用もある。このような問題は，まさに公共政策の出番であり，日光市は的確に行動していると思う。

5　連泊化

　日光市への宿泊客が減少傾向にあることは，図表9-2に示した。それで，市内宿泊客に連泊（2泊3日）してもらうことが目標に挙げられている。日光市内に数多くある観光スポットを移動することにより，滞在時間を長くし宿泊を増やそうということのようであった。

　市内交通の問題からこれは難しいと思う。むしろある個所の観光コンテンツを充実させて，同じ場所で2泊してもらうことを目指すべきと感じた。この問題はまだ検討中のようである。

第4節　産業振興政策

1　日光市の産業

　日光市の産業構造を産業分類別人口で見たものが，図表9-5である。日本有数の観光地であるから当然であるが，「飲食店，宿泊業」に従事する人口が，13.1％とかなり多い。宿泊業は観光業に属すものであり，飲食業も多くが観光客を相手にすると考えてよいであろう。

　産業という場合，農業，工業，商業，サービス業すべてを指すのであるが，

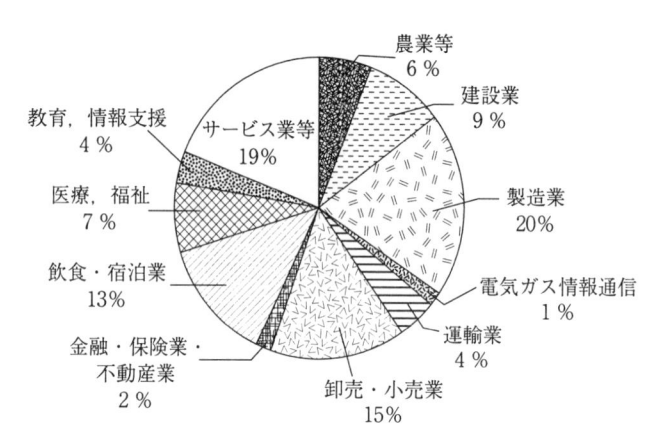

図表9-5　日光市の産業分類別人口（平成17年国勢調査）

- 農業等 6％
- 建設業 9％
- 製造業 20％
- 電気ガス情報通信 1％
- 運輸業 4％
- 卸売・小売業 15％
- 金融・保険業・不動産業 2％
- 飲食・宿泊業 13％
- 医療，福祉 7％
- 教育，情報支援 4％
- サービス業等 19％

出所：日光市（2011）『平成22年度日光市統計書』，p.18より作成。

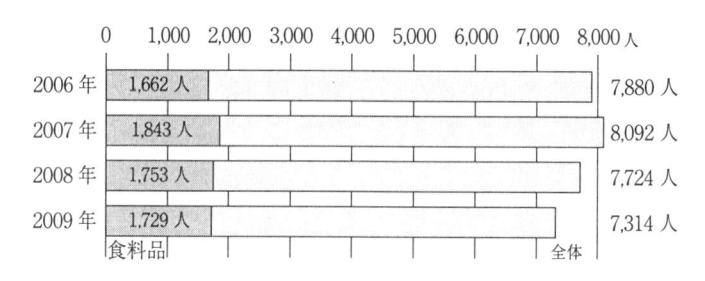

図表9-6　日光市製造業従業員数（全体・食料品）

年	食料品	全体
2006年	1,662人	7,880人
2007年	1,843人	8,092人
2008年	1,753人	7,724人
2009年	1,729人	7,314人

出所：市町別・産業中分類別統計表（日光市提供のファイルデータ各年より）。

工業（製造業）を意味することもある。ここ数年の日光市製造業の状況を図表9－6，9－7に示した（9－6．従業員数，9－7．製造品出荷額）。同時期の日本経済の状況を考えれば特に悪いわけでもないが，力強い成長を示しているとも言い難い。

　この図には，製造業全体だけでなく食料品製造の数値も内数として掲載してある。2009年では，食料品は製造業最大の従業員数1,729人を擁しており，製

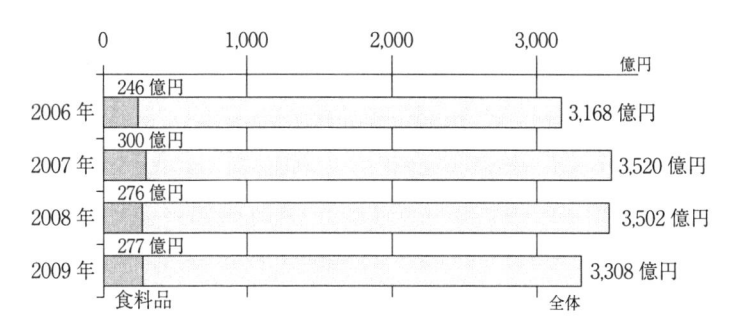

図表9-7　日光市製造業出荷額（全体・食料品）

年	食料品	全体
2006年	246億円	3,168億円
2007年	300億円	3,520億円
2008年	276億円	3,502億円
2009年	277億円	3,308億円

出所：市町村別・産業中分類別統計表（日光市提供のファイルデータ各年より）。

造業全雇用者7,314人の23.6％を占めている。次が非鉄の1,461名で電子部品，化学，電子機械と続く。出荷額は，化学が突出しており1,557億円と全製造品出荷額33,083億円の47.1％を占める。食料品の出荷額は277億円と8.4％を占めるに過ぎない。

出荷額の割に従業員数が多いのは，1人当たりの生産額が少ないということである。日光市の製造業1人当たり出荷額をみると，全製造業平均4,523万円に対して食料品は1,601万円とかなり少ない。化学は2億9,153万円と突出して多い。これは色々な分析・解釈ができるが，雇用に着目すれば食料品製造は出荷額の割に雇用数が多いことになる。

出荷額の割に従業員数が多いことは，生産性が低いともいえるし，付加価値率の高さが推測できるともいえる。地域外から完成度の高い材料等を入れ，比較的簡単な加工を施して出荷する場合，出荷額に比べて地域内での付加価値率が低くなる。そのような場合，雇用も少ないことが多い。逆もいえる。

業種やその工場の特性を知って，どのような成果を狙うかが問題となる。産業振興策の戦略決定の課題である。

2　産業（工業）団地

産業振興という場合，本来はすべての産業を振興させることを意味するはず

であるが，工業（製造業）の振興を指すことが多い。地域経済の振興とは，雇用の場を創り出し，地域の平均所得を増大させることと考えてよいであろう。この目的のためには，農山村地域に工場を誘致することが，最も即効性ある手段である。成果が表れるまでの時間は，用地買収をして，工場を建てるまでの時間である。地域外からの投資であるから，他の分野から資金を捻出する必要がなく，他分野の衰退を招くこともない。製造業の方が伝統的農業よりも生産効率が高いので，雇用された者は従来よりも所得が増える。

　工場立地を予定して土地を造成したものを工場団地と呼ぶ。交通基盤（おもに道路）整備や工業用水道の用意も工業団地が稼働するには不可欠の要素で，公共政策の主要な対象である。エネルギー供給も重要であるが，エネルギー関連の企業が行うので，自治体の直接的政策対象にはならない。工場団地の造成は自治体の重要な産業振興策である。造成した土地には，工場のみが進出するとは限らない。物品の配送のための施設でも構わないし，研究所の立地も歓迎される。それゆえ，近年は，工場団地というよりも，産業団地と呼ぶようである。

　日光市には，現在唯一の工業団地として，1996年に造成が終了した大日光（轟）工業団地がある。総面積19.5 ha，分譲面積12.2 ha，5社に11.6 haが売れて残りは0.6 hである。入居した5社のうち，郵便事業㈱，㈱大日光エンジニアリング（電子部品）は違うが，残りの3社，㈱ホクガン，キューピー醸造㈱，キリン協和フーズ㈱は食品製造工場である。5社中，㈱大日光エンジニアリングだけが日光市瀬尾（旧今市市内）に本社を置く地元企業である。

　食品会社3社は，㈱ホクガン2007年，キューピー醸造㈱2008年，キリン協和フーズ㈱2006年に立地している。分譲開始から考えるとだいぶ後になったわけである。㈱ホクガンは沖縄に本社を置く企業で，もずく，豆腐，ゼリー等を製造販売している。キューピー醸造㈱はマヨネーズ用の酢を作っており，キリン協和フーズ㈱は調味料・パン資材が主力商品である。

　大日光（轟）工業団地がおおむね売れたので，新たに16.0 haの土沢（どざわ）産業団地を造成中である。この産業団地は2014年に分譲開始予定である。両団地の造成は，栃木県土地開発公社の仕事である。栃木県では別に企業局が土地造成事業を行っており，各市町でも独自に産業団地造成を行うことがある。

このような用地造成事業は，立地が極めて重要であるが，時に，何らかの理由で不要になった土地を産業団地等に転用しようとすることがある。土地が絡む公共政策の問題点の1つである。

3 地下水

　比較的近年，食品製造工場誘致に成功したのは，地下水が誘因になっているようである。太子食品という青森の会社が日光市に1998年に工場進出し，その後2003年に第2工場を稼働させている。この会社が岩盤に当たるまで80mの深さの井戸を掘り，豊富な水脈につき当たった。富士食品という会社も80mの井戸を掘って同様の水脈を掘り当てた。これに触発され轟の工業団地でも70mの井戸を掘り，同様の水脈に辿りついたとのことである。これらは日量4,000トンの水量がある。以前は30mの井戸で，水量は日量1,500トンであった。日量4,000トンというのはそこまで取水しても，地盤沈下等環境に悪影響を与えない量である。もともと，地層等の関係で，地盤沈下の恐れはない土地とのことである。今3社で日量2,000トン使用しているので，後2,000トンの取水が可能である。

　それまでは市側に「良質な水」という意識はなかったとのことである。日光の地下水は伏流水で流れている。やはり良い水で知られる富士市の湧水はたまり水なので取水制限がある。日本あるいは本州では，最も質が良くて水量が豊富なのは日光の地下水であるというのが，日光市産業部商工課長吉原一典氏と同企業立地室長福田浩二氏の解説である。

　良質な水を求めて立地する企業，食品関係の企業等は，表流水の影響を受ける水（地下水）を嫌う。伏流水が好まれるのである。日光の地下水には，東日本大震災の影響も，原発事故の影響もなかった。質の安定性という観点からも好まれる資源である。

　地域外から進出してきた工場は，経済・経営状況によってはあっさりと出ていくことがある。地域密着型の資源（地下水）への依存度が高い工場は，退出の可能性が低いであろう。民間企業が見つけてくれた地下水脈に目をつけての2つ目の産業団地造成決定・実行は，適切な判断に思える。

4　工業投資誘導策

　日光市には，工業投資を促す2つの金銭的誘因が政策措置として用意されている。工場の新規立地を対象とする工場立地奨励金と，既存の工場の追加投資を対象とする工場施設等整備助成金である。前者は全国的に同じタイプの政策が行われているが，後者は珍しい試みであった。どちらも事実上，固定資産税の一部を免除するものである。ともに，期間と金額に一定の制限がある。

　（1）工場立地奨励金

　工場立地奨励金は，2008年に全部改正のうえ施行された「日光市工場立地条例」に定められている。合併前の今市市に2003年から同じ趣旨の制度があり，制度の継承がなされたようである。この条例は16条からなる。別表が2つ付いており，具体的中身はそちらに出ている。

　別表1は，奨励金の対象となるのは，日光市内に工場を新設する場合と増設する場合としている。各々，市内の工業専用地域，工業地域，工業等導入地域（域内）の場合とそれ以外（域外）の場合に分けられている。新設の場合，域内なら敷地面積5,000 m^{2}以上建設面積2,000 m^{2}以上であるが，域外だと敷地面積9,000 m^{2}以上建設面積3,000 m^{2}以上となっている。新設・増設とも，域外の工場については「奨励金を交付することが特に必要であると市長が認める」ことが条件についている。工場立地を誘導したいエリアに誘導する仕組みになっている。

　奨励金の交付対象となるのは，操業開始から1年以内に従業員の総数が10人以上となり，その過半数が市内に住所を有する者であることを要請している。すぐにはこの条件を満たせない工場等については一定の救済措置もある。

　奨励金は5カ年にわたって交付される。別表2では，金額は「工場の新設に係る家屋等・・に係る固定資産税額の納入相当額に100分の90を乗じて得た額・・とする。ただし，奨励金の交付金額が1億円（固定資産税の課税免除がなされている場合には，その相当額を1億円から減じて得た額・・）を限度とし，当該奨励金の交付期間は，交付金の合計額が限度額に達した年度までとする。」とされている。固定資産税額の90%を免除するが，5年限り，総額は1億円まで，ど

ちらか市の負担の少ない方ということになる。

　このような助成制度は，全国的に見られる。別表2の引用に出ていた「固定資産税の課税免除」は，工場誘致における定番の政策である。「工場立地奨励金」も基本は同じで実質的に固定資産税の減免措置である。工場立地奨励金の対象となった工場は，2003年度（合併前の今市市時代）から，13工場である。投資額計は362億円で，新規工場建設は4工場，既存企業の増設市内移転は9工場であった[14]。

　このようなやり方は「減免税補助金」と呼ばれる。税を軽くするので，財政的負担感は少ないが，同額の補助金を支出するのと同じ財政負担（支出）である。乱用すると財政難に陥る可能性がある。

（2）工場施設等整備助成金
　日光市において「工場施設等の整備を行う事業者に対して工場施設等整備助成金」（第1条）を交付することを定めた「日光市工場施設等整備特別措置条例」は，2007年に作られた。この条例は15条からなり，第4条に，家屋及び償却資産の「課税初年度における評価相当額が合計3億円以上」で「従業員の総数が常時10人以上」で，過半数が市内に住む者である「工場施設等の整備をする事業者」がこの助成金を受けられると規定している。

　助成金の額等について，第8条第1項で，「新たに整備した工場施設等の助成金交付申請年度における固定資産額相当額に2分の1を乗じて得た額・・とする。ただしこの限度額は1億円とする。」とされ，第2項で「助成金の交付期間は，5箇年度と」するものとされている。「工場立地奨励金」とほぼ同じやり方であるが，1カ年度の交付額が，奨励金は固定資産税の90％であるのに助成金は50％である。この助成金の受領者は1工場，投資額は37億円である[15]。

　新設立地への補助は珍しくないが，既存工場の追加投資への補助は，日光市が行った時は珍しい制度であったという。新規投資した工場を引き上げることは少ないであろうから，このやり方は意義が大きい。せっかく進出してきた工場の退去に悩まされることが増えている今日，地域産業の「維持」を目指す政

策として優れたものである。

　この政策は、補助金の出し方に工夫があるが、他の自治体でも簡単に追随できる。名案は効果があればすぐに他でも採用され、長く差をつける手段とはならない。持続的努力・工夫が要請される。

5　雇　用

　工業団地に入っている3社の雇用数は、生産規模の割に少ない。食品加工は装置産業なのである。キリン協和フーズ㈱60人、㈱ホクガン15人、キューピー醸造㈱は5人である。水と日光のネームバリューで立地してきた企業であるが、水に引かれて来る企業は経済活動や企業活動のいわば上流に位置するので、雇用は少ない。太子食品は梱包があるので雇用は100人ぐらいである。

　食品産業は、不況になっても落ち込みが少なく、安定的である。東日本大震災の時は、梱包用のフィルムが入ってこないので、出荷できないということがあった。地方都市の産業部としては、このようなリスクに備えて、工場等の極端な集約は控えて欲しいようである。域内工場の安定的な操業と存在の観点からは当然の願いと思う。

6　フードタウン日光

　市内で営業している企業で、日光市食の産業都市推進協議会を立ち上げ、フードタウン日光として活動している。市内の食品産業を盛り上げるために日光市が、市内で活動する食品製造業の企業で2007年2月に設立した。2011年の第8号のカタログには、13社が記載されている。市民を中心にサポーター会員（無料）を募集し、会員は、協賛企業の商品を割引購入でき、商品情報を載せた会報誌を受け取れる。企業は、会員がいわばモニターとなり自社商品への生の声を知ることができるというものである。

　会員企業の多くは工場の見学を受け入れており、会員への割引販売や粗品進呈等を行っている工場もある。製造工程の見学と即売は、いわゆる産業観光であり、それ自身観光資源となり得る。日光の「食」は、観光に比べればブランドイメージは高くない。観光と絡めることによって日光の食品のブランドイ

メージを高め，それがそのまま観光資源となるのであれば，素晴らしい相乗効果といえる。

7　日光市の産業振興政策

　日光市の産業振興政策は，以上みてきたようにかなり優れたものと評価できる。産業団地造成は県の仕事であるからあまり金もかかっていない。工業投資促進策も実績で見る限り，必要資金はそんなに大きくはない。それぞれ一定の効果はあるように思う。

　日光市の問題は，それでも人口減少が止まらず，将来的にも減少を見込まざるを得ないことである。食品産業について言えば，物流，流通，小売といった産業の川下部分の機能を日光市内にもちこめば，職場が増え，人口流出も縮小が期待できるかもしれない。

　日光市の産業振興政策はかなり巧みと言ってよいと思われるが，山間の拡散的な都市の問題を解決するまでにはいかないようである。

第5節　おわりに──戦略的地域発展政策

1　工場誘致と引き留め

　日光市への企業誘致には，地下水資源の発見が大きな役割を果たしている。1998年に操業開始した㈱太子食品（日光市町谷，工業団地ではない）は，深い井戸（80m）を掘って豊富な地下水を掘り当てた。現在，日光市産業部長を務めている中嶋芳満氏は，2003年当時，今市市（合併前）の商工観光課工業係長であった[16]。彼は太子食品から関連のデータをもらい検討したところ，轟工業団地でも地下水が得られるかと考えた。これを轟工業団地のメルシャン㈱（当時，現，キリン協和フーズ㈱，2010年事業一部譲渡）にもちこみ，メルシャンも豊富な地下水を得ることができた。

　メルシャンに続き，㈱ホクガン，キユーピー醸造㈱が，地下水を誘因として示した誘いにより，轟工業団地に進出を決定した。この実績により，2007年に日光市は国が定めた「企業立地に頑張る市町村20選」に選ばれていた。こ

の3社への分譲面積は9.0 ha であり、全分譲面積の73.9%を占めている。それまでの10年間で2件20%余しか売れなかった工業団地が、数年でほぼ売れてしまった。新たに16 ha の産業団地を造成中であるから、豊富な地下水は食料品製造企業を引き付けたといえる。

水資源の限界から（日量4,000トン、半分使用中）、水を誘因にした第三の産業団地造成は困難であろう。

また、中嶋氏は、工場立地奨励金と、工場施設等整備助成金の創設にも関与した。工場立地奨励金は2003年に作られたが、一般的固定資産税減免とは異なる施策である。増設にも奨励金を出すのが工夫であろう。

工場施設等整備助成金は、合併後の2007年に作った制度である。新日光市内に立地する素材型産業に配慮して作ったとのことである。同社は工場の建て替え時期に動きが悪かったので、退出の危険を感じた。それで、市に残ってもらおうとこの制度を企画したとのことである。退却引き留めの際、本社への「お土産」を考えたという。これだけで投資決定を動かす力はないが、好感を与える措置であろう。

誘致して外から入ってきた工場は、追加の投資もあまりなく、雇用も多くないし増えない。投資や雇用は日光に元からいた企業の方が多い、とのことである。増設、追加投資への助成は有効との感触をもっているようである。

2　地域資源と持続可能性

筆者は、非大都市圏、特に山間部や大きな平野のない地域（中山間地）での観光振興は、地域間の所得移転手段と考えている。観光業は中央の大資本によっても運営されており、工場誘致と同様、有力な地域振興である。しかし、外部の資本・経営では、経済・経営事情によっては、その工場やホテルは引き上げられてしまう。また、地域の食材や水等の地域資源にこだわることもない。

地域資源へのこだわりは、その事業の地域への密着性を高くする。また、地域内での産業連関を形成し、売上高に占める地域内での付加価値を高くする。ホテルでお土産として売っている山菜類が、外国からの輸入品である場合と、

地域の名産品である場合を考えてみよう。供給側からすると，前者の方が安くかつ早く一定の品質の商品をそろえられることが多い。しかし地域内で生みだされる付加価値は，販売の費用のみである。また，外部の経営者にとって地元品は何かと面倒である。しかし需要側からすると，地元の名品こそが，お土産や旅行の記念品として求めるものである。

　お土産に限らず，観光を含めて，事業の主体は地域内にあることが望ましい。地域内の事業主体による産業振興を内発的経済発展と呼ぶ。地域資源の活用はこれに次ぐものである。日光市の場合，追加の投資・雇用という面では，域内企業の方が良い成果を生んでいるとのことである。

3　地域発展のための公共政策

　公共政策の種類（手段）は，いくつかに分けられる。

　道路整備や産業団地造成等，施設整備がまずある。これを行うには多額の投資が必要であり，各種の社会資本施設が整備されてきた今日，投下資金に比べて効果が低くなっている。今，建設中の新幹線や高速道路を考えると，効果低下は理解しやすいであろう。

　次が，補助金の提供である。日光市の工場立地奨励金と工場施設等整備助成金がこれに当たる。国・地方を問わず財政難が深刻化している今日，出し方や効果が問題となる。効果の乏しい補助金は，なけなしの金をドブに捨てるに等しい。工場施設等整備助成金は良いアイディアである。

　日光市は，特に観光振興において，民間で行っていることに公共政策による措置を載せて効果を大きくする手法を多用している。これからの地域発展のための公共政策は，特に観光振興を行わざるをえない中山間地では，この手法が重要になるであろう。

　自治体職員とは限らないが，事情に通じ，熱意と創意をもった人材が，適所にいるかが地域発展公共政策成否の鍵となる。そのような人材は実はかなりいるとすると，彼らが力を発揮できる「場」と「理解者」の有無が重要となる。

【注】

1) この調査は，以下の要領で行われた。日時：2012年2月2日13：00～16：00，場所：日光市庁舎会議室，対応者　日光市市役所　企画部総合政策課長小曾根光秀氏，同課長補佐鈴木伊之氏，観光部観光振興課課長補佐兼誘客推進係長田中宏充氏，産業部商工課長吉原一典氏，同企業立地室長福田浩二氏　および，同日16：30～18：30　理事室　日光市役所理事　井ノ上俊宏氏。
2) ここに示した問題点は，聞き取り調査から筆者が整理したものである。
3) 注1の日光市市役所企画部総合政策課長小曾根光秀氏談（筆者の手元メモによる。文責は筆者にある）。
4) 2011年1～11月に入込客数が，2010年の76.2%だったので，2011年の入込客数を前年の76.2%として推計したものである。
5) 2011年1～11月に宿泊客数が，2010年の72.9%だったので，2011年の宿泊客数を前年の72.9%として推計したものである。
6) 国土交通省観光庁編（2011）『観光白書（平成23年版）』，P.72の資料より。
7) 観光振興課課長補佐田中宏充氏談。
8) 日光市（2011）「平成23年度日光市観光の概要」（訪問調査時における日光市提供資料），PP.9-27より。「(4)観光資源」で示したものはここからの紹介である。
9) 下野SOON（下野新聞2011年4月13日刊の記事）http://www.shimotsuke.co.jp/town/tourism/leisure/news/20110413/495335　2012年2月18日アクセス。
10) 「栃木県日光まるごと体験ガイド」http://www.city.nikko.lg.jp/shinkou/kankou/category/taiken/guide/index.html　2012年2月18日アクセス。
11) 日光市観光振興開発推進本部（2009）『観光振興アクション・プログラム　IDEA BANK75』2月。
12) 日光市（2011a）「平成23年度日光市観光の概要」，P.27。
13) 日光市（2011b）『平成22年度　日光市統計書』，P.55。
14) 日光市提供資料。
15) 注1と同じ。
16) 本項の記述は，2012年2月2日（本章第1節参照）のインタビューと，2月23日の，共同研究者（宇都宮共和大学，和田佐英子教授）が中嶋芳満氏に行った電話インタビューに基づいている。

参考文献

国土交通省観光庁編（2011）『観光白書（平成23年版）』。
下野SOON（下野新聞2011年4月13日朝刊の記事）

http://www.shimotsuke.co.jp/town/tourism/leisure/news/20110413/495335　2012年2月18日アクセス。
日光市（2011a）「平成23年度日光市観光の概要」，P.27。
日光市（2011b）『平成22年度日光市統計書』，P.55。
日光市観光振興開発推進本部（2009）『観光振興アクション・プログラムIDEABANK75』2009年2月。
日光市「栃本県日光まるごと体験ガイド」
　http://www.city.nikko.Ig-jp/shinkou/kankou/category/taiken/guide/index.html　2012年2月18日アクセス。

（和田尚久）

第10章　地域発展の経済政策
―交通問題―

第1節　はじめに

1　本章の考察対象

　鉄道の新駅建設や航空会社による新路線就航など，交通問題がメディアの見出しに取り上げられる例は多い。それだけ交通問題が地域と深い関わりがあり，地域住民に関心をもって受け止められている証拠である。交通政策は，移動の利便性を高めるという交通機能固有の発展に関わる部分と，住民の暮らしを優先に都市構造を変える，あるいは，「地域の足」を確保するという社会的便益の向上を目指す都市交通政策に関わる部分がある。両者ともに，広い意味では地域の発展に関わる問題となっている。

　本章では，地域発展と交通政策との関わりを，道路，鉄道，港湾，空港の4分野に分けて考察する。このうち，道路と鉄道は主に国内的な政策課題であるが，港湾と空港は国内と国際の双方に関わり，国際競争を勘案した広い視野が要求される。もちろん，国内経済も世界とつながっている関係から，道路や鉄道においても国際的な視野が必要なことは言うまでもない。

2　交通に関わる用語の定義

　最初に，交通に関わる用語の定義を明らかにしておこう。基本となる交通（traffic）とは，元来，人や物，情報がある地点から他の地点へ移動する現象を指している。移動する物体の違いによって，人や物を運ぶことを運輸あるいは輸送（transport）と呼び，情報を運ぶことを通信（communication）と呼ぶ。一般

には、交通は運輸あるいは輸送のみを指す用語として使われている。交通は、交通主体（人や物などの移動するもの）、交通路（移動する空間）、交通具（移動空間を走行するもの）の3要素から構成される。したがって、交通政策は、自動車、バス、鉄道車両、飛行機などの交通手段（交通具）の確保と、道路、鉄道、それらの附属ターミナルなどの交通施設（交通路）の整備が中心となる。

交通には、人や車の通行サービスであるトラフィック機能と目的地へのアクセス機能という交通機能のほかにも、土地の利用方法を誘導する土地誘導機能や、交通施設が有する空間機能がある。また、交通機能の発展は、移動の利便性を高めることによって市街地の郊外への拡大と商業施設の分散を招き、郊外の社会資本不足と都心部の密度低下という都市問題を生む。したがって、交通政策は、人や物の移動だけでなく、産業や人口の分布などの都市構造や都市環境、住民の暮らしや安全安心を守るまちづくりにも関係している。

一方、交通政策は国家統治や国民経済に密接な関わりがあることから、国が直接担当するか、間接的に関与することが多い。日本では国土交通省が交通政策を所管し、国全体を見た体系的な交通政策を推進する役割を負っている。地方自治体も、地域交通の維持やまちづくりに関係して交通に関わる役割が増している。ただ、交通インフラの整備や維持に多額の費用を要することから、国からの国庫支出金や地方交付税などの財政支援に依存する割合が大きい。

第2節　地域発展と交通の発展

1　結びつき

地域発展とは、一般に地域の経済成長と同じ意味で使用され、一定の限られた地域を単位として生産、交換、消費の諸活動が盛んになって、地域内の雇用や所得が増加し、さらに人口も増えて、それらが好循環の関係にあることを指している。

この地域発展は、交通の発展と密接に結びついている。交通インフラが整備されると、移動の利便性が向上して人や物が集まって地域が発展する。その反対に人や物が集まって地域が発展すると、交通ニーズが高まって交通インフラ

の整備が進む。したがって，地域発展と交通の発展の関係は，「ニワトリと卵」の関係にたとえられる。

交通インフラの整備を巡っては，地域間競争が繰り広げられる例が多い。陸上交通では，整備新幹線の新駅建設や工事凍結ルートの早期着工，リニア新幹線のルートと駅位置の決定，海上交通や航空交通でも，港湾や空港の整備を巡って地域間の争いが起きる。この地域間競争は，海や空を介して世界につながる港湾や空港では国際レベルで争われることになる。

2　歴　史

交通の発展が地域発展と結びつくことは今に始まったことでなく，古くから，両者は切り離せない関係にあった。都市の政治や行政，あるいは，人口や産業を支える必要から，人や物の移動は必要不可欠で，交通の発展なくして都市や地域の発展はありえなかった。

かつて地中海沿岸の全域を治めたローマ帝国の繁栄を指して「全ての道はローマに通ず」(All roads lead to Rome) と言われたように，ローマ帝国の首都ローマとイタリア半島の主要都市や属州であるフランスやドイツ，イギリス等の間には立派な石畳の道が築かれた。現在も残るイタリアのアッピア街道やドイツのロマンティック街道は，このローマ街道を起源とするものである。日本でも，江戸時代に幕府が置かれた江戸と各地を結ぶ交通網が発展した。特に，江戸と商都大阪を陸路で結ぶ東海道（日本橋—三条大橋）や，菱垣廻船や樽廻船が行き交う海路のにぎわいが知られている。

この傾向は，近代化とともにさらに加速する。近代に入ると，蒸気機関や内燃機関の発明によって，人力や馬車に代わって，自動車，鉄道車両，飛行機が発展し，交通機能も目覚ましい発展を遂げる。

日本においては，明治時代から近代国家としての歴史が始まるが，国家主導で道路，鉄道，港湾，空港などの交通インフラの整備が進められ，それが産業や人口の集積を高め，地域の発展を促してきた。戦後，その動きはさらに加速し，交通の利便性の向上と地域発展を目指して，高速道路網や新幹線，港湾や空港の整備が続けられてきた。

しかし，グローバル化，高齢化・人口減少の進行によって，日本経済は成熟してきた。我々も，地域の発展を経済成長の面から見るだけでなく，環境の保全，生活の質（Quality of Life）の向上，住民の安全安心の確保，まちのサスティナブルな発展など，より多面的に捉える必要が生じている。交通政策は，そんな新たな意味をもった地域発展にも関係している。

第3節　現代的展開

1　交通と地域経済を巡る環境変化

　交通問題を巡る国際環境は，大きく変わりつつある。グローバル化による市場競争の激化は交通面にも及び，特に国際公共財ともいえる港湾や空港は，東アジア諸国の港湾や空港の急速な発展によって相対的な地位を大きく下げている。

　また，日本の港湾や空港は，日本経済が成熟期を迎え，成長の中心が資源国や新興国に移ったことによる国内発着の貨物量や旅客数の伸び悩みに加えて，アジア各国の巨額投資と経営努力によって，施設整備のハード面やコストやサービスのソフト面においてもリードされるようになった。

　日本の主要な港湾や空港が有していた東アジアや国内の貨物や旅客のトランシップ機能，トランジット機能が海外に流出することは，日本全体に関わる富の流出でもある。競争力を回復するために，国際的に通用する大規模で高機能を有するハブ港湾，ハブ空港の早期整備が求められている。

　交通問題は国内においても大きな転換期を迎えている。グローバル化による世界経済に占める日本の地位変化に伴って，東京への一極集中が進む一方で，地方の中小都市や中山間地域では人口減少と産業衰退が進行している。そのため，地域発展の手段として交通インフラの整備を求める声が今なお日本各地に多いものの，その投資効果は必ずしも期待できなくなっている。

　加えて，経済の低成長への移行に伴う税収の伸び悩みと高齢化に伴う社会保障費の増加によって，国と地方の双方で深刻な財政危機が進行中であり，交通インフラへの投資は財政面からも制約を受けている。

多額の資金を必要とする交通インフラの整備は，事業の採算性や費用対効果について，今後，より一層の厳格な評価が求められる。

2　交通とまちづくり

　交通政策の目的は，移動の利便性の確保，道路を例に挙げれば道路容量の拡大によって道路混雑を改善して移動時間を短縮することにおかれてきた。

　しかし，交通の利便性が高まるに伴って都市の規模と人口が増加すると，郊外へのスプロール化と中心部のドーナツ化が進み，土地利用密度が低下していく。結果的に，都市トータルとしての管理コストが高くなるとともに，中心部の産業や人口の集積が低下して都市の活力や魅力が低下してしまう。

　そこで，産業や人口の集積による都市の発展が一段落した都市や町では，道路容量の拡大政策を止め，道路容量の削減に向かう政策を選択するとともに，これまでの自動車中心の交通政策から公共交通に比重を移す試みが始まっている。

　それらの地域では，市街地への自動車の流入を制限するために，市街地に入る車に課税する混雑税，郊外に駐車場を用意して公共交通の利用を促すパーク・アンド・ライド，そして，自動車に代わる新しい公共交通としてLRT（Light Rail Transit：軽量軌道輸送システム，次世代型路面電車システム）やBRT（Bus Rapid Transit：バス高速輸送システム）の導入，さらに，市街地の中にレンタサイクル場の設置など，環境にやさしく住みやすいまちづくりが目指されている。

3　交通と「地域の足」

　経済のグローバル化によって東京への一極集中が進む一方で，世界に例を見ないスピードで進む高齢化と人口減少によって，2010年4月時点での総務省の過疎地に関する調査では，65歳以上の住民が50％以上の限界集落は1,091にのぼり，全体の15.5％を占めている。

　地方の中小都市や中山間地域では，過疎衰退による交通需要の減退によって，鉄道会社やバス会社による黒字路線の収益で赤字路線の損失を埋め合わせする内部補助も限界に達している。実情に併せて，路線バスにおいては，2002

年2月の道路運送法の改正によってバス事業者の路線撤退が許可制から届出制に，鉄道においては，2000年3月の鉄道事業法の改正で鉄道事業者の路線廃止が許可制から届出制になって，路線廃止に事実上必要であった地元自治体の同意が不要となった。

その結果，ローカル鉄道やバス路線などの公共交通機関の廃止が相次いでいる。鉄道は，2000年度以降，全国で33路線，約635kmが廃止された。また，バス停600m，鉄道駅1km圏外の公共交通機関の空白地域は全国で可住面積全体の約31％，364,333 km^2，人口約242万人に及んでいる[1]。都市部にあっても事情は変わらず，郊外に人口が流失してドーナツ化した都心において，高齢者の買物や病院通いの「地域の足」を確保する必要が生まれている。

そのため，全国各地において，住民の暮らしや安全安心を守るという社会的便益の向上を目的に「地域の足」の確保が交通政策として求められている。交通事業者が撤退して公共交通機関がなくなった地域において，地方自治体が運行する自治体バス（福祉バス，スクールバス，リハビリバス）や，地方自治体や小さな地域単位の財政支援を得て運行するコミュニティバス，あるいは，デマンドバスやデマンドタクシーなど，地域の実情に合致すると考えられる多様な運行形態が試みられている。

第4節　事　例

1　道路と地域発展

（1）現　況

日本の道路事情は悪く，戦後にあっても道路の舗装率は低く，1956年8月にアメリカのワトキンス調査団が建設省に提出したワトキンス・レポートが道路整備を推し進めるきっかけとなった。1964年の東京オリンピック開催をメドにして高速道路網の整備が進められ，名神高速道路，東名高速道路，首都高速道路が相次いで整備された。1960年代後半に一家に1台のマイカー・ブームを迎え，交通混雑が激しくなった。1987年6月の道路審議会答申を受け，第四次全国総合開発計画によって高規格幹線道路ネットワークの整備が進めら

れた。

2000年代は，一転して道路整備予算が縮小され，道路公団民営化や道路特定財源の一般財源化が進められている。一方，地方では地域間格差の是正を求めて，高速道路ネットワークの整備を求める声は依然として強い。また，交通機能の発展だけでなく，まちづくりや「地域の足」の確保を目的とした交通政策を求める声も高まっている。いくつかの例を見てみよう。

（2）道東自動車道（夕張—十勝清水間）の開通

道東自動車道は，道央道と接続する千歳恵庭を起点として，本別で分岐して釧路（現在は浦幌まで開通）と北見（現在は足寄まで開通）へ至る高速自動車国道である。このうち，急峻な日高山系に阻まれるため，夕張—十勝清水間は長らく未開通であった。

1995年に先行して整備された十勝清水—池田間はそもそも交通量が少ないうえ，並行路線を高速度で走れることから，無駄な公共事業の代表格としてメディアに取り上げられることが多かった。

2007年10月24日にトマム—十勝清水間が開通，2009年10月24日には占冠—トマム間が開通して，国道38号・国道274号の交通難所であり，冬場は凍結の危険があった狩勝峠（かりかちとうげ）や日勝峠（にっしょうとうげ）を回避することができるようになった。

2011年10月29日，残された未開通であった夕張—占冠間（34.5 km）が開通して，道央地域と道東地域を結ぶミッシングリング（未開通区間）がようやく解消，道東と道央が初めて高速道路で直結することとなった。農産品や水産品，観光資源に恵まれる道東の産業や観光に果たす役割が期待されている。

開通から1カ月後の交通量は，当初予想の約1.6倍を超える1日5,200台，近接区間の千歳東—追分町間は約1.6倍，トマム—十勝清水間も約1.6倍となっており[2]，今のところ，道央と道東を結ぶ路線全体の交通量は順調に増加している。

すでに，道東自動車道の全通を見越して日本を代表する漢方薬メーカーのツムラが，北海道全域からの交通アクセスの良さを理由に，全国で唯一の財政再

建団体となっている夕張市に倉庫と工場を設けている。夕張市でも，夕張ICで降りていた観光客が夕張を通過してしまわないように，夕張IC近くで地元の農産物の販売に力を入れるとともに，高速道路に近い清水沢地区への公共施設の集中を将来の政策課題として挙げている[3]。

(3) 京都市四条通りの歩道拡幅

　車の通行優先か，人の歩行優先か。都市のおかれた環境によって交通政策も異なってくる。車から人優先への道路政策の転換で，京都の目抜き通りともいえる四条通りの風景が大きく変わる。

　京都市では，2012年1月20日の都市計画審議会で，四条通りの烏丸通と川端通の間の1.1 kmの車道を4車線から2車線に減らし，両側の歩道を広げる市の計画案が承認された。

　四条通りは車道と歩道を合わせて22 m幅，うち車道幅は約15 m。歩道幅が両サイドに3.5 mずつあるが，休日や5月のGW，春秋の観光シーズンには人込みで混雑する。車道幅は約11.5 mに減るが，歩道幅は両サイドともに5.25 mに1.5倍広がって，人の歩行はスムーズになる。東西方向に各8カ所あるバス停は各2カ所に集約される。

　また，車道の一部を狭めて沿道の商店への荷卸しのトラックやタクシーの客待ち用の駐停車車両用スペースが数カ所に設置される。バス停部分は歩道を2 m車道側に張り出してバス待ちの人が歩道をふさぐ状況が改善されるほか，交差点付近も歩道を拡幅して四条通りの横断が容易になる。2012年度から詳細設計にかかり，2013年度には工事着工を見込んでいる[4]。

　今回の計画案に先立ち，2005年に地元の四条繁栄会商店街振興組合から歩道の拡幅要望が出されていた。京都市では，2007年10月12日〜14日に四条通りの歩道拡幅と一般車両の通行規制等の社会実験を行っている[5]が，今回の案では一般車両の通行規制は除外されている。

　道路が担う人や物を運ぶトラフィック機能や沿道の土地建物へのアクセス機能が車から見れば少々犠牲になるにしても，四条通りをショッピング目的で歩く歩行者優先の考え方に立つもので，観光都市京都に合わせた内容になっている。

2　鉄道と地域発展

（1）現　況

　戦後，1964年の東海道新幹線の開通に続いて新幹線整備が進む一方，地方ではモータリゼーションの影響で鉄道利用客が減少し始める。しかし，ローカル線の建設要求は強く，1980年に，日本国有鉄道経営再建促進特別措置法が成立し，新規路線の建設凍結や輸送密度の低い不採算路線の廃止を決めるまで建設が続けられた。第二次臨時行政調査会の答申に基づき，1986年11月に国鉄改革関連8法が成立，1987年4月に国鉄はJRとして地域別の6つの旅客鉄道会社と1つの貨物鉄道会社に分割民営化された。

　国鉄分割民営化以前に決定された特定地方交通線の整理は民営化から3年以内に完了したが，それ以外のローカル線も部分的な廃止が続いている。その一方で，地域発展やまちづくりを目指した新たな動きも生まれている。

（2）整備新幹線未着工3区間の着工決定

　地方にとって新幹線で東京や一部の大都市と結ばれることは，地域に人やお金を呼び込む地域の発展の柱として期待される。また，交通インフラの整備は，多額の費用と長期間の年数を要し，その間の雇用と消費が期待できるので，地域の景気対策にもなる。

　そんな中，1973年11月に整備計画が決定したものの工事着工がなされていなかった整備新幹線未着工3区間の新規工事の着工が決まった。この工事は，2009年8月の政権交代によって公共事業見直しの一環として凍結されていたが，2011年12月，政府・与党合意で整備新幹線の未着工区間の同時着工方針が確認されたものである。地元では待ちに待った工事着工であるが，公共事業への厳しい視線や深刻化する財源難の中での着工決定であるので，地域の発展への効果が改めて注目される。

　工事着工が決まった区間は，北海道新幹線（新函館—札幌，211 km），北陸新幹線（金沢—敦賀，113 km），九州新幹線（諫早—長崎，21 km）の3区間で，整備期間，総工費は新函館—札幌間が24年間，1兆6,700億円，金沢—敦賀間が14年間，1兆1,300億円，諫早—長崎間が10年間，2,100億円で，工事期間を延

ばした結果，総事業費は総額2兆7,500億円から3兆100億円に増加した。

最大の課題であった財源は，JRが鉄道建設・運輸施設整備支援機構に支払う新幹線の施設使用料を2011年6月の法改正で整備新幹線の建設にも転用できるようにしたもので，年間400億円が建設費に充当される。ただ，施設使用料からの転用分以外の費用は国と自治体が負担するため，地方は，地方交付税でカバーされるとしても，工事費の一部と第三セクター化される並行在来線の赤字負担を覚悟する必要がある。

国土交通省の試算では，新幹線建設で得られる便益を投入費用で割った投資効果（費用便益分析）は3区間とも1以上で便益が費用を上回り，また，事業の採算性も3路線ともに年平均20億円から100億円の利益を上げるとして，工事再開の条件はクリアされている[6]が，将来の需要予測は難しく費用対効果や収支計算への不安は残されている[7]。

3区間のうち，北海道新幹線の新函館―札幌間は，開通によって東京―札幌間が約5時間で結ばれる。しかし，飛行機との競合が大きな課題として残されるとともに，新函館駅が函館駅から約18 km離れた渡島大野駅に設置されることになって，道南の中心地である函館市の経済へ与える影響が懸念されている。函館市は，沿線自治体すべての同意が条件とされている平行在来線の函館―小樽間のJRからの分離への同意を，2011年12月21日にようやく表明することになった[8]。

北陸新幹線の金沢―敦賀間は，開通によって東京―福井間の移動時間が3時間30分から2時間40分に短縮される。しかし，福井市には，北陸の中心都市である金沢市に買物客を奪われることと，東京からの旅行客が金沢止まりになることへの不安がある[9]。

九州新幹線西九州ルートの諫早―長崎間は，開通によって博多―長崎間が1時間48分から1時間20分に短縮される。諫早―長崎間は距離が21 kmと短いため時間短縮が難しく投資効果が疑問視されてきたが，今回の国土交通省の試算では，2008年に着工した武雄温泉―諫早間（45 km）も含めて高速走行が可能なフル規格へ格上げして時間短縮が図られた[10]。ただ，新鳥栖―武雄温泉間（51 km）は在来線を走るために，フリーゲージトレイン（FGT，軌間可変電

車）の導入が予定されており，変則的な運行形態となっている。

3区間いずれの地元でも，新幹線の開通に今後の地域の発展を託する思いがあるとともに，大都市に人や物を吸い上げられるストロー効果と，新幹線の新駅周辺ににぎわいが移って並行する在来線の路線一帯が廃れてしまうことへの心配がある。そうした負の効果は，すでに開通した新幹線でも実証されている。

2010年12月4日に東北新幹線の新青森─八戸間（46km）が開通して，新青森─東京間は最短で3時間10分で結ばれるようになったが，青森市の人口は，2009年143,397人，2010年142,317人，2011年141,602人と推移し，新幹線開通後も人口減少が止まらない[11]。また，並行在来線であったJR東北本線の青森部分を運営する第三セクター「青い森鉄道」（青森─目時）は，青森県が線路を保有する上下分離方式で鉄道事業を営むものの，初年度から多額の赤字が見込まれることに加えて，下北半島の玄関口としてにぎわった三沢駅は「青い森鉄道」の一駅となって停車本数も減って閑散としており，三沢駅と十和田駅を結ぶ十和田観光電鉄も2012年3月31日に廃止された[12]。

その他にも同様の例がある。1997年に開通した長野新幹線によって，それまで3時間弱だった東京─長野間が1時間半で結ばれるようになって交通の利便性は飛躍的に向上したが，長野市の人口は，新幹線開通の翌年の1998年から13年連続で転出が転入を上回る社会減が続き[13]，ストロー効果が明らかになっている。

（3）LRTによるまちづくり

高齢化・人口減少が本格化する中，日本でも，まちづくりの観点から公共交通を見直す動きがある。その代表格が富山県富山市である。

富山市では，平坦な地形，安価な地価，強い戸建て志向等が理由となって郊外に家を造る人が増え，人口集中地区の人口密度が低下する市街地の低密度化が進行していた。また，1世帯当たり1.73台と車の保有台数も多く[14]，通勤や買物に車を使うため，路線バスを中心に公共交通の利用者が年々減少していた。郊外からの車の流入による市街地の交通混雑は，町の魅力を減殺し，消費

にも影響する。

　富山市は，そのための対策として，コンパクトシティ構想を取り入れて，まちのサスティナブルな発展を志向している。まちづくりの大枠は，公共施設やにぎわい施設を中心市街地に集めて広域の交流拠点とする一方，旧町村の中心部を地域生活の拠点と位置づけて，これらの拠点を公共交通ネットワークで結ぶいわゆる「お団子と串」の都市構造を造ることにある。

　まちづくりの中心はLRTの活用におかれている。JR西日本による鉄道廃止の一環として廃止決定された旧富山港線の有効活用を目指して，2004年に設立された第三セクター「富山ライトレール」が，2006年4月に鉄道敷の移管を受け，LRT（車両名は「ポートラム」）の運行を開始した（7.6 km，一部区間は廃止）。

　また，2011年12月に富山地方鉄道が運営する路面電車「富山市内軌道線」（富山地鉄市内電車）を環状線化するための延伸工事部分0.9 kmが完成し，車両名を「セントラム」として環状で運行している[15]今後，市内電車および富山地方鉄道上滝線のLRT化によって，総延長25.3 kmのLRTネットワークを完成させる構想になっている。

　LRTの利用を促進するための工夫も凝らされている。駅までのアクセス改善のために5カ所の新駅を設置したほか，地域の自主運行バスやコミュニティバスに財政支援するとともに，「ポートラム」とバスが30分（休日は60分）ごとにライトレール沿線駅で接続するようにダイヤを組んでいる。また，パーク・アンド・ライドのための無料駐車場として，粟島駅では商業施設の駐車場を利用した5台の専用駐車場，蓮町駅では20台の駐車場が整備された。さらに，ライトレールすべての駅に自転車駐輪場を設置し，富山駅北駅を除いて480台分が新たに用意された。満65歳以上の高齢者には定期券が渡され，市域全域から中心市街地へ行く場合にバス料金が100円割引かれる。

　そのほかにも，まちなかでの移動手段の選択肢を増やすために，会員制のコミュニティサイクルの導入など，交通政策とまちづくりを一体化させた魅力あるまちづくりが続けられている[16]。

3 港湾と地域発展

(1) 現　況

　島国日本において，古くから港湾は海外貿易，あるいは，国内物流に欠かせないインフラとして，その存在は大きかった。しかし，1950年の港湾法の成立により，港湾管理者の役割が国から地方公共団体へ移管されたことによって，公共財である港湾が都市間競争のツールとなった。

　港湾が取り扱う貨物量は背後地の大きさに影響される。ただ，背後地は距離だけでなく交通インフラの整備によっても変化する。高速道路や内航フィーダー網が整備されて，時間的あるいはコスト的に引き合うならば，背後地の距離は問われない。従来は，背後地が重なり合う国内の港湾間での争いであったが，経済のグローバル化と東アジア諸国の港湾整備によって，アジアと日本の主要港との間で，船舶の誘致と貨物の誘致を巡って激しい競争が引き起こされるようになった。

　日本の港湾の国際的な地位は，国内の経済情勢の変化や東アジア諸国の港湾整備を受けて，国内貨物の減少，国際トランシップ貨物の激減，国内トランシップ貨物の釜山港への流出によって低下しており，港湾に依存してきた地域経済にも影響を与えている。

(2) 港湾と地域経済

　伝統的な港湾都市である神戸市，横浜市において，港湾が果たす地域経済への寄与度は，大きな比重を占めていた。神戸市が作成した1987年の調査書では，市内の就業者数に占める神戸港の割合は港湾関連産業に港湾依存産業を加えて17.3%，市民所得に占める神戸港の寄与度は港湾関連産業に港湾依存産業，そして派生所得を含めて38.8%にのぼった[17]。また，神戸港と似た産業構造をもつ横浜市が2006年4月に公表した産業連関表に基づく調査では，間接効果も含めると市全体に占める港湾による雇用創出効果が29.9%，所得創出効果が29.7%であった[18]。両港ともに，その後の生産拠点の海外移転，物流変化等によって，港湾の寄与度の減少が見込まれるものの，港湾の地域経済にもたらす効果の大きさ，港湾と都市の関わりの深さを証明している。

日本経済は，二度の石油ショックと1985年のプラザ合意による円高政策によって，重工業から半導体・通信などの先端技術産業へと構造転換していった。成長を続ける首都東京から産業や人口の自然流入が期待できる横浜経済と異なって，神戸経済は，第2次産業である重厚長大型産業の比率を低下させつつ，酒造，ケミカルシューズ，真珠，洋菓子，ファッション，コンベンション，観光などによる多種機能複合の産業構造による発展を志向してきた。これらすべてが，港湾から派生した産業であり，神戸経済が港湾から受けてきた影響の大きさを示している。

　両港は，物流事情の変化に合わせて，在来貨物を扱う港湾から国際コンテナ港へ変化することによってその発展を維持してきた。神戸港はコンテナの取扱量において，1980年には145万TEUを取扱い，ニューヨーク・ニュージャージー港，ロッテルダム港，香港港に次いで世界第4位の地位に立った。震災前の1994年においても，開港以来最大量の292万TEU[19]を記録した。しかし，1995年1月に発生した阪神・淡路大震災による被害のために，1995年の取扱量は146万TEUに急落，2001年には210万TEUともち直すものの，世界各港のコンテナ取扱量の伸び率に大きく引き離されている。この事情は，震災被害を受けなかった横浜港でも変わらず，輸入港としてコンテナ取扱量を伸ばしている東京港を入れても，日本の港湾の国際的な地位低下は隠せない。

(3) 国際コンテナ戦略港湾の選定

　2004年7月，国土交通省は日本の港湾の国際競争力を高めるために，戦後一貫して続けてきた分散型の港湾整備から方向転換し，東アジア主要港をしのぐコスト・サービス水準の実現を目指して，京浜港（東京港，横浜港），阪神港（神戸港，大阪港），伊勢湾（名古屋港，四日市港）をスーパー中枢港湾に指定した。

　スーパー中枢港湾では，国，民間事業者，港湾管理者が一体となって，コンテナターミナルの整備や運営に取り組み，2010年度までに釜山港，高雄港並みになるコストの3割削減，現状3日～4日のリードタイムをシンガポール港並みの1日程度への短縮を目標に掲げ，ターミナルは，水深15m以上の大水深バースを含む連続3バース以上（総延長1,000m以上），奥行き500m以上の次

世代高規格コンテナターミナルの形成を目指すとされている[20]。

　2010年8月,国土交通省は,スーパー中枢港湾を総括する形でスーパー中枢港湾の上位概念とも言うべき,アジアのハブ港湾を目指して国が重点投資する国際コンテナ戦略港湾(国際ハブ港湾)に,京浜港(東京港,川崎港,横浜港)と阪神港(神戸港,大阪港)の2港を選定した[21]。

　国際コンテナ戦略港湾の目標は,2015年を目標に日本発着貨物の釜山港等東アジアの港湾でのトランシップ率を現行の半分に縮減すること,2020年を目標にアジア発着貨物のトランシップを促進してアジアのハブ港湾への復活を目指すことにおかれている。具体的な方法として,内航,トラック,鉄道によるフィーダー網を強化するために民間出資の港湾運営会社を設立し,公設民営

図表10－1　世界主要港コンテナ取扱量の推移(1980, 2001, 2012経年比較)

	1980年				2001年				2012年		
	港	国	取扱量		港	国	取扱量		港	国	取扱量
1	NY/NJ *2	米国	1,974	1	香港	中国	18,000	1	上海	中国	32,575
2	ロッテルダム	オランダ	1,901	2	シンガポール	シンガポール	15,520	2	シンガポール	シンガポール	31,649
3	香港	香港	1,465	3	釜山	韓国	7,906	3	香港	中国	23,100
4	神戸	日本	1,456	4	高雄	台湾	7,540	4	深圳*1	中国	22,941
5	高雄	台湾	979	5	上海	中国	6,334	5	釜山	韓国	17,023
6	シンガポール	シンガポール	917	6	ロッテルダム	オランダ	5,944	6	寧波	中国	16,830
7	サン・ジュアン	米国	852	7	ロスアンゼルス	米国	5,183	7	広州	中国	14,744
8	ロングビーチ	米国	825	8	深圳*1	中国	5,076	8	青島	中国	14,502
9	ハンブルグ	ドイツ	783	9	ハンブルグ	ドイツ	4,689	9	ドバイ	UAE	13,280
10	オークランド	ニュージーランド	782	10	ロングビーチ	米国	4,462	10	天津	中国	12,289
12	横浜	日本	722	18	東京	日本	2,770	29	東京	日本	4,691
16	釜山	韓国	634	21	横浜	日本	2,400				
18	東京	日本	632	25	神戸	日本	2,100				

(注)取扱量はCI推定値,取扱量単位は千TEU。
　＊1　深圳は赤湾,蛇口,塩田の3港の合計。
　＊2　NY・NJ ニューヨーク・ニュージャージーの略。
　＊3　2012年「横浜」は40位,「名古屋」は48位,「大阪」52位,「神戸」53位。
出所:Containerisation Internatinal Yearbook1982, 2002, 2013. SHIPPING NOW 2013-2014
　　　／データ編, P.23。

による港湾の一体運営を図るとされている[22]。

この指定を受けて阪神港は，内航フィーダー網の充実によって西日本を中心に国内貨物の集約を図り，釜山港などに対抗することを意図しているが，地方港は海外航路の維持を望んでおり，国内の港湾間でも意思統一はできていない。国内トランシップ貨物の海外流出が少ない京浜港にあっても事情は同じである。国内発着貨物が伸び悩む中，差し当たり，ハードの施設面，コストとサービスのソフト面の改善を通じて，アジアのハブ港湾への回帰を目標としつつ，足元の国内ハブ港湾の地位を固めることが求められている。

4　空港と地域発展

（1）現　況

日本の空港整備は，港湾と同じく，拠点集中型ではなく地方分散型の投資によって進められてきた。その結果，国内の旅客は，港湾と同様に日本の拠点空港を使用せず，地方空港から直接，近隣のアジアの空港に行き，そこでトランジットして欧米やアジア遠方に向かうケースが増えている。

1956年に空港整備法が制定され，空港の種類に応じて，国が費用負担を行う仕組みが整備された。国内空港の早期整備のため，1967年から第1次空港整備五箇年計画が始まるが，1970年に空港整備特別会計法が制定され，空港整備特別会計が設立された。以後，第2次空港整備五箇年計画から，各空港で得られた資金が空港整備特別会計にプールされ，個別の空港整備に使われることになった。

当時の羽田，伊丹の両国際空港に代わる空港建設が進まないこともあって，空港整備のためにプールされた資金は，拠点空港の整備よりも，地域発展を目的とした地方空港の整備に充てられ，地方分散型の空港整備につながった。第2次～第5次空港整備五箇年計画まで国内航空網の整備が重点的に進められた結果，第5次空港整備五箇年計画が終わる1990年の時点で，隣接する府県に空港がある県を除けばほぼ一県一空港が達成された。

第6次空港整備五箇年計画では，地方空港のジェット化と機種の大型化対策としての滑走路の延長や空港整備が行われた。しかしながら，整備された地方

の空港から飛び立つ飛行機は,国内の拠点空港を経由せずに,韓国や香港の空港を経由して海外に行くルートが出来上がっていく。地方空港は,羽田との路線開設,増便を望むが,羽田の発着枠に限界があって乗り入れができず,また,仮に乗り入れることができても,成田の国際線の便数が限られている上に,羽田から成田に行くのに時間がかかるからだ。

第7次空港整備七箇年計画では,地方空港に対する投資を抑制し,大都市圏拠点空港への重点配分が進められた。それでも,アジア諸国が行う空港への巨額の集中投資と比べれば,複数の大都市圏拠点空港に同時期に投資する方法は効率性と有効性を欠いているように映る。

2003年4月の社会資本整備重点計画法の施行によって,これまで9本の事業分野別計画として策定されていた社会資本整備の長期計画が一本化された。空港整備事業も,2002年度が最終年度となった第7次空港整備七箇年計画を最後に,社会資本整備重点計画に移されたが,社会資本整備事業特別会計の中に空港整備勘定を設けるだけでは従来と変わらず,柔軟な投資は期待できない。

（2）LCCと日本の空港

香港や仁川,上海,北京,広州などの巨大空港がアジアのハブ空港を目指して争う中で,成田を含め,日本の空港は大きく遅れをとっている。成田,関西,中部と国内の拠点空港はひとまず完成したものの,その時点でアジア諸国の急速な空港整備に遅れをとっており,日本の空港は乗降客数や発着回数で大きく離されている[23]。

1994年9月に完成した関西空港（以下,関空と略す）は,成田を補完するハブ空港としての役割が期待されたが,成田と羽田の関係と同じく,伊丹から大きく離れており,地方空港からの乗り入れが進まない。そこには距離の問題もあるが,東京への一極集中が進んで,日本全体が東京を中心にしたハブ・アンド・スポーク型の交通体系になってしまったことも原因の1つになっている。関空は,年々利用客数や飛行機の発着回数が減り,特殊会社として経営されている関係から経営への不安があったが,2012年7月から伊丹空港と運営を統

合することとなって，とりあえず経営の不安は解消された。

　2010年10月に，羽田に4本目の滑走路供用が開始されることに伴い，年間3万回の近距離国際定期便が羽田に認められたが，羽田は，成田空港建設の際の経緯もあって国際線を受け入れにくい上に，限られた海域での拡張であって発着枠のキャパシティ拡大には限界がある。アジアの国々との交流を通じて日本トータルの発展を目指すのであれば，羽田空港の国際化を第一歩として早急に国内にハブ空港を育成する必要が生まれている。

　成長著しいアジア各国から海外へ向かう旅客は，今後大きな伸びが期待できる。アジアの成長を取り込むことは空港経営上欠かせないが，増大するアジアの旅客を運ぶための輸送手段の主役はサービスの簡素化，飛行機の高度利用によって従来の半額程度の低価格で旅客を運ぶLCC（Low-Cost Carrier：格安航空会社）であると考えられている。実際，世界のエアラインを見れば，LCCは既存のエアラインよりも売り上げの伸びが大きい。

　日本の航空会社にもLCCに対応する動きがでている。全日空は，2011年2月に関空をホームグラウンドとするピーチ・アビエーション，2011年8月に成田をホームグランドとするエアアジア・ジャパン（2013年12月から全日空100％出資のバニラ・エアとして運行）の2社を投資ファンド等との共同出資で設立し，ANAとのダブルブランドで顧客ニーズに応えようとしている。一方，日本航空は，2011年9月にオーストラリアのカンタスグループ等とジェット・スター・ジャパンを設立してLCC時代に対応しようとしている。両者の経営スタンスに違いはあるが，ともに国内の旅客に加えて将来増大することが予測されるアジアの旅客を取り込もうとしていることは間違いない。

　日本の拠点空港も，日系LCC3社の就航をきっかけにして，アジアの旅客を取り込み，再度，アジアのハブ空港へ挑戦するチャンスが到来している。特に，ピーチ・アビエーションが本拠をおく関空はアジアに近く，それだけチャンスも大きい。

（3）地域の将来ビジョンと地方空港

　神戸沖への空港建設を巡る具体的な動きは，1969年の関西新空港構想に始

まる。当初，関西新空港の予定地は大都市圏からのアクセスに優れる神戸沖が有力とみられていたが，神戸市は，公害や環境問題に対する世論の関心が高まっていた時期でもあり，空港誘致を断念した。その後，神戸市は神戸沖への空港誘致に政策転換したが，現在の関空の建設予定地として決まっていた泉州沖への建設という国の方針は変更されなかった。

そのため，神戸市は，神戸空港を関西圏で増加する航空需要を補完する地方空港に位置づけて空港誘致に取り組み，国の第6次空港整備計画に，神戸市が設置管理する第三種空港として盛り込まれることになった。

2006年2月16日に神戸空港は開港したが，関空，伊丹の両空港との住み分けが考慮され，運用時間は午前7時～午後10時の15時間，1日30便の発着制限が設けられている。また，神戸市が支出する空港建設費用は，市民に負担をかけないとして市税を投入せず，ポートアイランド沖に建設された空港島の全体面積272 haから空港の告示面積約154 haを除いた用地のうち，82.8 haを民間売却して調達することとし，空港島造成費約2,500億円のうち約1,982億円は市債発行で捻出された。

2012年2月16日，神戸空港は開港から丸6年を迎えた。2002年に実施した需要予測では開港当初で1日27便，乗降客年間319万人，開港5年後の2010年度で1日30便，同年間403万人を見込んでいたが，乗降客は，途中JALの撤退もあって減少したものの，2011度は4年ぶりに増加に転じ，便数も1日30便をクリアする。しかし，依然として開港前の需要予測の403万人を下回るとともに，飛行機の小型化によって空港使用料も計画より少ない[24]。乗降客を増やして収入増を図るためには，開港の条件とされた1日30便の発着制限と運行時間の緩和が欠かせなくなっている。

神戸空港は，三宮から空港を結ぶ新交通システム「ポートライナー」の駅舎と空港ターミナルの間が約10 mの連絡通路でつながれ，ターミナルの出発階と到着階の動線も分離されており，利用客のアクセスが容易な構造となっている。空港ターミナル前には無料駐車場が整備されており，コンパクトではあるが市街地にも近く，空港利用者の利便性は高い。また，神戸空港は21世紀の産業とも言われる医療関連産業が集積する医療産業都市ゾーンに近く，両者の

図表 10 − 2　世界の航空旅客数上位 30 空港（2010 年）

順位	空港名	国名	旅客数(千人)	前年比
1	アトランタ	アメリカ	89,332	1.5
2	北京	中国	73,948	13.1
3	シカゴ・オヘア	アメリカ	66,775	4.1
4	ロンドン・ヒースロー	イギリス	65,884	▲0.2
5	羽田	日本	64,211	3.7
6	ロサンゼルス	アメリカ	59,070	4.5
7	パリ・シャルル・ドゴール	フランス	58,167	0.5
8	ダラス・フォートワース	アメリカ	56,907	1.6
9	フランクフルト	ドイツ	53,009	4.1
10	デンバー	アメリカ	52,209	4.1
11	香港	中国	50,349	10.5
12	マドリード	スペイン	49,845	3.0
13	ドバイ	UAE	47,181	15.4
14	ニューヨーク・JFK	アメリカ	46,514	1.4
15	アムステルダム	オランダ	45,212	3.8
16	ジャカルタ	インドネシア	44,356	19.4
17	バンコク	タイ	42,785	5.6
18	チャンギ	シンガポール	42,039	13.0
19	広州	中国	40,976	10.6
20	上海浦東	中国	40,579	26.4
21	ヒューストン	アメリカ	40,480	1.2
22	ラスベガス	アメリカ	39,757	▲1.8
23	サンフランシスコ	アメリカ	39,254	5.1
24	フェニックス	アメリカ	38,554	1.9
25	シャーロット	アメリカ	38,254	10.8
26	ローマ	イタリア	36,228	7.4
27	シドニー	オーストラリア	35,992	7.6
28	マイアミ	アメリカ	35,698	5.4
29	オーランド	アメリカ	34,878	3.5
30	ミュンヘン	ドイツ	34,722	6.2

出所：国際空港評議会（ACI）公表資料，㈱日本空港コンサルタンツ http://www.jacinc.jp/db/index.html

図表 10 − 3　国内航空旅客数上位 30 空港（2010 年度）

順位	空港名	旅客数(人)
1	羽田	54,558,846
2	新千歳	14,597,270
3	大阪	13,147,457
4	那覇	13,097,711
5	福岡	12,654,120
6	鹿児島	4,516,640
7	中部	4,473,435
8	関西	3,475,387
9	熊本	2,619,952
10	宮崎	2,366,774
11	仙台	2,264,037
12	広島	2,249,437
13	神戸	2,154,875
14	長崎	2,143,338
15	松山	2,141,255
16	小松	1,833,724
17	成田	1,591,834
18	石垣	1,544,745
19	函館	1,396,302
20	大分	1,365,341
21	高松	1,275,760
22	高知	1,177,029
23	北九州	1,067,652
24	宮古島	1,030,737
25	旭川	1,022,521
26	岡山	1,018,702
27	秋田	980,426
28	青森	885,140
29	富山	803,616
30	徳島	739,096

出所：㈱日本空港コンサルタンツ　同左。

相乗効果によって，技術革新や新規起業，また，新たな雇用創出が期待されている。

巨額の投資を要する空港建設であるが，地域の発展は，短期的な収支計算だけで判断できない。空港は，神戸市が人の交流や物流を中心としたまちづくりを考える以上，欠かせない施設でもある。地域の将来ビジョンに合わせて空港をどう活用していくかが問われている。

第5節 おわりに

かつて経済が右肩上がりの成長をしていた時代は，交通インフラの整備は地域発展と密接に結びついていた。しかしながら，経済のグローバル化と急速な高齢化・人口減少によって日本経済の成熟化が進み，交通の発達が必ず地域発展と結びついた時代は終わりを告げた。

また，日本の国際競争力を維持するために国家的見地から行われるハブ港湾，ハブ空港を目指した戦略的な集中投資を除けば，交通インフラの整備は費用対効果や事業の採算性の面で疑問視されることが増えてきた。

一方で，全国を見渡せば，今なお交通インフラの整備の遅れが，地域経済の発展を阻害しているところが存在する。また，本来的な交通機能の充実以外にも，環境保護やアメニティ重視の観点から，まちづくりの手段として交通インフラの整備を求める要望も高まっている。

それだけでなく新たな交通インフラの整備が，拠点病院への搬送，事故があったときの救急救命体制の改善，広域行政機関への連絡の改善，ショッピングセンターへのアクセスの改善等をはじめとする住民の暮らしや安全安心を守るために，必要とされているところが存在する。

また，交通インフラの整備が一巡した地域にあっても，新たな交通需要に対処するために交通の整備方針も高度化していく。全線整備に向けて建設が進む新東名高速道路や新名神高速道路は，現在の東名高速道路や名神高速道路の代替路として整備されているが，交通混雑の解消を主たる目的とするほか，災害や事故，大規模改修工事に備えてのダブルネットワークの確保という狙いもあ

る。

　ただ，新たな交通インフラの整備が，より大きな都市への消費や産業の吸収を招くストロー効果，あるいは，顧客の足の流れや消費行動に影響して並行路線の商店街が寂れてしまう可能性は常に付きまとう。

　現代の社会において地域発展の意味が広がっているとともに，交通の発展と地域発展は，必ずしも1つのモデルがある訳でなく，地域のおかれた環境によって最適の交通政策は異なってくる。地域発展と交通問題の関わりの中で地域の将来ビジョンをどう見極め，どのような交通政策の選択を行うかが，ますます重要になっている。

【注】

1）読売新聞2011年12月13日。
2）国土交通省北海道開発局・NEXCO東日本北海道支社。
　「道東自動車道（夕張IC～占冠IC間）新規開通に伴う交通状況（2011年12月2日速報）」
　http://www.hkd.mlit.go.jp/topics/press/press_h2312/02_dotoudo.pdf（2012年2月22日アクセス）。
3）2011年9月8日，筆者による夕張市役所でのヒアリング内容。
4）日本経済新聞2012年1月21日，京都新聞2012年1月21日。
5）京都市HP「歩いて楽しいまちなか戦略」http://www.city.kyoto.jp/tokei/trafficpolicy/machinaka-4/machinaka_h19/machinaka_h19.html（2012年2月22日アクセス）。
6）毎日新聞2012年1月27日。
7）認可に透明性をもたせるために，第三者を含めた会議で，建設費の財源確保，事業の採算性，投資効果，平行在来線のJRからの経営分離についての沿線自治体の同意などの5条件がクリアされているかを確認した後，区間ごとに着工を認める手続きが執られた。
8）北海道新聞2011年12月22日，2011年12月23日。
9）朝日新聞2011年12月27日。
10）朝日新聞2011年12月19日。
11）青森市市民生活部市民課『平成18年～平成22年住民基本台帳（基準日3月31日）』。
12）毎日新聞2012年1月12日。
13）長野市企画政策部企画課『平成22年人口動態結果報告書』。
14）財団法人自動車検査登録情報協会（平成20年3月31日現在）。

15) 富山市 HP「路面電車推進室からのご案内」。
　http://www.city.toyama.toyama.jp/other/fukusu/kokyokotsu.html（2012 年 2 月 22 日アクセス）。
16) 第 3 回コンパクトシティ推進研究会資料：富山市都市整備部理事　粟島康夫「富山市はなぜコンパクトシティを目指したのか？」2009.09.30。
17)『神戸港と市民経済』神戸市港湾局，1988.3。
18)『横浜港と地域経済～経済効果調査の結果から見た横浜港の役割』
　http://www.city.yokohama.lg.jp/kowan/m-learn/chiikikeizai/index2.html（2012 年 2 月 22 日アクセス）。
19) 20 フィートコンテナに換算したコンテナ個数。
20) 交通政策審議会答申「経済社会の変化に対応し，国際競争力の強化，産業の再生，循環型社会の構築などを通じてより良い暮らしを実現する港湾政策のあり方」（2002 年 11 月 29 日）http://www.mlit.go.jp/singikai/koutusin/kouwanbun/toushin.pdf（2012 年 2 月 22 日アクセス）。
21) 国土交通省 HP「国際コンテナ戦略港湾の選定結果について」
　http://www.mlit.go.jp/report/press/port02_hh_000036.html（2012 年 2 月 22 日アクセス）。
22) 国土交通省 HP「国際コンテナ戦略港湾政策について」
　http://www.mlit.go.jp/kowan/kowan_tk2_000002.html（2012 年 2 月 22 日アクセス）。
23) アジア主要空港の年間発着回数推移（読売新聞 2012 年 1 月 27 日）。
24) 国土交通省航空局航空ネットワーク企画課「暦年・年度別空港管理状況調書」国土交通省大阪航空局「管内空港の利用状況概況集計表（平成 23 年速報値）」
　http://www.heri.or.jp/hyokei/hyokei89/89mokuji.htm（2012 年 2 月 22 日アクセス）。

参考文献

天野光三・中川大（1992）『都市の交通を考える―より豊かなまちをめざして』技報堂出版。
葛西敬之（2001）『未完の「国鉄改革」巨大組織の崩壊と再生』東洋経済新報社。
葛西敬之（2007）『国鉄改革の真実―「宮廷革命」と「啓蒙運動」』中央公論新社。
加藤仁（1986）『国鉄崩壊』講談社。
北原啓司（2010）「東北　コンパクトシティと持続可能な経済」『エコノミスト』，第 88 巻第 22 号，通巻 4099 号，P.102。
黒崎亜弓（2011）「「路面電車」で街の拡散を防ぐ　富山市が成功した理由」『エコノミスト』，第 89 巻第 12 号，通巻 4161 号，PP.90-91。
酒井正子（2005）『羽田　日本を担う拠点空港―航空行政と都道府県』成山堂書店。
進士友貞（2007）『国鉄最後のダイヤ改正 JR スタートへのドキュメント』交通新聞社。

相馬隆宏（2011）「環境の技術と科学〜LRT　次世代路面電車」『日経エコロジー』，第146号，PP.72-75。

ティム・パウエル著，岡野行秀・藤井弥太郎・小野芳計監訳（2008）『交通の経済理論』NTT出版。

東洋経済編集部（2011）「鉄道最前線—Part03　国内鉄道最前線—次のLRTは札幌か沖縄か？」『週刊東洋経済』，第6313号，PP.91-93。

中川大（2008）「地域公共交通の再生に向けて」『都道府県展望』全国知事会，No.601，10月号，2008年，PP.34-37。

中川大（2009）「都市交通政策の新しい潮流」『JREA』日本鉄道技術協会，Vol.52，No.1，PP.8-11。

中川大（2010）「都市の交通システム」『入門都市政策』（財）大学コンソーシアム京都。

福山潤三（2007）「空港整備特別会計の見直し」『調査と情報』573号，PP.1-5。

福山潤三（2009）「航空事業」『経済分野における規制改革の影響と対策』国立国会図書館調査及び立法考査局，PP.59-72。

真山達志監修（2010）『入門都市政策』（財）大学コンソーシアム京都，PP.188-198。

宮地邦治（2011）「総工費5.4兆円のリニア新幹線　幅広い業界に波及効果」『エコノミスト』，第89巻第12号，通巻4161号，PP.87-89。

山田浩之編（2002）『地域経済学入門』有斐閣。

山中英生・小谷通康・新田保次（2000）『まちづくりのための交通戦略—パッケージ・アプローチのすすめ』学芸出版社。

国土交通省HP：http://www.mlit.go.jp/（2012年2月22日アクセス）
京都市HP：http://www.city.kyoto.lg.jp/（2012年2月22日アクセス）
富山市HP：http://www.city.toyama.toyama.jp/（2012年2月22日アクセス）
神戸市HP：http://www.city.kobe.lg.jp/（2012年2月22日アクセス）

（橋本行史）

第11章　地域発展の経済政策
―東日本大震災と復興特区―

第1節　はじめに―東日本大震災の被害状況

　平成23年3月11日午後2時46分に発生した東日本大震災は未曾有の大災害といわれるように，わが国に甚大な被害をもたらした。その全貌を明らかにすることは極めて難しいことであるが，内閣府は同年6月24日に図表11-1にあるような被害額の推計をしている。しかしこの推計には，津波に伴う原子力発電所への影響が含まれていないとされている。そして，しばしば関東大震災や阪神淡路大震災との比較がなされるが，〈大震災〉とはいうものの，過去の震災とは多くの点で異なっており，単純な比較をすることはあまり意味をなさない。けれども未曾有の災害がいかに甚大な被害であるかを概観することは，今後の対応策を考える上では必要な情報の一部である。そこでここでは，過去の震災との違いを踏まえた上で東日本大震災がいかに大きな爪あとを残しているかを，図表11-1により概観してみたい。ただし繰り返しになるが，①被災地の範囲，②津波の有無，③原子力発電所の影響の有無，などに違いがあることを前提に眺める必要がある。

　まず被災地の範囲をみると，東日本大震災は主として太平洋側の東北地方を中心とした東日本一帯で極めて広域にわたっている。そして，20年近く前の阪神淡路大震災は兵庫県域の都市を中心とした地域である。また，90年ほど前の関東大震災は，主として南関東を中心とした木造家屋が密集した市街地で発生している。死者は，木造家屋の火災が影響したことが大きく，関東大震災が群を抜いて高く10万5千人ほどであるのに対して，東日本大震災は阪神淡

第 11 章　地域発展の経済政策―東日本大震災と復興特区―　233

図表 11 − 1　東日本大震災等の被害状況の比較

		東日本大震災			阪神淡路大震災	関東大震災
発生日		平成 23（2011）年 3 月 11 日			平成 7（1995）年 1 月 17 日	大正 12（1923）年 9 月 1 日
主要地域		太平洋東北地方			兵庫県	南関東一帯
ストックの被害額（単位：10 億円）		防災担当	ケース 1	ケース 2		
建築物等		10,400	11,000	20,000	6,300	
ライフライン施設		1,300	1,000	1,000	600	
社会基盤施設		2,200	2,000	2,000	2,200	
その他			2,000	2,000	500	
	農林水産	1,900				
	その他	1,100				
合　計		16,900	16,000	25,000	9,600	5.5
被害額の構成比（単位％）						
建築物等		61.5	68.8	80.0	65.6	
ライフライン施設		7.7	6.3	4.0	6.3	
社会基盤施設		13.0	12.5	8.0	22.9	
その他			12.5	8.0	5.2	
	農林水産	11.2				
	その他	6.5				
合　計		100.0	100.0	100.0	100.0	
死　者（人）			13,895		6,434	105,385
行方不明者（人）			13,864		3	−
負傷者（人）			4,735		43,773	103,773
住宅被害（全・半壊）			23 万棟		24 万棟	21 万棟

（注）ケース 1，ケース 2 は，内閣府経済財政分析担当が一定の条件の下で推計したものとされる。
出所：内閣府防災担当資料等により作成。

路大震災のほぼ2倍に相当する1万4千人弱である。また被害総額は時代の相違もあるので単純比較できないが，比較的近接している阪神淡路大震災のほぼ2倍とみている。大きな相違は，関東大震災と阪神淡路大震災が地震やそれに基づく火災による被害が主であったのに対して，東日本大震災は，地震，津波，そして原子力発電所の崩壊が複合的に影響を及ぼしている点である。

　東日本大震災の被害額についてはいくつかの推計がみられるが，いずれもその算定過程や根拠が不明確なものが多い。内閣府の推計のほか，日本政策投資銀行による地域別の推計があるが，それによると内閣府の推計よりも詳細な地域事情を知ることができる。

　なお，こうした公共部門の公表した被害額を過大であると批判しているのが原田泰教授（元官僚）である。これら公表額はその具体的算定過程や根拠が示されていないので，相応の分析力がないと受身の態勢しかとれず，なかなか的を射た批判ができにくいが，同教授は経験を活かしながら実に鋭い指摘をしている。内閣府の推計では図表11－1のように16.9兆円の物的資産が破壊されたとするが，岩手・宮城・福島3県の物的資産は55.2兆円と見積もることができ，その31％にあたる16.9兆円分が破壊されたなどありえないとするのである。そしてさまざまな統計等に基づきながら，3県における民間の物的資産の破壊額は4兆円程度と推計している。こうした政府等の発表に過大見積もりがある背景には，復興の名を借り予算獲得の契機にしたいとする事業官庁の魂胆があると指摘している。このことは，第2節でみる予算政策の生成過程にも如実にあらわれているといえる。

　後述のように政府は平成23年7月に，この6月発表の被害額を踏まえたとみられる今後5年間にわたる復興予算を19兆円ほどと見積り，翌年7月には20兆円超になるとしている。復興にあたっては負担の公平の観点から私有財産全額に及ぶべきでないとする原田教授のような手厳しい見解もある中で，次節では東日本大震災後の予算政策をみていく。

第2節　東日本大震災以降の予算政策

わが国の予算は明治19年度より，4月1日から翌年3月31日を「会計年度」としている。予算には，①本予算（あるいは補正予算に対して当初予算という），②暫定予算，そして③補正予算の区分がある。「補正予算」は，その時々の事情に対処するために本予算を補充・修正したものである。そのため，必要があれば補正予算の回数は増えるともいえよう。ただ単にその回数の多寡だけで事態の深刻さを判断することは到底できないのであるが，東日本大震災のあった平成23年度予算は図表11－2をみてもわかるように，4回にわたる補正予算を組まざるを得なかった。それだけ事態が深刻であったことを物語っているが，そこにはそれだけ狡猾な〈予算ぶんどり〉のための仕掛けが潜んでいる危険性があるともいえる。金額的には15兆990億円と，リーマンショックによる景気後退に対処するため等で平成21年度に2回組まれた補正分と比べると960

図表11－2　近年の補正予算の状況

(単位：億円)

年　度	補正の回数	補正総額
平成11年度	2	71,574
平成12年度	1	44,038
平成13年度	2	47,040
平成14年度	1	36,016
平成15年度	1	8,662
平成16年度	1	20,251
平成17年度	1	12,311
平成18年度	1	7,288
平成19年度	1	14,266
平成20年度	2	60,074
平成21年度	2	150,024
平成22年度	1	44,292
平成23年度	4	150,990

出所：財務省予算資料から作成。

図表 11 － 3　平成 22 年度決算・

	平成22年度 決算	平成23年度 当初	補正1号	補正2号	補正3号	震災関係
予算国会提出年月日	(23.11.22)	23.1.24	23.4.28	23.7.15	23.10.28	
予算成立年月日		23.3.29	23.5.2	23.7.25	23.11.21	
歳入総額	1,005,346	924,116	3,051	19,988	116,832	115,687
租税収入（租税及び印紙収入）	414,888	409,270	0	0	0	0
・所得税	129,844	134,900	0	0	0	0
・法人税	89,677	77,920	0	0	0	0
・相続税	12,504	14,230	0	0	0	0
・消費税	100,333	101,990	0	0	0	0
税外収入（納付金・特別会計剰余金受入）	106,040	71,868	3,051	0	1,214	187
うち特別会計受入金	79,520	42,827	0	0	0	0
公債金（公債発行額）	423,030	442,980	0	0	115,500	115,500
財政法四条公債：建設公債	76,030	60,900	12,200	0	0	0
単年度特例法公債：赤字公債	347,000	382,080	▲12,200	0	0	0
特別措置法公債：復興公債	0	0	0	0	115,500	115,500
前年度剰余金受入	61,408	0	0	19,988	119	
歳出総額	953,123	924,116	3,051	19,988	116,833	115,887
補正予算：追加額	－	－	40,153	19,988	121,025	117,335
補正予算：修正減少額	－	－	▲37,102	0	▲4,193	▲1,648
国債費	195,439	215,491	0	0	59	
・債務償還費（償還費）	116,537	115,903	0	0	0	
・利子・割引料（利払費）	78,746	99,238	0	0	0	
地方交付税交付金・特例交付金	187,903	187,845	1,048	5,455	16,651	
一般歳出	582,599	540,780	2,003	14,533	100,223	
社会保障関係費	282,489	287,079	▲22,858	45	28,631	
文教及び科学振興費	60,514	55,100	2,768	116	5,919	
恩給関係費	7,093	6,434	0	0	4	
防衛関係費	46,698	47,752	1,709	0	1,464	
公共事業関係費	58,028	49,743	12,001	0	16,409	
・一般公共事業費	58,940	49,016	1,562	0	4,513	
・災害復旧等事業費	1,088	727	10,438	0	11,898	
経済協力費	7,458	5,298	▲483	0	168	
中小企業対策費	8,301	1,969	5,208	559	6,864	
エネルギー対策費	8,453	8,559	▲117	1,184	137	
食料安定供給関係費	11,218	11,587	2,040	198	2,522	
その他事項経費	72,349	55,660	9,816	4,432	40,448	
・地域自主戦略交付金等	－	－	－	－	－	
・東日本大震災復興特別会計繰入	－	－	－	－	－	
経済緊急・地域活性化予備費	0	8,100	▲8,100	0	0	
東日本大震災復旧・復興予備費	0	0	0	8,000	▲2,343	
予備費	0	3,500	0	0	0	

（注）同一予算内の各費目（項目）等の表示額は費目（項目）内で増減がある場合はその増減後の数値である。
出所：宮島洋「最近の国一般会計予算等の推移」（『昭和財政史』等で作成資料）を一部省略，一部加算。

第 11 章　地域発展の経済政策―東日本大震災と復興特区―　237

平成 23 〜 24 年度予算の概要

(単位：億円, %)

肝炎等	平成23年度				平成24年度					平成24年度
	補正4号	補正1〜4合計	補正後	当初	当初増減	割合B	割合A	大震災復興特別会計
	24. 1. 24			24. 1. 24				24. 1. 24
	24. 2. 8			24. 4. 5				24. 4. 5
1,146	11,118	150,989	1,075,105	903,339	▲20,777	100.0	−	37,754
0	11,030	11,030	420,300	423,460	14,190	46.9	100.0	5,305
0	▲900	▲900	134,000	134,910	10	14.9	31.9	495
0	10,150	10,150	88,070	88,080	10,160	9.8	20.8	4,810
0	0	0	14,230	14,300	70	1.6	3.4	
0	0	0	101,990	104,230	2,240	11.5	24.6	
1,027	88	4,352	76,218	37,439	▲34,427	4.1	−	5,626
0	46	46	42,873	21,540	▲21,287	2.4		
0	0	115,500	558,480	442,440	▲540	49.0		26,823
0	10,580	22,780	83,680	59,090	▲1,810	6.5		
0	▲10,580	▲22,780	359,300	383,350	1,270	42.4		
0	0	115,500	115,500	(特 26,823)	−	−	−	26,823
119	0	20,106	20,106	0	0	0.0	−	
1,146	11,118	150,990	1,075,106	903,339	▲20,777	100.0		
3,690	25,345	206,511	−	−	−			
▲2,545	▲14,227	▲55,522	−	−	−			
	▲12,857	▲12,798	202,893	219,442	3,951	24.3	−	1,253
	0	0	115,903	120,896	4,993	13.4		
	▲12,857	▲12,857	86,831	98,403	▲835	10.9		
	3,608	26,662	194,507	165,940	▲1,905	18.4	−	5,490
	20,367	137,125	677,905	517,957	▲22,823	57.3	100.0	−
	5,918	11,736	288,816	263,901	▲23,178	29.2	51.0	328
	148	8,948	64,048	54,057	▲1,043	6.0	10.4	2,321
	▲9	▲5	6,429	5,712	▲722	0.6	1.1	0
	208	3,378	51,130	47,138	▲614	5.2	9.1	1,138
	116	28,528	78,289	45,734	▲4,009	5.1	8.8	7,288
	114	6,190	55,206	45,003	▲4,013	5.0	8.7	5,149
	2	22,338	23,083	730	4	0.1	0.1	2,139
	1,402	1,107	6,405	5,218	▲82	0.6	1.0	1
	7,389	20,021	21,990	1,802	▲167	0.2	0.3	1,555
	208	1,411	9,970	8,202	▲357	0.9	1.6	134
	828	5,387	18,974	11,041	▲546	1.2	2.1	653
	4,361	59,076	114,738	82,554	6,894	6.9	12.1	13,597
	−	−	−	8,329	8,329	0.9	1.6	−
	−	−	−	5,507	5,507	0.6	1.1	−
	0	▲8,100	9,100	1,000	1.0	1.8		
	0	5,657	5,657	−	−	−		
	0	0	3,500	3,500	0	0.4	0.7	4,000

※平成24年度：年金交付公債2兆5,044億円

億円上回るものであったことがわかる。また東日本大震災によって，平成24年度から特別会計が増加したが，特別会計をめぐる問題が指摘されて久しく，それまではその改革の一環として表面的に特別会計の統廃合が進んできた。そして平成18年度には31を数えたものが，そこに潜む問題がいまなお指摘されているものの，平成23年度には17に表面的には整理されてきた。東日本大震災はこのような傾向をも崩さざるを得ないものであったのである。

　東日本大震災が起こった平成23年度直前の，平成22年度決算は，リーマンショックによる日本経済への影響が完全に拭い去れたとはいえず，〈失われた20年〉あるいは〈失われた30年の危機〉とまでいわれるようになったバブル崩壊後の日本経済を反映しているといえる。図表11－3をみると，一般会計歳入総額決算100兆5,346億円のうち，租税及び印紙収入は41兆4,888億円と歳入に占める割合は41.3％を占めるに過ぎない。このように，一般会計において歳入面では租税収入が半分にも満たなくなっているのに対して，社会保障関係費が歳出総額の29.6％を占め，また義務的経費である国債費も20.5％とかなりの割合を占めている。そのような財政事情の極めて苦しい中で，東日本大震災は起きてしまったのである。そこで以下，東日本大震災がわが国財政にもたらした影響を探るべく，図表11－3などのデータを手がかりにしながら，東日本大震災以降のわが国の予算政策を考察していきたい。

1　予備費での対応

　「予備費」は，予算案決定時に予測できなかった経済変動や自然災害に見舞われ，予見しがたい予算状況の変化に機動的に対応する必要から，憲法第87条でその計上を規定されたものである。諸外国にはあまりみられない制度とされている。そして予備費は，内閣の責任で支出できるが，国会の事後承認を条件としている。これは，予備費自体に内閣の支出権限を与えており，本来的には主権者たる国民の代理人の集まりである国会の場での決定に先んじてしまうため，国民主権を実現するための「財政民主主義」にそぐわないからとみてよいが，今回の大震災はまさに憲法の想定している予見しがたい事項の最たるものといってよかろう。平成23年4月28日に平成23年度第1次補正予算が提

出されるまでに，図表11－4にみられるように，東日本大震災以降，平成22年度内に生活物品支援302億円，自衛隊の災害派遣関連54億円，災害救助費負担金301億円等，5事項にわたり総額678億円，また平成23年度に入り避難生活の早期解消のための仮設住宅建設等に1回，503億円の予備費を支出しており，6回の総計で1,182億円の予備費が使われている（以下，図表も含め端数は四捨五入しているため合計額と必ずしも一致しないことがある）。

2　歳入の動向

1．平成23年度第1次補正予算：平成23年度予算（当初予算）は，平成23年3月29日に成立した。震災発生時には当然のことながら，審議中のこの予算案に東日本大震災を想定しておらず，野党などから平成23年度当初予算自体を編成しなおすよう求める声もあったとされるが，政府の判断で当初予算はそのまま通過されるに至った。そのため，補正予算を作成する必要が生じ，結果的には4回もの補正予算が組まれることになった。その歳入および歳出の中身を検討すると，当時の政府の動揺と対応の鈍さを改めて検証できる。

第1次補正予算は図表11－3の補正予算（追加額）の行にみられるように，追加修正減少後の規模で3,051億円，東日本大震災関係経費としての歳出追加額では4兆153億円計上されており，震災からほぼ2カ月後の平成23年4月28日に国会に提出され，5月2日に成立した。平成23年度当初予算は，前述の通り景気停滞を反映して歳入予算自体が異常状態にあったといってもよい。それまで頼みの綱とされてきた「特別会計剰余金」も枯渇化して，財政法で歳入の主柱と想定している租税収入は歳入の半分を割る状態が続いていたのである。歳入はかなり逼迫し深刻さを増し，それまでは財政事情が苦しいもののマニフェストを死守すべく，ばらまき予算という批判もはねつけながら挑んできたマニフェスト項目を見直さざるを得ない事態に追いやられていた。ある意味，政権は苦悩の中で政策の外堀を自ら埋めなければならない決断をせざるを得なかったのである。それでも子ども手当の上積み見直しで2,083億円（東日本大震災関係経費としての第1次補正歳出追加額のわずか5％），高速道路無料化社会実験の一時凍結や割引の見直しで3,500億円（東日本大震災関係経費としての第1

次補正歳出追加額のわずか8.7%) にようやく達するのみで，経済予備費の使用の8,100億円 (東日本大震災関係経費としての第1次補正歳出追加額の20%) が禁断の果実を除いた当初予算歳出の見直しの最大額である有様であった。こうして，禁断の果実に手を出すに至るのである。結果的には半月以上も経た，後述する第3次補正の際に埋め合わせができたものの，年金臨時財源に手をつけたのである。2兆4,897億円 (東日本大震災関係経費としての第1次補正歳出追加額の62%) がそれである。この財源は，年金法で規定されている「基礎年金国庫負担」のために搾り出した特別会計剰余金等 (財政投融資特別会計積立金，外国為替資金特別会計剰余金，独立行政法人鉄道建設・運輸施設整備支援機構の利益譲与金などの繰入れ) である。これに手をつけるにあたっては，平成23年度基礎年金国庫負担の割合を従来どおり2分の1に維持することを法律上明記をして基礎年金国庫負担分を減らさないことを確約するとともに，税制改革によりここでの借用分 (2兆4,897億円) の財源を確保すると法制化した。つまり，年金制度にはしわ寄せをきたさないと宣言したのであるが，景気悪化で税収が減少している中でのこの財源捻出は，一歩間違えば転落の危険性のかなり高い綱渡りをし始めたといってもよい。結果的に，図表11-4で平成22年度決算の予備費から平成24年度東日本大震災復興特別会計までの小計で，東日本大震災の復旧・復興に充てられた経費の11.5%もの割合をこの年金財源の借用が占めてしまっていることがわかる。確かにマニフェストで約束した，親の所得に関係なくすべての子どもに支給するとした「子ども手当」1.3万円を，平成23年度から3歳未満の子どもについては2万円支給に引き上げる政策を見直すなどして財源を捻出してはいる。しかし，公立校と私立校の間で公平性が欠如している等の指摘のある「高等学校授業料無償化政策」の見直しにはまったく及んでいないのである。社会経済システムの変化に合わせて従来の土木事業から知識・サービス産業への予算の重点配分を移行することは時代の要請であり，また教育に対する支出は将来世代を育成する意味からも欠くべからざるものといえる。その意味でこのような政策を採ることには一定の意味はあろう。しかし，東日本大震災は天災という深刻なものであり，そこに原子力発電所問題という人災が加わり，日一日と深刻さを増しているのである。子ども手当を修正した中で公約違反とい

うマイナス評価を恐れてか，高等学校授業料無償化問題を再検討した姿が国民にはまったく届いていない。そもそも高等学校授業料無償化政策とは，教育機会の均等を実現するために〈学びたい生徒〉を支援することが前提であったはずである。そして他国では，わが国に比して教育の無償化が徹底しているとさえ主張する者もいる。こうした各国の社会背景を無視した教育論には大いに疑問を感じる。例えばアメリカ合衆国では，高等学校までの教育が原則無償でなされてはいるが，そこには勉強する意思のない生徒の姿は自然淘汰されてみられないといってよい。そのような生徒は進学もしないし，たとえ進学したとしても中等教育には追いつけず脱落してしまうことが多いからである。一方わが国では〈せめて高校だけは〉という親の横並び意識が強いのが実態であり，高校進学率は9割を超えている。つまり勉強する意思のない，ないし勉強しない生徒までもが高校進学しているのである。そのような生徒にも国費をつぎ込むことは，形式的には機会の平等を与えることにはなるかもしれないが，意思なき者にいくら資金をつぎ込んでも実質的効果は無意味に等しい。教育現場をみると，実に嘆かわしい光景がみられるのは隠しようのない事実である。財政事情が良好であれば，この種の教育政策をする余地もあろうが，前述のような極めて厳しい事情にわが国はおかれているのである。そして一般政府総債務残高は，先進国で最悪の，GDPの2倍を超えてしまっているのである。このように財政が最悪状態にあるときに，大震災という未曾有の事態を経験し，その迅速な対応が求められているのである。これまでの悪癖を正すこともなく，手法の再吟味もなしに湯水のごとく高等学校授業料無償化政策に予算をつぎ込む姿勢は，言語道断であり，主権者の代理人である議員がその是正をできないのであれば，主権者である国民こそがそのために何ができるかを真剣に考えていかなければならない局面にきているといえよう。

　2．平成23年度第2次補正予算：第2次補正予算の規模は総額1兆9,988億円であり，平成23年7月15日に国会に提出され，同月25日に成立した。震災後5ヵ月を迎えようとした時期である。第2次補正予算は，憲法第86条の規定により予算提出権のある政権担当者自らが当初は復興のための大型予算を組むとしていたものを，その後自らの政治的利害がからんで第1次補正予算の

穴埋めをするのみに方向転換をしたものと指摘されている。そのため，東日本大震災関係経費（第1次補正予算）に比べると，約半分の規模である。そして歳入の72.2％は図表11－3で確認できるように財政法第6条余剰金，すなわち「前年度剰余金」である。第1次補正予算成立から2カ月を経て，決算過程を通じて生じてきた前年度剰余金を財源的には利用した予算編成といえよう。

3．平成23年度第3次補正予算：平成23年度の補正予算で最大規模のものは第3次補正予算であり，総額12兆1,025億円である。平成23年10月28日に〈東日本大震災からの復興のための施策を実施するために必要な財源の確保に関する特別措置法（復興財源法）〉案とともに国会提出され，第3次補正予算は11月21日に，復興財源法は11月30日に成立した。震災後9カ月を経てようやく大規模な予算措置を講ずることができる段階に入ったといえる。こうした震災時の政権の対応の遅さは時の経過とともに震災の衝撃を薄れさせてしまう。そして予算配分に際して，被災地の復興という大目的をも風化させてしまい，省益を優先させた拡大解釈の余地を与えてしまうことになるのである。その財源の主柱に据えられたのは11兆5,500億円の復興債の発行であり，第3次補正予算（歳入）の実に95.4％を占めていた。これは7月29日に東日本大震災復興対策本部が地方団体や各政党の意見を聴取しながら策定されたといわれる〈東日本大震災からの復興の基本方針〉に基づき財源確保がなされたものとされる。それによると，①次世代に負担を先送りせずに現世代全体で連帯して負担することを基本とし，②集中復興期間とされた平成27年度までの5年間に復旧・復興事業に充てる財源を(ｱ)平成23年度第1次補正予算と第2次補正予算，(ｲ)歳出削減，(ｳ)国有財産の売却，(ｴ)特別会計，公務員人件費の見直し，(ｵ)さらなる税外収入の確保，(ｶ)時限的税制措置によって13億円程度確保をすることとし，③先行する復旧・復興需要を賄う一時つなぎとして復興債を発行することとされた。なお，「復興債」は償還期間中に，従来の国債と区分して，時限的な税制措置や歳出削減等により償還することとされ，償還のために前述のような方法で確保できる範囲を超えた発行はできないとされた。第2次補正予算作成までの財源確保の動向をみると，すでに〈打ち出の小槌〉となりうる財源はことごとく枯渇してしまい，結局は別の形の公債に頼らざるを

得ない結果となったといえる。図表11－3にみられるように現在，公債金は3つに分けられている。

　そして，復興債償還のための主要財源となる復興特別税として，復興特別所得税と復興特別法人税が創設された。「復興特別所得税」は平成25年1月から平成49年12月までの実に25年間にわたる時限措置であり，現行の所得税額に2.1％の付加税を課すものである。また，「復興法人特別税」は平成23年度の税制改正による法人税率の引下げと課税ベース拡大を実施した上で，課税事業年度3年間の時限措置として，法人税額に10％の付加税を課すものである。これにより復興特別所得税からは25年間で約7兆円（0.3兆円［年2.1％］×25年），復興特別法人税からは3年間で約2兆円（0.8兆円［年10％］×3年）と，復興特別税から課税期間総計で約9.7兆円の税収を試算している。

　〈復興の基本方針〉が示された時点で漸く政府の東日本大震災からの復興にむけた予算規模が公表され，平成27年度末までの5年間にわたる集中復興期間で復興事業等の規模が国・地方（公費分）あわせて少なくとも19兆円とされた。これは前述の内閣府により試算された原子力発電所事故を含んでいない地震や津波による被害額の16兆9,000億円をやや超えている。そして，これが10年間に及ぶと23兆円程度になるものと見込んでいる。この復興にむけての予算規模については異論をはさむ者も少なくない。原子力発電所事故の責任は基本的には事業者である東京電力が負うのが筋であるが，この復興事業等に要する国・地方の経費には〈原子力損害の賠償に関する法律〉等に基づき事業者が負担する経費は含まれていないとされている。大震災から9ヵ月を経てようやく，結局は公債発行によって乗り切らざるを得ないとする結論に至ったことは，未曾有の災害に見舞われた直後から早急な対応が国民とりわけ被災者から求められていた実情に照らし合わせたり，また時の政権が当時とっていた利己的行動を考え合わせると遅きに失したと非難されても仕方がない。ただ，わが国では震災前にすでに，財政の基本法である財政法の方針に反して特例公債に依存するなどして，世界的にみても巨額の財政赤字が累積している中で，復興債を将来世代に先送りしないとする精神は評価に値するものといえる。この復興債による財源が真に，直接的に東日本大震災の復旧・復興に用いられ，この

方針が復旧・復興の最終局面までもちこたえられるかを全国民が監視していく必要があろう。

　4．平成23年度第4次補正予算：平成23年度の最後の補正となる第4次補正予算は総額2兆5,345億円であり，平成24年1月24日に翌年度予算とともに提出され，第4次補正予算は2月8日に成立している。歳入の最高額は国債費の不用1兆2,923億円で歳入の半分を占めており，税収の増加1兆1,030億円がこれに続き，国債の不用と税収増により調達されているといえる。

　5．平成24年度予算（東日本大震災復興特別会計）：平成24年度予算では，これまでの特別会計の改革の流れの中で特別会計の数が17になったものを1つ増やして「東日本大震災復興特別会計」を設定した。特別会計についてはまだ改革すべきところが多いのであるが，減らす傾向がある中での増設は，次世代に負担を先送りせずに現世代全体で連帯して負担するという〈東日本大震災からの復興の基本方針〉に基づくものであり，財政法第13条にある「特別会計」設定理由の〈一般の歳入歳出と区分して経理する必要がある場合〉に相当するものであり，その評価については前述の通りである。

　東日本大震災復興特別会計は図表11－3の最終列にあるように総額3兆7,754億円で，その歳入の71.0％を占めるのが復興債の2兆6,823億円である。結局，超財政難ともいえる中で，特別会計新設元年から現世代での償還を前提にしているとはいうものの，綱渡り的に公債頼りにならざるを得なくなっている。また復興事業等の固有財源として設定された復興所得特別税が495億円，復興法人特別税が4,810億円の計5,305億円と総額の14.0％計上されており，また一般会計からの繰入が5,507億円計上されている。これは子ども手当見直しが4,272億円（一般会計から繰入の77.6％），高速道路無料化見直しが1,200億円（同前21.8％）見直されたものであり，政権党のマニフェストはその色がかなりあせてしまったといえる。けれども限られた財源の中での歳出の見直し，特に天災からの要請で建て直しを求められている以上，歳出の見直しは真っ先に検討しなければならない事柄であり，マニフェストの変更自体を軽々に非難することは難しい。ただし，公約変更に当たってはいらぬお世話かもしれないが，代理人として選ばれた議員ないし政権担当者は主権者である国民への問いかけ

を忘れてはならないであろう。なお図表11－3の税外収入は，この一般会計より受入のほか，公共事業費負担金収入104億円，災害等廃棄物処理事業負担金収入13億円，雑収入2億円で5,626億円となっている。

3　歳出の動向

　続いて歳出の動向をみておきたい。前述の通り，震災直後から予備費による対応をしていた。それは，生活物品支援，自衛隊の災害派遣関連，災害救助費負担金，仮設住宅建設等であり，津波や地震，あるいは原子力発電所問題により生活基盤すら失ってしまい，当面は復興というより被災者の早期復旧をという声を反映したものといえる。けれども政府の行財政的対応が遅々としており，被災者からは政府の予算対応に業を煮やし義援金の配分だけでも早くしてほしいという声が続出し，被災者は早期の生活安定を求めていた時期であった。それでも義援金の配分すら円滑には進まなかったのである。

　1.　平成23年度第1次補正予算：第1次補正予算（東日本大震災関係経費としての歳出追加額4兆153億円・平成23年5月2日成立）は，震災発生から約2カ月を経て成立したが，その歳出状況を図表11－4でみると，ようやく被災地からの要望の入口にたどり着いた感じがある。（なお，図表11－3で補正予算1号の歳出総額をみると3,051億円にすぎないが，これは前述のように当初予算の歳出の見直しと，以下の東日本大震災復旧・復興への歳出を相殺したことによる）まず，第1次補正予算で最も大きな割合を占めるのは，①災害対応公共事業関係費で全体のほぼ30％にあたる，1兆2,019億円が計上された。具体的には河川，海岸，道路，港湾，漁港，下水道等といった，生活基盤の社会資本やインフラストラクチュア（産業基盤となる社会資本）の復旧に対する公共土木に8,735億円計上されている。また，この経費からは災害により住宅を失った人に，災害発生から3年間は所得制限なしに入居できる災害公営住宅1万戸の整備に対して1,468億円が充てられている（なお，消防庁資料に基づくと，震災により平成24年5月現在，全国で全壊11万8,621戸，半壊18万1,801戸，一部損壊62万1,013戸と集計されているので，1万戸がどの程度かを知ることができる）。次に多いのは，②その他の東日本大震災経費とする雑多にみえるが，被災者にとっては不可欠な内容を含んだ経費を集めた費目

図表11－4 「東日本大震災関係経費」と銘打たれた経費等の一覧

(単位：億円)

	予備費	平成23年度補正予算 第1次補正	第2次補正	第3次補正	平成24年度東日本大震災復興特別会計	小　計	割　合 (単位：%)
災害救助等関係経費	603	4,829		941	762	7,135	3.3
災害救助費	301	3,626		301	494	4,722	2.2
災害援護貸付金		350				350	0.2
生活福祉資金貸付事業費		257		165		422	0.2
災害弔慰金等		485				485	0.2
被災者緊急支援経費	302	112		475	269	1,158	0.5
災害廃棄物処理事業費		3,519		3,860	3,442	10,821	5.0
災害対応公共事業関係費（第1次）	*1						
公共事業等の追加（第3次）	503	12,019		14,734	5,091	32,347	14.9
災害復旧等事業費		10,438		8,706	2,150	21,294	9.8
一般公共事業関係費		1,581		1,990	2,317	5,888	2.7
施設費等				4,038	625	4,663	2.2
施設費災害復旧費等		4,160				4,160	1.9
災害関連融資関係経費		6,407		6,716	1,210	14,333	6.6
被災者支援関係費			3,774			3,774	1.7
二重債務問題対策関係経費			774			774	0.4
被害者生活再建支援金補助金			3,000			3,000	1.4
東日本大震災復興対策本部運営経費			5			5	0.0
東日本大震災復旧・復興予備費			8,000		4,000	12,000	5.5
東日本大震災復興交付金				15,612	2,868	18,480	8.5
全国防災対策費				5,752	4,827	10,579	4.9
地方交付税交付金		1,200	5,455	16,635	5,490	28,780	13.3
年金臨時財源の補填				24,897		24,897	11.5
国債整理基金特別会計への繰入れ				1,253		1,253	0.6
その他の東日本大震災関係経費	76	*2 7,969		24,631	3,999	36,675	16.9
治安　自衛隊・消防・警察・海上保安庁活動経費等	5	2,593				5,302	2.4
自衛隊施設及び装備品等の復旧等	54			1,470	884		
警察・消防関係				229	67		
医療　医療保険制度等の保険料減免等に対する特別措置		1,142				2,561	1.2
医療、介護、福祉等				1,231	188		
農林水産　漁船保険・漁業共済の支払支援		939				5,392	2.5
漁船・養殖施設等の復旧対策		681					
農林水産業共同利用施設災害復旧事業費		185					
水産業の復旧・復興				1,576	302		
農業関係				197			
森林・林業の復興				1,400	112		

第11章 地域発展の経済政策—東日本大震災と復興特区— 247

生活	被災者生活再建支援金		520			15,544	7.2
	雇用関係		514	3,780	107		
	中小企業対策		24	452	173		
	中小企業組合等共同施設等災害復旧費				500		
	立地補助金			5,000	280		
	住宅関係			3,112	549		
	資源の安定供給確保			283			
	東北地方の高速道路の無料開放			250			
行政	市町村行政機能応急復旧補助金		37			37	0.0
教育	被災児童生徒等就学支援		219			1,511	0.7
	復旧・復興に向けた教育支援等		394	411	90		
	大学等活用による地域再生				397		
エネルギー	企業等の電力需給対策		178			4,564	2.1
	節電エコ補助金等			2,324			
	燃料安定供給対策	17	136				
	エコタウン化事業			840			
	再生可能エネルギー研究開発拠点整備事業			676			
	石油等の安定供給確保			243			
	省エネルギー分野等の革新的技術開発			150			
情報	世界に開かれた復興		177			460	0.2
	災害に強い情報通信ネットワークの構築等			169	74		
	震災関係資料の収集，デジタル化の促進，被災実態調査等			28	12		
その他			406	634	265	1,305	0.6
原子力損害賠償法等関係経費			2,754			2,754	1.3
原子力災害復興関係経費			*2 49	3,558	4,811	8,418	3.9
合計		1,182	40,153	19,988	117,335	37,754	216,412	100.0

（注1）本表の「その他東日本大震災関係経費」内部の9区分は筆者が便宜上，区分したものである。
（注2）端数を四捨五入している関係から，合計，小計額が完全一致しないことがある。
（注3）予備費は*1は平成23年度のものであり，それ以外は平成22年度のものである。
（注4）*2は「その他の東日本大震災関係経費」に計上されているものを関連箇所に移動した。
出所：平成22年度決算，平成23年度予算，平成24年度予算等の関係資料から作成。

が8,018億円（原子力災害対策費49億円を含む）であり，第1次補正予算のほぼ20％を占めている。具体的には，図表11－4にみられるように(ア)自衛隊・消防・警察・海上保安庁活動経費等に2,593億円，(イ)医療保険制度等の保険料減免等に対する特別措置として1,142億円，(ウ)漁船保険・漁業共済の支払い支援に939億円，(エ)漁場・養殖施設等復旧費に681億円，(オ)10万世帯に対する基礎支援金100万円の緩やかな支給として被災者生活再建支援金に520億円，(カ)都道府県や市町村が被災地失業者を直接雇用してさまざまな事業を行うための雇用対策として514億円，(キ)被災児童生徒等就学支援（児童生徒等に対する就学支援：113億円，大学生等向け授業料等減免・奨学金事業：76億円，スクールカウンセラー等派遣：30億円）に219億円，(ク)企業等の電力需給対策に178億円，(ケ)燃料安定供給対策に136億円となっていた。そして③災害関連融資関係経費の6,407億円に続くが，これは全体の15.9％を占めている。具体的には中小企業等の事業再建及び経営安定のための融資等，災害復興住宅融資等，農林漁業者の事業再建及び経営安定のための融資等，そして私立学校の施設整備等のための低利融資となっている。以下，続いて全体の12.0％を占める④災害救助等関係費（応急仮設住宅等の供与，遺族への弔慰金・被災者への生涯見舞金の支給など）に4,829億円，⑤学校施設等，介護・医療・障害者施設などの社会福祉施設などに対する施設等災害復旧費等に4,160億円が計上されている。また⑥災害廃棄物処理事業費3,519億円が計上され，瓦礫処理費に充てられている。この瓦礫処理費は最終的には1兆円を超えるとされるが，原田泰教授は東日本大震災で破壊された住宅32.7万戸に対して，通常の古家屋解体・整地が1戸当たり100万円とすると，瓦礫の完全分別，雇用創出まで目論んだかなりの高額になっていることを指摘している。これは人によって意見の分かれるところであり，この程度の置きどころをどこに決めるかがまさに政策であろう。

　以上のように歳出額をみると，まずは失われた社会資本の復旧に重点がおかれていることが図表11－4で一見してもわかる。基本的には市場経済の機能を重視した，古典派経済学の祖である「アダム・スミス」がその市場重視の中でも，政府のなすべき最低限の仕事の1つとして公共事業・公共施設の維持を挙げている。先取りして図表11－4の平成24年度東日本大震災復興特別会計

までの小計でみても，公共事業に関連した費目が全体の16.8％と最大になっていることがわかる。また，前述のように，予算は内閣のみ作成できるとされている。まして地震や津波によって生活基盤が破壊されてしまったのである。これらのことから，時の政権がいかなる行動を財政的にとるべきであったかは自明である。そして，震災直後予算にその他の東日本大震災関係経費が雑多に計上されているならいざ知らず2カ月を経たところで小手先の補正予算のほぼ半分が公共事業などの経費であとは諸経費が雑多に計上されている状態では政権が被災者に対して現在何を最も優先して行うのかという財政上の重点政策をほとんど示せていないに等しい。また内閣ないし政権が直接関与するものではないにしても，予算よりは機動性のある義援金の配分にもほとんど配慮がされておらず，結果として単なる総花的な予算配分に至っており，当時の被災者の高まる不満を財政上の記録としても確認することができるのである。

　2．平成23年度第2次補正予算：第2次補正予算（総額1兆9,988億円・平成23年7月25日成立）では，前述のように本格的予算を組むとしていたものが第1次補正予算の不足を穴埋めする位置づけになってしまった。そして原子力災害対応をその柱としたとされている。平成24年6月になり，震災直後にアメリカ政府がすでに放射能漏れのデータを日本政府に提供していたことが明らかになった。当時，災害救助に向かってくれた米軍でさえ退却姿勢をとっていた根拠をこのことからもうかがえる。日本政府が国民に余計な心配をさせまいという配慮から公表を控えたかは不明であるが，災害直後に原子力問題のデータを有していたものを，5カ月を経た第2次補正予算に3カ月前の第1次補正予算の穴埋め的に組むというのは実に不甲斐ないことである。

　計上された予算額を大きいものから図表11－3で順にみると，①東日本大震災復旧・復興予備費の8,000億円が第2次補正予算の40％を占めている。これは東日本大震災の復旧・復興に関連する経費の予見し難い予算不足に充てるためのものとされ，予算総則にもその限定が謳われている。未曾有の事態に際しても慎重さを失わないような予算編成をしているともいえるが，第1次補正予算に続き具体的に今何をなすべきかという緊迫した政策立案を感じられないのも事実である。図表11－3では主要経費別の歳出が確認できるが，図表11

－4で東日本大震災関連に支出された経費を具体的にみてみると最も多いのが，②被災者支援関係経費3,774億円で今補正予算の18.8％を占めている。具体的には(ｱ)被災者生活再建支援金補助金として3,000億円，(ｲ)二重債務問題対策関係経費に774億円計上している。被災者生活再建支援制度とは，全国都道府県が相互扶助の観点から基金に拠出して，住宅全壊の場合1世帯当たり50万〜100万円の基礎支援金を，さらに再建を行う場合に1世帯当たり50万〜200万円の加算支援金を支給するものであり，この措置により20万世帯(警察庁の調べによると，平成24年6月13日現在で建物被害は全壊が13万429戸となっており，その他半壊，流失等，全9区分で被害戸数が公表されている)に対する支給規模を想定しているとされた。しかし住宅被災状況の判断をめぐり，混乱が生じた事実があった。また，この頃すでに切実な問題となっていた二重債務問題に対してようやく財政措置がとられた。しかしこれは被災中小企業者向けのものであり，個人に対するものは対象となっていないのであった。個人財産への補助は困難であるといわれているが，本人の過失ではなく天災により二重債務にあえぐ被災者を目の当たりにすると，そういう眼前の問題を適切に解決することこそが政策ではないかと考えさせられる。そして，第2次補正予算の支柱とされた③原子力損害賠償法等関係経費2,754億円(図表11－4下部)に続くが，これは第2次補正予算の13.8％を占めている。これには，(ｱ)政府保証契約に基づく補償金支払いとして1,200億円が文部科学省予算に計上されたものが含まれている。すなわち，民間の責任保険契約では埋められない地震や津波等による原子力損害の賠償について，被害者保護を確実なものとするために，〈原子力損害の賠償に関する法律〉によって政府は原子力事業者と保障契約を締結することを義務づけられている。そこで東京電力による被害者への賠償の加速を期待しつつ，政府が東京電力に支払う補償金1,200億円を支払ったのである。しかし，原子力損害の賠償についての責任は一義的には東京電力にある。金子勝教授が指摘されているように，東京電力の責任をうやむやにしての財政出動には大いに問題がある。けれどもこれは福島第一原子力発電所分のみであり，同第二原子力発電所については計上必要額が不明であるとして，この時点では計上されていない。福島の現場で原子力発電所問題の後始末に強い放射能を浴

びながらまさに生命を張って挑んでいる人々がいる一方で，政策立案者は問題発覚後5カ月を経ても原発事故の全貌をつかみきれていないばかりか，十分な対応すらできていなかったのである。東京電力が真摯に対策を講じてもなお賠償が不可能な場合の財政出動でさえ，東京電力の今後のあり方も含めた上で慎重に決断を下さねばならない事柄である。しかし福島第一原発については原因をうやむやにしたまま，また福島第二原発については今後，補正予算や予備費の活用で対応するものとされた。また，(ｲ)原子力災害から子どもをはじめ住民を守るために必要な，中長期的に実施する事業のための基金として962億円が経済産業省と内閣府予算に計上されている。そして，放射能漏れが世界的にも問題視されていたが，(ｳ)放射線調査体制強化の経費235億円が文部科学省予算に計上されるなどしている。なお，〈原子力損害の賠償に関する法律〉に基づいて東京電力が将来にわたり原子力損害賠償をするために，必要な援助をすべく損害賠償支援機構が設置された。それに関連して，(ｴ)東京電力が損害賠償するために，国が発行する交付国債の償還財源調達の利子負担分を200億円，経済産業省予算に計上した。これは，東京電力が自己資金で賠償費用を支払うことが事実上できなくなっているため，会計手続き上，まず賠償費用の引当金を東京電力が計上して支援機構に交付金を申請する。そして，当面それを会計的に未収金として扱い，交付金がおりた段階で相殺するものとしている。この賠償費用のための交付金の財源は交付国債で賄われるのである。「交付国債」とは，国が一定の条件を備えた者に現金支出に代えて交付するために発行する国債で，発行時には予算計上しないですむものである。特別法に基づく国の支払い手段とされているもので，受取側は必要時に現金化できるのである。損害賠償額は天井知らずといえ，その他原子力発電所問題に関連する経費はここに掲げたものだけでも，長期債務の累積したわが国にとってその重荷をより増やすことは間違いない。

3．平成23年度第3次補正予算：第3次補正予算（総額12兆1,025億円・平成23年11月21日成立）は，前述の通り4回あった平成23年度補正予算の中では最大規模のものである。震災から9カ月程度経過し，①東日本大震災関係経費が9兆円程度と4分の3を占めており，加えて第1次補正予算で手をつけた②

年金臨時財源2兆4,897億円（第1次補正歳入の62％）の補填がなされている。そのため大震災関連の経費と銘打ってあるものは11兆7,335億円となり，全体の97.0％を占めるに至っている。このようにして，第3次補正予算は，東日本大震災・原子力災害からの本格的復興予算と位置づけられ，〈復興の基本方針〉に基づいて復興のための施策に重点配分したとされるが，東日本大震災からの復興を隠れみのにした各省庁の予算ぶんどりが激化してきているのである。本予算にしても補正予算にしても，それは東日本大震災の対策だけのためにあるものではないので，全国的視野で予算編成にあたる必要があることはいうまでもない。けれども震災から半年以上も経てくると，東日本大震災関係経費の名の下に予算編成者は実に巧妙に東日本大震災とは直接関係のない経費を〈関係経費〉と拡大解釈して計上する術を磨いてしまうのである。もちろん主権者である国民が自らの責任としてそれを暴く必要があるが，それには情報をかなり収集し，予算分析にも長けていなければならず，巧妙な予算ぶんどりを白日の下にさらすのは決して容易なことではない。図表11－4で①東日本大震災関係経費（第3次補正予算）で金額の大きいものから順にみると，(ｱ)地方交付税交付金の加算として1兆6,635億円計上されている。これは東日本大震災後の予備費，第1次補正予算，第2次補正予算，第3次補正予算で計上された復旧・復興経費の地方負担分等を特例的に財源手当したものとされ，東日本大震災関係経費（第3次補正予算）の14.2％を占める。次は，(ｲ)東日本大震災復興交付金の1兆5,612億円で，同経費の13.3％を占める。これは次節の復興特区でも述べるが，防災集団移転促進事業や道路整備事業などの，被災地方自治体に対してその復興地域づくりに必要なハード事業を基幹事業として一括化して1兆4,302億円を事業費として計上したものが主体である。震災後9カ月を経てようやくこの種の予算措置がなされたものの，提示されたものはすでに地方の実態とかけ離れているとの批判もみられる。そして，(ｳ)公共事業費等の追加1兆4,734億円へと続く。小泉政権下では歳出削減の先鋒とされた公共事業関係費はかなりの減額をみたが，大震災により被災地では生活および産業基盤の社会資本を喪失した以上，まさに財政が資源配分機能を発揮しなければならない分野であり，そのための経費といえる。また被災地以外の地では，防

災の観点から必要とされる公共事業を実施すること自体はやぶさかではない。ケインズ以来,公共投資の乗数効果を使い戦後の経済・財政政策として活用されてきた向きがあるが,東日本大震災後のわが国経済との関連でいかに活用するかの議論はまだ煮詰まったとはいえない。問題は,この種の議論以前の問題であり,明らかに国民の目から不必要ないし不合理とされる予算が,予算分析に長けているはずのない主権者である国民を前提として,きわめて巧妙に予算計上されてしまう現実である。繰り返しになるが,補正予算は東日本大震災のためのみにあるのではなく,通常経費についても必要があればその補充・修正はやぶさかではない。けれどもそれは予算編成者および執行者が,主権者は国民であり,国民に予算に関する明瞭な情報を漏れなく公開する責任があることを忘れなければの話である。実際,第3次補正予算では,東日本大震災に直接関係のない経費が国民の知るところなく東日本大震災関係経費に計上されているのである。少しでも〈関係経費〉に関連づけられれば拡大解釈をして,直接的に東日本大震災に関係しなくても,こじつけの関係でも〈関係経費〉にしてしまうのである。こうしたことは(エ)学校耐震工事や道路防災などに支出されている全国防災対策費5,752億円についても通常の公共事業との線引きが難しく震災便乗との批判があり,軌を一にしている。公共事業でも真に必要とされるものであれば,経費支出することは避けられないといえる。けれども昭和時代から,予算編成者の考える〈真に必要されるもの〉と国民のそれと大きな乖離がみられるのである。大切なことは財源難,また極めて高い長期債務高で苦しむ中,大震災の痛手が加わったことを忘れてはならないということである。何に対する支出を最優先させ,何を抑える必要があるかを慎重に判断しなければ,この財政の危機的状態からいつまでも抜け出ることができないのである。そして,数値的には最大額であるのであるが,第3次補正予算でも(オ)その他の東日本大震災関係経費と括られて2兆4,631億円計上されている。これには,産業の空洞化や雇用喪失の防止のための生産・研究開発拠点に対する国内立地補助事業,雇用対策,震災復興住宅融資等の経費が含まれるが,これこそ直接的な利益がどこに帰着するか詳細な分析の必要があろう。

なお,平成24年9月に平成23年度補正予算における東日本大震災関係経費

の実態がテレビ報道されたことが一つの契機となり復興予算の使途に国民の批判が高まった。前述のような復興予算の実態が白日の下にさらされたのである。具体的には①外務省所管：アジア太平洋・北米地域との青年交流（同地域等の高校生・大学生を被災地に招待）に72億円，②農林水産省所管：鯨類捕獲調査安定化推進対策（反捕鯨団体シー・シェパードの妨害活動対策）に23億円，③財務省所管：国税庁施設費（税務署の耐震改修工事）に12億円，④国土交通省所管：沖縄国道整備に6,000万円，⑤経済産業省所管：国内立地推進事業費補助金（岐阜県のコンタクトレンズ工場等への補助）に2,950億円があげられている。このうち①は同省がこれまで一般会計で扱ってきた事業を復興予算に付け替えて事業継続したものであり，④はこれまで台風・大雨対策目的で行ってきた事業に地震対策目的を付加することにより復興予算から支出している問題が指摘されている。これらはすべて財政民主主義の柱である国会による予算の承認を経てきているものである。議定科目，行政科目を問わず予算の承認にあたっては主権者である国民の代理人である国会議員は責任をもって任務を遂行する必要があるはずである。マスコミの調査を後追いするようではその任務を十分に果たしているとはいい難い。東日本大震災はこうした棚上げされ続けているわが国の予算そして政治のあり方を根本的に再検討する契機を与えてくれてもいるのである。

そして，ここで注意しなければならないのは，東日本大震災からの復興財源のために，多くの納税者が所得税や法人税の増税を許容し，また国民が復興債発行を是認している事実である。よもや復興に直結しない経費を計上しているなど，多くの律儀な日本国民が考えていないことである。このような予算政策の問題が指摘されて久しいのであるが，もはや国民自身が国家的課題として考える以外に方法はないようにも思える。

4. 平成23年度第4次補正予算：第4次補正予算（総額2兆5,345億円・平成24年2月8日成立）について，『平成23年度補正予算（第4号および特第4号）の説明』（財務省主計局）では東日本大震災の被災地に直接向けたと思われる費目やその説明はみられない。災害対策費等を含む義務的経費や地方交付税を除いたその他の経費2兆331億円のうち，放射線監視設備整備費の88億円が，全国

の原子力施設等の防災対策の見直しとして計上されているのが目につくのみである。前述の通り，補正予算は東日本大震災のためだけにあるのではないので，全国的観点から必要とされるさまざまな経費を計上することはやぶさかではない。ただ第4次補正予算には，復興の財政対策も一段落し，そろそろ他の経費をシーリングのかからない補正予算に廻して予算獲得をする「補正廻し」が堂々と姿をあらわしたように感じるのである。そして，この第4次補正予算については，平成24年度予算には計上できない経費を前倒しする形で計上しているものがあるとされ，予算編成上，以前から常套手段となり問題視されている〈補正廻し〉を厳しく指摘している見解がある。このような状況に接すると，前述の〈震災便乗〉批判に続き，わが国財政の厳しさ，そして東日本大震災のもたらした問題の重大さを時の経過とともに忘れてきているのではないかという危惧の念をもたざるを得なくなるのである。

　5．平成24年度予算（東日本大震災復興特別会計）：東日本大震災復興特別会計の創設理由は前節で述べた通りであるが，その歳出を図表11－3にあるように主要経費別分類でみると，①公共事業関係費7,288億円が最も多い。歳出総額3兆7,754億円の19.3％を占めている。そして図表11－4から平成22年度予備費による東日本大震災復旧・復興の経費の支出以来，公共事業などに全体の15％ほどの経費が割かれていることが，直接状況を把握できる費目名から確認できる。そして，②地方交付税交付金の5,490億円と続いており，歳出総額の15.7％を占めている。これは震災復興特別交付金の財源として〈交付税及び譲与税配付金特別会計〉に繰入れられるものである。費目名のみみると上位2費目ですでに被災地の復興に役立てられるのではないかという期待はある。図表11－4で具体的な費目でみてみると，(ｱ)東日本大震災復興交付金に2,868億円計上されている。これは次節で述べる〈東日本大震災復興特別区域法〉に基づいて交付されるものであり，すでに平成23年度予算内で1兆5,612億円が予算計上されている。図表11－4ではこの時点までで全体の8.5％の予算が配分されていることがわかる。また，(ｲ)金額としては同予算の11億円と少額であるが，「東日本大震災復興特別区域法」関連の経費として，〈復興特区支援利子補給金〉が計上されている。これは復興特別区域計画を実施する際

に，雇用機会の創出などを通じた地域主体の復興を支援する目的で，中核となる事業の実施者が金融機関からその資金借入をする場合，利子補給金を支給するものである。これも平成23年度予算内で3億円計上済みである。その他，(ウ)原子力災害復興関係経費に4,811億円で，この段階までで復興予算全体の5％以上が原子力災害関係に注ぎ込まれていることが直接的には確認できる。また(エ)災害廃棄物処理事業費に3,442億円が計上されており，これも復興予算のこの時点までの配分状況を図表11-4でみると，全体の5％を占めていることがわかる。ただしこれも前述の予算ぶんどりの事態を前提にすると，細かく立ち入った予算分析が必要になろう。

ところで，所管官庁別分類でみた場合，歳出総額3兆7,754億円のうち54.1％を復興庁所管の予算としており，そのうち1兆7,429億円の取り扱いがこの予算の特徴の1つとされている。これは〈復興庁設置法〉第4条第2項の規定に基づき，東日本大震災からの復興事業の経費のうち，被災地の復興と関連性が高く復興庁が主体的に政策判断をする必要性が認められる経費を，従来であると各府省所管予算とすべきものを復興庁所管予算として一括計上しているものである。予算は所管別分類によるのを常としており，それが縦割り行政を生み出し，予算の非効率的執行がなされているとの批判がある。この措置は，このような予算配分の弊害を回避しようとする努力のあらわれといえる。この努力が復興の隠れ蓑を悪用した予算配分によりかき消されることなく，現実に実を結ぶか注視したい。

第3節　復興特区の創設

1　特区構想の浮上から復興特区法制定とその概要

特区というと，第12章で述べるように，規制緩和などにより経済発展を目論む経済特区や構造改革特別区域がすでに存在している。そのこともあり，東日本大震災被災地域においては，震災直後からその迅速な復旧・復興のための特別区域（特区）を求める声が上がっていた。法律による規制は法律制定直後でなおかつ平時であれば，その意味をなしていることが多い。しかし制定後の

第11章 地域発展の経済政策—東日本大震災と復興特区— 257

図表11-5 東日本大震災復興特別区域法の枠組み

地方公共団体の区域	復興特別区域基本方針（閣議決定）			
復興特別区域として計画作成ができる	【主な内容】 ・復興特別区域における復興の円滑かつ迅速な推進の意義に関する事項 ・復興特別区域における復興の円滑かつ迅速な推進のために政府が着実に実施すべき地方公共団体に対する支援その他の施策に関する基本的な方針 ・復興推進計画の認定に関する基本的な事項 ・復興特別区域における特別措置等			

国と地方の協議会
・地域からの新たな特例の提案等について協議
・県ごとに設置（地域別等の分科会設置も可能）
・現地で開催
・復興庁が被災地の立場に立って運営

→ 特例の追加・充実

復興推進計画の作成
県、市町村が単独又は共同して作成 民間事業者等の提案が可能

個別の規制、手続の特例や税制上の特例等を受けるための計画

→ 内閣総理大臣の認定 →

・住宅、産業、まちづくり、医療・福祉等の各分野にわたる規制、手続の特例
・雇用の創出等を強力に支援する税制上の特例措置
・利子補給

復興整備計画の作成
市町村が単独又は県と共同して作成

土地利用の再編に係る特例許可・手続の特例等を受けるための計画

→ 必要に応じ、公聴会、公告、縦覧
復興整備協議会で協議・同意
計画の公表 →

土地利用再編のための特例
・事業に必要な許可の特例
・手続のワンストップ処理
・新しいタイプの事業制度の活用

復興交付金事業計画の作成
市町村が単独又は県と共同して作成

交付金事業（著しい被害を受けた地域の復興のための事業）に関する計画

→ 内閣総理大臣に提出 →

復興地域づくりを支援する新たな交付金（復興交付金）
・40のハード補助事業を一括化
・使途の緩やかな資金を確保
・地方負担をすべて手当
・執行の弾力化・手続きの簡素化

東日本大震災により一定の被害が生じた区域である財特法の特定被害区域等（二百二十二市町村の区域）

出所：東日本大震災復興対策本部事務局「東日本大震災復興特別区域法資料」, P.3を改編。

時間の経過とともに実情と合致しなくなることも事実であり，また非常時にあってはそれが障害となってしまうことさえある。東日本大震災はまさに非常事態であり，その復旧・復興のためには問題に対して迅速に対応することが望まれた。けれども法律の壁にぶち当たる場面が数多く出現してきたのである。

そのような中で，復興特区の構想が公式の場で言明されたのは，平成23年4月23日の東日本大震災復興構想会議第2回会議とされている。もちろん，民間レベルでもすでに復興特区設置の議論はあちこちで噴出しており，両者とも復旧・復興のために役立つのであれば早期設置を望む声としては同じものであった。けれども結局，内閣が〈東日本大震災復興特別区域法〉案を国会に提出したのは，首相交代後の10月28日になってからであった。衆議院で一部修正され参議院で可決，成立したのは12月7日であり，震災からすでに9カ月を経ていた。復興特区制度の推進を図ることを，6月24日制定の〈東日本大震災復興基本法〉第10条に盛り込んでいたとの言い訳もできようが，12月7日になり特区法が成立するまで，復興特区制度は何ら正式実施に向けての具体的作業に入る土壌が整っていなかったのである。立法府の任務である法律制定とは，このように国民生活にいかようにも影響を与えられるという重みをもっているといってもよい。

図表11-5は，この〈東日本大震災復興特別区域法〉の概要を示したものである。これにより明らかなように，復興特区法は，大きく3つの柱から構成されている。①規制緩和や税制上の特例などを受けること，②土地利用再編のための特例を受けること，そして③〈復興交付金〉（復興地域づくりを支援する交付金）を受けること，の3つである。①は，東日本大震災被災以来，被災地の迅速な復旧・復興のために，行政の迅速な対応を求めて起こった声がひとまず法定されたものといえる。生活および産業基盤をほぼ一瞬にして喪失した被災地とその住民にとっては，1日も早く従前の生活を取り戻すこと，そして安心して暮らせるようにすることこそが希望であった。そのためこの制度は，県や市町村が〈復興推進計画〉を作成し，首相の認定を受けると，(ア)住宅，産業，まちづくり，医療・福祉等の規制や手続の特例，(イ)雇用創出を支援する税制上の特例措置などを受けられるというものである。次に②であるが，約千年以上前の貞観時代以来の大津波により広域にわたる土地が壊滅的状態に追いやら

れてしまった。歴史的には，比較的最近になる太平洋戦争の空襲後の写真を見ているかのごとくである。津波以前の土地が住宅地と農地が混在しているような場合，法律は復興（もとどおり盛んになること）というより単に復旧（もとどおりになること）を前提しているに過ぎない結果となってしまう。復興にあたって，例えば市街化調整区域の開発許可や農地転用の許可などを経ないとならず，少したりともしかも容易に土地利用の状況を変更することはできないのである。そのため，2つ目の柱は，市町村が単独もしくは県と共同して〈復興整備計画〉を作成し，復興整備協会の協議・同意を経ることにより，複数の許可手続き等をワンステップで（一元的に）処理することなどが可能になるというものである。そして③は，東日本大震災からの復旧・復興のためには巨額の資金を必要とする。けれども「集権的分散システム」（公共サービスの意思決定は国が集権的に行い，公共サービスの執行は地方が行うとする税財政システム）といわれる現行のわが国の財政システムを前提とすると，住民と最も近い立場にありその声を最も反映しやすい市町村などの地方自治体は，復興のための公共サービスを執行するにあたりそのための資金をあまり有していないことになる。まして今回の被災地は，その多くの地方自治体の財政力がきわめて弱いところといえる。そのため，著しい被害を受けた地域の復興地域づくりに必要となる事業に対して，国費1兆5,612億円，国費と地方負担分を合わせた事業費で1兆9,307億円が平成23年度第3次補正予算に計上されたのである。その基幹事業として，(ア)道路事業，(イ)土地区画整理事業，(ウ)防災集団移転促進事業，(エ)農業農村整備事業，(オ)学校整備事業，など5省が管轄する40事業がメニュー化されるなどしている。また，事業費のうち地方負担分については，追加的な国庫補助でその50％を，また地方交付税の加算により確実に手当するとされたのである。

2　復興特区法制定をめぐる問題点

　この復興特区法はようやく制定されたものの，批判も多い。例えば，前述のように復興交付金は5省40事業とメニュー化されており，対象事業が限定されてしまっている。各地方自治体がぜひとも必要としている事業がない場合もある。また，平時でも問題とされる国家機関の縦割り行政が，このような緊急

事態に至っても出現しており，通常の「補助金行政」のような体をなしてしまっているといった批判まである。

　このような内容面に関する批判に目をつぶったとしても，看過できない問題がある。このような緊急事態に，3つの柱をもつような表面的に見栄えのする法律を9カ月もかけて作成したのはいかなる理由からかということである。何よりもこの特区法成立に関して問題であったのは，この未曾有の事態に対して機動的に，しかも即効性のある対応ができなかったことである。やや時代背景や事情を異にするが，明治時代の国家成立期に当時の日本人はどのように国家を創り上げていったか。江戸時代に長い眠りについていたわが国は，世界に比してかなり遅れをとってしまった。そのため明治政府は近代国家樹立を急務とした。一般的に，国家体制を整えるといった場合，基本法たる憲法を制定し，それに基づき法律を制定し，そしてミクロな問題に政策的に対処していくのが手順である。しかし，当時の明治政府の手法はそうではなく逆であった。目的は近代国家樹立であるが，それを国民生活の向上と同時平行に，しかも迅速に行わねばならなかったのである。予算制度の成立過程を例にとると，明治初期，大蔵省内部での，先進的な井上馨や渋沢栄一らと守旧派の間での意見対立が引き金となって，まず明治6年に「見込会計表」(現在の予算)の公開が実施される。予算原則にいう「公開性の原則」とは，予算に関する情報を国民に公開するというもので，財政民主主義の基本原則とさえいわれている。この予算公開は，最も先進的なイギリスが200年の歴史をかけて醸成してきたものであり，当時のわが国の時代背景を考えると，新国家樹立後まもなくにこれを達成することなど考えられもしないことであった。このような，ほとんど不可能であると思われる予算公開を瞬時に成し遂げてしまったのである。当時の日本人がとった手段は，形式を整えてから問題に着手するというものではなく，まず目の前の問題でできることから解決していくという姿勢であった。その後明治14年に，このような予算公開のあり方への対処も1つの契機となり，収入支出の手続き，予算決算制度を定めた「会計法」が制定される。そして明治22年に至り，ついに最高法規である「大日本帝国憲法」が公布され，その〈第6章会計〉に財政の最も基本的な規定が掲げられる。東日本大震災はある意味，

明治時代の国家樹立の速度以上に，被災者救済が急務という重大な目的があったはずである。少なくとも，震災後1カ月の段階で公式な会議で復興特区が検討課題に挙げられていたにもかかわらず，このような遅れをもたらしたことは政権担当者の失策といえよう。〈東日本大震災復興特別区域法〉のように，3つの柱のある見栄えのよい法律を悠長に制定している余裕など，迅速な被災者救済という目的を政権担当者が十二分に理解していたならば，あり得ないはずである。3つの柱の中でも，当面必要なものから法律化していく手法もあったはずであるし，法律化するのに時間がかかるようであったら，緊急事態であることを考え，政令や省令等を使うことも考えられたはずである。〈東日本大震災復興特別区域法〉の制定の遅れをめぐるこの問題は，今回限りのものとしなければならない。〈歴史は繰り返す〉といわれる。いま一度，わが国の今日の経済的繁栄をもたらすに至った理由の1つともいえる，明治の先人の示してくれた，国民から身近な問題を解決しながら最終的に最大の懸案に至るという手法を，東日本大震災からの復興政策の遅れという失策を反省する意味からも，心に銘記しておく必要があると思われる。

3　復興特区の現状

　このように復興特区法の制定が遅れたことから，具体的な作業はさらに遅れをとる結果となっている。ここでは平成24年5月現在の状況をみておきたい。図表11－6は，復興庁から公表されている復興特区の認可の現状をみたものである。被災各県で被災の度合いが異なるので，軽々に比較をすることは慎まなければならないが，〈復興推進計画〉を作成し，特区の認定を受けた数に大きな開きが見られる。認定番号で数えると14特区が認定されており，宮城県の6特区が最も数としては多い。また現在認定を受けた内容で種別すると，①税制，②医療，③利子補給，④農地に分けられ，①税制が8件，②医療が4件，③利子補給が2件，④農地が1件となっている。公共部門は被災からの復旧で多額の経費を要し，また民間部門も同様な中，租税の優遇措置も件数が最も多いのはそれを裏づけているといえよう。また，被災後多くの医師が被災地に赴き惜しみない協力をしている中で，医療現場での規制の早期解除を主張し

図表11－6　復興特別区域（復興特区）一覧

平成24年5月9日現在

県名	認定日	認定番号	認定を受けた復興推進計画	税制	医療	補給子利	農地
青森県	H24.3.2	青森第1号	青森県及び関係市町村から申請された税制上の特例措置を講じる復興推進計画	○			
岩手県	H24.2.9	岩手第1号	岩手県から申請された保険，医療及び福祉サービスに関する特例措置を講じる復興推進計画		○		
岩手県	H24.3.30	岩手第2号	岩手県から申請された税制上の特例措置を講じる復興推進計画	○			
宮城県	H24.2.9	宮城第1号	宮城県及び関係市町村から申請された税制上の特別措置を講じる復興推進計画	○			
宮城県	H24.3.2	宮城第2号	仙台市から申請された税制上の特例措置を講じる復興推進計画	○			
宮城県	H24.3.23	宮城第3号	塩竈市から申請された税制上の特別措置及び利子補給金の支給に関する特例措置を講じる復興推進計画	○		○	
宮城県	H24.3.23	宮城第4・5号	石巻市から申請された税制上の特例措置及び個人出資にかかる税制上の特例措置を講じる復興推進計画・農地法の特例を講じる復興推進計画	○			○
宮城県	H24.4.10	宮城第6号	宮城県から申請された医療従事者の配置基準等や医療機器製造販売業の責任者等に必要な資格要件の緩和などの医療，福祉サービスに関する特例措置を講じる復興推進計画		○		
福島県	H24.3.16	福島第1号	福島県から申請された医療機器製造販売に関する特別措置を講じる復興推進計画		○		
福島県	H24.4.20	福島第2・3号	福島県及び県内59市町村から申請された税制上の特例措置を講じる復興推進計画・福島県から申請された医療・福祉サービスの特例措置を講じる復興推進計画	○	○		
福島県	H24.4.20	福島第4号	会津若松市から申請された利子補給を内容とする復興推進計画			○	
茨城県	H24.3.9	茨城第1号	茨城県及び関係市町村から申請された税制上の特別措置を講じる復興推進計画	○			

第11章 地域発展の経済政策—東日本大震災と復興特区— 263

図表11－7　復興交付金の交付可能額一覧

都道府県	第1回交付可能額（単位：億円）			第2回交付可能額（単位：億円）			合計（第1回・第2回分）		
	事業費	国費	国費／事業費(%)	事業費	国費	国費／事業費(%)	事業費	国費	国費／事業費(%)
青森県	18.3	15.7	85.79	0.9	0.7	77.78	19.2	16.4	85.42
岩手県	957.2	797.6	83.33	980.6	798.5	81.43	1,937.8	1,596.1	82.37
宮城県	1,436.2	1,161.5	80.87	1,703.6	1,418.2	83.25	3,139.8	2,579.7	82.16
福島県	603.3	505.1	83.72	371.4	306.1	82.42	974.7	811.2	83.23
茨城県	28.2	21.9	77.66	44.6	37.2	83.41	72.8	59.1	81.18
栃木県	8.1	6.1	75.31	－	－		8.1	6.1	75.31
千葉県	1.8	1.4	77.78	53.9	42	77.92	55.7	43.4	77.92
新潟県	－	－		0.9	0.8	88.89	0.9	0.8	88.89
長野県	－	－		9.9	8.4	84.85	9.9	8.4	84.85
合　計	3,053.1	2,509.3	82.19	3,165.8	2,611.9	82.50	6,218.9	5,121.2	82.35
構　成　比（単位：%）									
青森県	0.6	0.6		0.0	0.0		0.3	0.3	
岩手県	31.4	31.8		31.0	30.6		31.2	31.2	
宮城県	47.0	46.3		53.8	54.3		50.5	50.4	
福島県	19.8	20.1		11.7	11.7		15.7	15.8	
茨城県	0.9	0.9		1.4	1.4		1.2	1.2	
栃木県	41.0	30.3		－	－		0.1	0.1	
千葉県	0.1	0.1		1.7	1.6		0.9	0.8	
新潟県	－	－		0.0	0.0		0.0	0.0	
長野県	－	－		0.3	0.3		0.2	0.2	
合　計	100.0	100.0		100.0	100.0		100.0	100.0	

（注）この数値は市町村事業と県事業を県別に合計したものである。
出所：復興庁資料から作成。

ていたが，それが医療関連の特区の件数に表れていることがうかがえる。なお，図表11－6は復興庁の公表している資料に基づき整理したものである。それぞれの〈復興推進計画〉をみると細かな内容について記載されているものの，該当特別地域内の被害総額や復興特区設置・運用に伴い発生する費用等の記載に統一性がないので，現段階での比較は困難である。けれども，かなりの分量になる〈復興推進計画〉をみると，各県が表に示された認定日に至るまで

努力して作成した跡がみられるのである。

　図表11－7は，復興交付金の交付可能額の一覧である。平成24年5月現在で2回の交付が決定されている。第1回決定は平成24年3月2日付で，第2回決定は同5月25日付で発表されており，第3回事業計画提出受付を6月末に行うとしている。この表をみる際も，被災各県で被災等の事情が異なるので単純比較をすることには注意しなければならない。けれどもこれまで2回交付決定された金額でみると，宮城県およびその市町村に交付された合計2,579億円が交付総額の50.4％を占め最も多く，続いて岩手県およびその市町村に交付された合計1,596億円が交付総額の31.2％を占めている。原子力発電所問題を抱える福島県がこれに続くが，放射能濃度の観点等から立ち入り制限をされていたりする実情を重ね合わせると，なかなか復旧・復興に取り組めない実情がこの数値をみることによっても確認できよう。また，国費を事業費で除した割合をみると，75～85％の間にあることがわかるが，これは各事業の補助率の平均値である。各事業で補助率が異なるためにこのような数値の違いが出てしまうのであるが，このほか国庫補助や地方交付税加算により補助を高めているとはいうものの，通常の補助金行政の延長上にあるという批判を回避することは到底できないといえる。いかに政策には「時間的遅れ（ラグ）」がつきものであると言い逃れしても，9カ月待たせた上にこの事態であるという酷評すらできるのである。

　東日本大震災は当初，その略称すら〈東北関東大震災〉，〈東日本大震災〉と統一性なく使われており，ようやく平成23年4月に〈東日本大震災〉と政府が統一化した。本来，国のなすべきことはこの種の大枠をただちに決定することであり，実際の復旧・復興作業は各地方自治体に委ねるのが相当といわれる。これは，復興特区制度が動き出してからの各県，市町村の図表11－6および図表11－7からみられた進捗具合の相違をみても明らかであろう。各地域の事情が影響しているからである。そのようなミクロ的対応を国がすることは困難である。もちろん各地方自治体の行政能力が大きく影響していることも確かであり，こういう未曾有の事態であるからこそ，もし仮に地方自治体の行政能力が不足するのであれば，国は率先して支援する必要があろう。それこそが現代の政治家が政策に掲げている分権にもつながるのではないかと考える。

第11章　地域発展の経済政策―東日本大震災と復興特区―　265

第4節　おわりに―復興特区の事例：水産業復興特区

　東日本大震災により甚大な被害を受けた東北各県，とりわけ岩手県，宮城県，福島県は三陸沖などの良質な漁場を有しており，新鮮な魚を全国に提供してくれていた。それが地震，津波，原発の複合被害により，壊滅的状態になり，窮地に追いやられてしまった。腰の重い国の対応に業を煮やした地方自治体は，震災直後から特区構想を展開していた。最終的には特区法第14条により実現できることとなったが，法律的に実現に至るまで長い時間を要したのである。その間この水産業復興特区をめぐっては，さまざまな議論が戦わされて注目されてきた。そこで，本章の最後に，この特区生成をめぐる問題を，特区自体にとどまらずにやや視野を広げながら論じたい。

　水産業復興特区については，被災県の知事が震災直後の東日本大震災復興構想会議で言明するなどしたことから，そのあり方がさまざまな角度から議論されてきたといえる。それを大別すると，宮城県知事（村井嘉浩知事）の主張と岩手県知事（達増拓也知事）の主張に集約することができよう。宮城県知事は，水産業従事者が高齢化し，また後継者が減少している現状を憂い，民間の技術や経営のノウハウを取り入れた水産業の新生を目指していた。これに対して，岩手県知事は従来から蓄積されたノウハウや，小規模ながらも水産業にあたっている地域コミュニティを重視し，それが漁業協同組合を主体としている現状を考え合わせ，漁協を核とした水産業の再生を主張した。

　宮城県知事のいう水産業従事者の高齢化と後継者不足は，被災地一地域の問題ではなく，わが国の農林水産業全体の最重要課題といえる。現在の70歳代以上の第一次産業従事者は，江戸時代あるいはそれ以前から各家に代々伝わる農林水産業のノウハウを有している。いつ，どのように，どうすれば，よりよい生産ができるかというこのノウハウは，長い年月をかけてわれわれの祖先が蓄積して今日に至るまで伝えてくれたわが国の財産でもある。後継者不足により，それが日ごとに失われようとしているのが現状である。このノウハウには，震災によりますます注目を浴びつつある持続可能な社会（サステナブル社

会）に相通ずるものも数多く埋め込まれている。

　だからこそそれを大切にしたいとするのが岩手県知事の主張といえる。つまり両者の主張は，決して対立関係にあるのではなく，根底では自らの地域を復活させたいという強い意思の表われとみてよい。

　この種の議論をする場合，理論的ベースに大きな対立があるといえる。宮城県知事が推進しようとする手法は，民間経済における自由な競争を重視し，そこから経済成長を引き出そうとする考え方をもつ急進的な新古典派経済学者などの論調に近いものといえる。特にアメリカ合衆国に対して強い憧れをもつ者の論調には，単純に費用を低く抑えて収益を最大にしようとする「効率性」を重視する嫌いがある。アメリカ合衆国は第2次世界大戦後，世界の政治経済を牽引して多くの成果を収めてきているが，逆に失敗も多々みられる。近年のグローバル化の流れの中で，「世界標準（グローバルスタンダード）」と称して，実質的にはアメリカ基準を安易に受け入れる傾向があることも確かである。しかしこの行為は各国家とそれを構成する国民性を無視したものであり，注意を要する。わが国はわが国の伝統があり，その歴史過程で生み出されてきたものがある。政策決定にあたってはそのことを踏まえ，まずはわが国の国益を重視しながら国際関係を勘案した上で政策立案していく必要がある。もちろんその過程で米国式手法が大きな効果をもたらすのであれば，それを否定するつもりは毛頭ない。効率性を重視することも時によっては大切である。

　漁業者を保護する漁業法によると，特定水域での漁業権免許が①漁協，②地元漁民の7割以上が組合員，社員，株主等である法人，③地元漁民の7人以上が組合員，社員，株主等である法人，④漁業者，法人を含む漁業従事者，⑤その他の主体という順序で優先順位づけがされている。そのため，外部の民間資本が参入することを極めて厳しくしている。もちろん現行法の下でも，民間企業が漁協の組合員になるなどして漁業への参入は可能であるものの，その場合，民間企業は漁協に対して漁場行使料，出資金，販売手数料，賦課金等を負担する必要が生じ，民間企業が漁業に参入する障壁になっているとされる。これに関して特区法では，上述の①から③を同列に置くことを認めたのである。この同列化は，第一位の漁協の優先権は後退したものの，第二・三位の地元漁

民主体の組織の漁業権を漁協と同列にしただけで地元漁民の地位は特区法で法律的に保持されている。けれども，こうすることは漁民主体の組織に民間大企業の参入を容易にするともみられ，効率性を重視する新古典派経済学の悪い側面が助長され，野心をもち競争により勝者になろうとする者の参入を安易に許してしまう結果になるのではないかとの疑義を地元漁民にもたせてしまっている。この特区で問題とされている点の1つは，ここにあるといえる。

　こうして，一方には地域漁業が高齢化や後継者不足のため，近い将来壊滅してしまうので，この機会に地域漁業を新生しようとする議論が出てくる。それがさらに野心的に，効率性に偏重すると，震災ですべてを失ったのを機会に，大企業の参画を仰ぎ復興を効率的に推進しようとする論に進んでいく。すべてを失ったことにより，白地に新たに絵をかける機会を得られるからである。野心的にいうと，これをビジネス・チャンスといえるかもしれない。ある意味，根本的変革を推し進める絶好の機会ともいえる。他方，その土地で生まれ，その土地の産業を支え，その土地で尽力してきて，被災したことによりすべてを失ってしまった人間が存在している。そういう人間にさらなる忍耐と犠牲を強いることを，国民ないし地域住民の代理人たる地域の政権担当者は進んで取るべきではないとする議論が出てくる。そして，むしろこれまで蓄積されたノウハウを維持していきたいとする考え方へと進んで行く。

　こうした事態をいかに収拾すべきであるか。まず大切なのは，政策決定者はさまざまな見解をもつ国民ないし地域住民とよく会話をすることである。見解の相違はあろうが，自らの住む場所をより良くし，その生活を豊かにしたいという点では共通であるはずである。地域の政策決定者の中には，地域を〈代表〉している立場にあり権力を振りかざそうとする愚か者もいるが，それは誤解である。地域の政策決定者は地域住民の単なる〈代理〉人であり，代理人としての地位を有しているに過ぎないのである。この場合は，東日本大震災で忍耐や犠牲を強いられてきた人々の代理人ということである。大震災による被災という事態に直面しているからこそ，それぞれの人間が私欲を捨てて，どのような選択をするのが短期的に，そして中長期的に，自らの拠って立つ地域を良くできるかを議論する絶好の機会である。特に大震災ですべてのものを失った人間は，新たな競争

にさらされてまたもやすべてを失ってしまうのではないかという恐怖にさらされているといえよう。それを除去することが最も重要な役割であり、それを実行した上で、いずれかの時点で決断をしなければならなくなる。そして、この過程を踏むにはどうしても時間が必要になる。復興特区を生かす場合には、このような議論に時間をかけるべきであり、その意味からも本章で何度か指摘したように、復興特区法制定までに9カ月もかけた愚かな行為が残念に思われるのである。

　現状では、宮城県においては漁業復興特区が座礁しており、岩手県では静かに進行しつつあるという。両県に限らず、今後、関係自治体で漁業復興特区が検討されることもあるかと思われるが、わが国に蓄積された農林水産業のノウハウを断絶させたり、失わせたりすることなく、なおかつ農林水産業が安定的に運営できるように、地域政策、国家政策としてすぐに考えなければならない時期にすでにかなり足を踏み入れてしまっているのである。

参考文献

磯崎初仁（2012）「東日本大震災復興特別区域法の意義と課題（上）」『自治総研』第403号（5月号）。
金子勝（2012）『原発は不良債権である』（岩波ブックレット836）岩波書店。
金子勝・神野直彦（2012）『失われた30年　逆転への最後の提言』NHK出版。
財務省（2011, 2012）『ファイナンス』各月号。
佐藤進・宮島洋（1983）『財政』（経済ゼミナール4）東洋経済新報社。
神野直彦（1998）『システム改革の政治経済学』岩波書店。
田中信孝（2012）「震災復興と財政問題」『自治総研』第399号。
中井英雄（2007）『地方財政学――公民連携の限界責任――』有斐閣。
原田泰（2012）『震災復興　欺瞞の構図』新潮社。
諸富徹・沼尾波子（2012）『水と森の財政学』日本経済評論社。
財務省資料。
内閣府資料。
復興庁資料。
Ikemiyagi, Hidemasa (2011) "The Great East Japan Earthquake and the Japanese Economy," *Japanese Studies Journal*, Vol.28, No.1, Thammasat University.

（関口　浩）

第12章 地域発展の経済政策
―韓国全羅南道の地方財政改革―

第1節 はじめに

EU経済は，PIIGS（ポルトガル，アイルランド，イタリア，ギリシャ，スペイン）を典型とする各国の財政危機が露呈することにより，世界各国は新たな財政規律の重要性を深く認識するようになった。特に，日本は財政赤字額（国債および借入金）が現在1,000兆円を超えており，財政再建が大きな焦点になっている。2011年12月には，国内格付け会社による日本国債の格付けが，AAAからAA+に引き下げられる事態にもなっている。

一方，韓国も同じく地方財政赤字額が増大することにより中央政府の財政負担が増加し，国家財政に重荷になりつつある。地方財政の赤字は，2005年から2009年まで年平均40.9兆ウォンずつ増加したが，それが中央財政収支を年平均79.5兆ウォン悪化させている主因となった。地方債の発行額は2000年から減少していたが，2004年から再び増加に転じ2010年には28兆ウォンに膨らんだ。特に，首都圏を中心とした大都市は地方債の発行額の増加が著しい。このような地方債の債務負担は，地方自治体の財政自立度を悪化させる要因にもなる。その中でも際立って悪化している地方自治体は全羅南道であり，地方債務は2000年以後，仁川市と並んで最も債務残高を増加させている。さらに，財政自立度と財政自主度は，それぞれ全国の最低水準になっており，中央から地方への地方交付税額も韓国全土で2番目に多い地域である。

本章では韓国全羅南道の地方財政を取り上げ，全羅南道の地方財政改革試案を提案する。特に，財政赤字，財政構造の問題，現在進行中の施策を検討し，

NPN (New Public Management) による政策評価を行う。また，財政改革の方策として新たな方向性，日本の新対策の受容，財政再建の試案を提示するとともに NPR (National Performance Review, 国家業績評価) と NPRG (National Partnership for Reinventing Government, 政府再生の国家的パートナーシップ) の導入による財政改革の可能性についても提案する。

第2節 韓国8道・1特別市・6広域市・1特別自治道[1]の地方財政の現状

韓国地方財政の現状として，次のような概略を紹介することができる。

第一に，地方財政の赤字が拡大し，統合財政収支の運用負担はますます増加している。図表12-1は，政府部門の統合財政収支の推移を示した。2005年から2009年までの地方財政の赤字は，年平均40.9兆ウォンずつ増加し，それが中央財政収支を年平均79.9兆ウォン悪化させている。地方財政収支を中央財政収支で割ると，毎年53.1％ずつ中央財政収支が悪化することになる。同じく地方教育財政の赤字は年平均32.1兆ウォンであり，それを地方財政収支に

図表12-1 政府部門の統合財政収支の推移

(単位：兆ウォン，％)

	2005年	2006年	2007年	2008年	2009年	平均
中央財政収支 (A)	61.0	66.9	102.4	97.5	71.5	79.9
地方財政収支 (B)	-29.9	-27.5	-30.5	-45.4	-71.1	-40.9
地方教育財政収支 (C)	-29.1	-29.1	-29.6	-34.7	-38.1	-32.1
(B)／(A)	-49.0％	-41.1％	-29.8％	-46.6％	-99.4％	-53.1％
{(B)＋(C)}／(A)	-96.7％	-84.6％	-58.7％	-82.2％	-152.7％	-95.0％
統合財政収支 (D)	3.5	3.6	33.8	11.9	-17.6	7.0
管理対象収支 (E)	-8.1	-10.8	3.6	-15.6	-43.2	-14.8
(D)－(B)	33.4	31.1	64.3	57.3	53.5	47.9
(E)－(B)	21.8	16.7	34.1	29.8	27.9	26.1

出所：企画財政部（財務省）『統合財政収支』各年度により筆者作成。

第12章 地域発展の経済政策―韓国全羅南道の地方財政改革― 271

合計した後、中央財政収支で割ると、中央財政の黒字幅は年平均95.0％ずつ相殺されることになる。また、同時期において統合財政収支から地方財政収支を差し引いてみると、年平均47.9兆ウォンの黒字が達成できる。同じく管理対象収支は26.1兆ウォンになる[2]。つまり、地方財政収支の赤字幅により韓国の財政収支がますます悪化していることが明らかになる。

　第二に、地方債の発行規模は2000年から減少していたが、2004年から再び増加に転じ2010年には28兆ウォンに上った。図表12－2の地方債の規模および増加率をみると、地方債は2000年から徐々に減少していたが、2004年からは増加に転じ、2009年からの増加幅が著しい。その増加率は2008年に比べると、世界金融危機などの影響もあり、20％の増加となった。また、図表12－3は地方自治体の地方債現況を示したが、ソウル市、釜山市、仁川市、京畿道などの大都市や首都圏がその増加幅は大きい。特に、仁川市は2014年アジア大会があり、その準備などで地方債の発行を急増させて今日に至っている。2010年度の京畿道と釜山市の地方債残高は、それぞれ4兆5,901億ウォン、3兆443億ウォンであり、地方自治体の中でもその割合が高い地域になってい

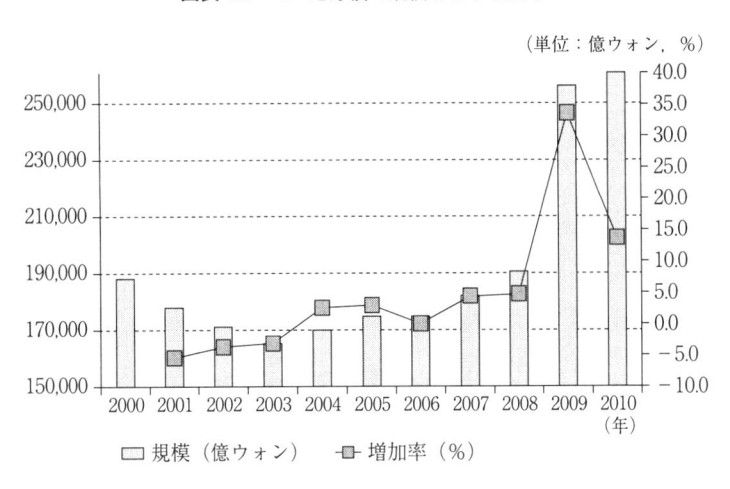

図表12－2　地方債の規模および増加率

（単位：億ウォン，％）

出所：行政安全部（総務省）『12月末の地方債務現況』各年度を用い筆者作成。

図表12-3 各自治体の地方債の現況

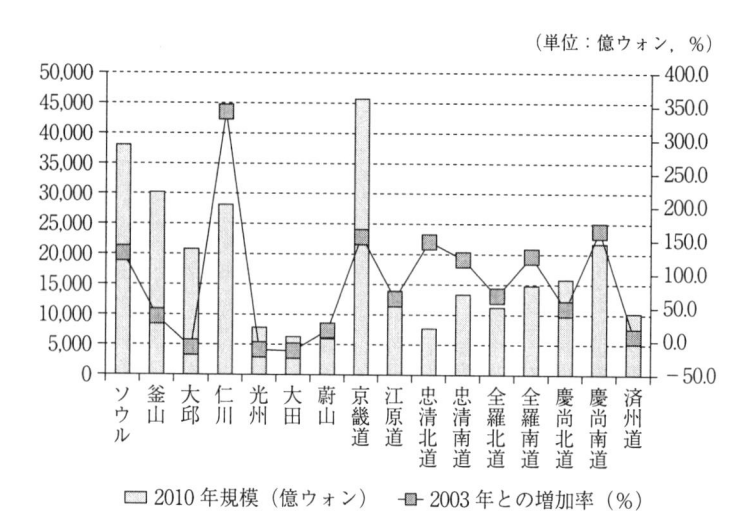

(単位：億ウォン，％)

□ 2010年規模（億ウォン）　-■- 2003年との増加率（％）

出所：行政安全部（総務省）『12月末の地方債務現況』各年度を用い筆者作成。

る。さらに，地方債の債務負担は地方自治体の財政自立度を悪化させる1つの要因でもある。その中でも，仁川市，江原道，全羅南道，済州道は，地方税収よりも地方債の債務残高の方が大きい。そのため，地方自治体の自立は困難を極めている。

　第三に，地方財政の自立度は停滞または後退している。図表12-4は，地

図表12-4　地方自治体の財政自立度

(単位：％)

	平均	ソウル	釜山	大邱	仁川	光州	大田	蔚山	京畿道	江原道	忠清北道	忠清南道	全羅北道	全羅南道	慶尚北道	慶尚南道	済州道
平　均	51.9	90.3	56.4	53.5	69.3	47.5	57.2	69.1	72.5	27.5	32.7	35.4	24.5	20.7	28.1	42.6	25.1
特別市・広域市	68.6	88.8	52.1	48.6	65.8	42.0	51.9	62.5									
道	33.0								60.1	21.4	24.1	28.3	18.6	13.5	21.4	35.2	24.9
郡	17.0		32.4	37.2	15.9		47.5	30.9	14.5	21.1	20.7	14.3	11.7	13.4	14.7		

出所：財政庫ホームページ（http://lofin.mopas.go.kr），2010年度より筆者作成。

方自治体の財政自立度を示しているが，郡単位の地方自治団体の財政自立度は17.0％にとどまり，実質的な破綻状態に陥っている。また，ソウル特別市と全羅南道の財政自立度は，それぞれ88.8％と13.5％になっており，その格差は75.3％と著しい。江原道と全羅北道も，それぞれ21.4％と18.6％であり低い自立度が目立つ。大都市である特別市と広域市を比べると，平均68.6％を占めているのに対し，道は平均33.0％になっており，その半分にも満たない状況である。この状況下での地方分権化は程遠い話になる。

　第四に，地方税収は減税政策により減少し，地方財政は今後さらに悪化する恐れがある。2008年の減税案により，地方自治体の主要税源である住民税の税収が6.3兆ウォン，地方交付税が23.9兆ウォンずつ減少した[3]。これは，所得税および法人税の減税によるものであり，所得税および法人税の各10％が交付税源になっていることにより，それらをもとにして住民税を算定することで，住民税が実質的に6.2兆ウォン減少することになる。また，国内の税収減少額は19.2％であり，それが地方交付税を13.6兆ウォン減少させている。また，総合不動産税も減税の対象であり，それが不動産交付税として地方に交付されるが，その10.3兆ウォン分が，地方への不動産交付税として交付されなくなっている。この状況下で政府当局は，地方消費税の導入により付加価値税の5％を地方消費税に転換することで，減税分を補おうとしている。2010年から2012年の間に4.4兆ウォンの増加が見込まれているが，その額は限定的であり減税による地方税収の減少は避けられない状況である。

　第五に，財源の地域間格差により，地方財政の危機はより深刻化する恐れがある。日本と同様，韓国は首都圏に税源が集中しているため，地方税の財源確保による財政自立度の向上は構造的な限界に直面している。つまり，総合所得税の賦課対象者数，付加価値税の納税事業者数，法人税の納付法人数の50％以上が首都圏に所在している。また，高所得者であるほど首都圏の居住者が多い[4]。具体的には，総合所得税の賦課対象者の57.2％，付加価値税の納税者の52.4％，法人税の納税法人の56.2％が首都圏に集中している。

　第六に，急激的に変化している人口構造は，地方財政の逼迫を余儀なくする。韓国の人口は1999年から2009年の10年間に278万人が増加したが，地

域的な格差は大きい。特に，首都圏と忠清圏の北部地域，東南圏の海岸地域，大慶圏の一部地域のみが増加したが，その他の地域は減少している[5]。人口増加率が著しい地域は，ソウルに隣接している京畿道の龍仁市が163.6％，烏山市が108.4％と増加したが，全羅南道の高興郡（－27.2％）と咸平郡（－27.1％），慶尚北道の義城郡（－26.6％）は減少している。さらに，地方の高齢化水準も高まり，高齢人口が増加している。

第3節　全羅南道の問題点

　全羅南道は，西は黄海に面し，北は全羅北道，東は慶尚南道に接し，南には済州海峡を挟んで済州特別自治道がある。海岸はリアス式海岸であり，入り組んだ地形に2,000余りの島々が存在しており，その約4分の3は無人島である。海岸線の総延長は6,100 kmにもなり，海産物，特に，カキや海草の生産は韓国内で最も盛んな地域であり，日本の瀬戸内海地方と酷似している。

　全羅南道の人口は190万人（2010年末現在）で総面積は12,095.06 km^{2}である。行政区域は5市17郡31邑198面で構成され，世帯数は73万1,092世帯であ

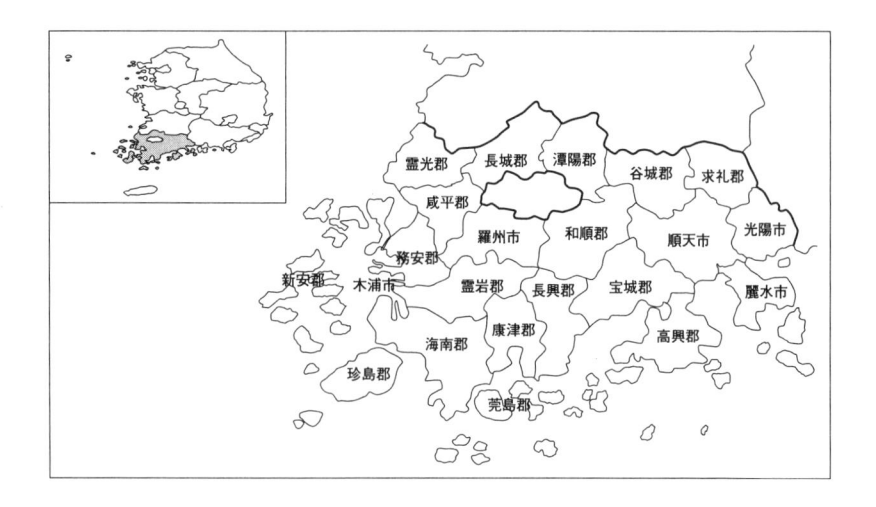

図表 12 － 5　地方債務の状況

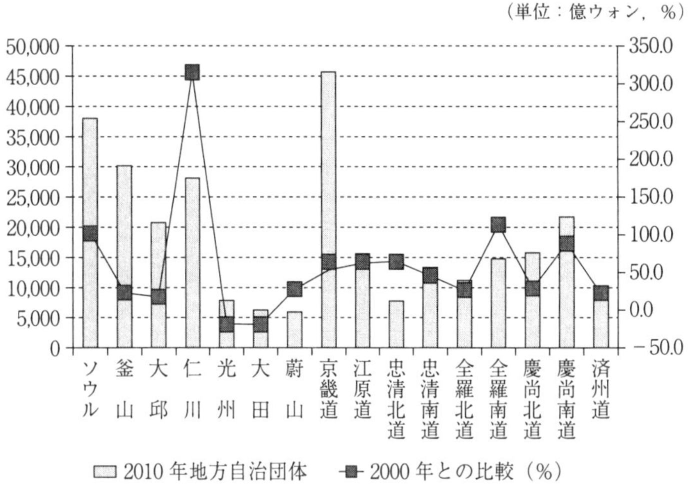
（単位：億ウォン，％）
50,000
45,000
40,000
35,000
30,000
25,000
20,000
15,000
10,000
5,000
0
350.0
300.0
250.0
200.0
150.0
100.0
50.0
0.0
－50.0
ソウル
釜山
大邱
仁川
光州
大田
蔚山
京畿道
江原道
忠清北道
忠清南道
全羅北道
全羅南道
慶尚北道
慶尚南道
済州道
2010 年地方自治団体
2000 年との比較（％）

出所：行政安全部（総務省）『12 月末の地方債務現況』各年度を用い筆者作成。

る。道の一部は山地であるが，ほとんどは平野で，蟾津江（ソムジン川），栄山江（ヨンサン川），耽津江（タムジン川）の流れる平野には豊富な降雨があり，穀倉地帯を形成している。また，韓半島で最も温暖な気候でもある[6)]。

1　財政赤字

全羅南道の地方債務状況は悪化している。図表 12 － 5 に示した，地方債務の状況では，全羅南道の地方債務は全国の地方自治体と比べると，ソウル市，仁川市，京畿道，慶尚南道，慶尚北道の次に位置づけられている。

首都圏に位置しているソウル市，仁川市，京畿道を除けば，慶尚南道と慶尚北道の次に多い地域である。また，地方債務状況を 2000 年と比較してその増加率をみると，最も債務残高が増加したのは，仁川市の次に全羅南道である。

しかし，仁川市は 2000 年以降，仁川国際空港，永宗島開発，2014 年アジア大会の準備などのため開発が進んでいるが，それに比べると全羅南道の増加率は著しい。具体的に，地方債の残額は 2008 年 7,228 億ウォンから 2009 年 1 兆

2,262億ウォン，そして2010年は1兆4,384億ウォンとなり，2008年と比べると94.4％増加した。これは昨年度と今年度の平均値（49.9％）より2倍弱にもなっており，ソウル（143.4％）の次（2番目）に多い水準である。その中でも本庁の比率が高く，その金額は全羅南道全体の1兆4,384億ウォンのうち，6,200億ウォンを占めている。次に多いのは，麗水市（リョスシ）が1,300億ウォン，木浦市（モクポシ）が1,000億ウォン，務安市（ムアンシ）が485億ウォン，新案市（シンアンシ）が840億ウォンで負債が多い地域である。これに加え，全南開発公社が抱えている負債5,356億ウォンに加えて，出資支援機関の負債を含むと全羅南道の負債は2兆ウォンを超えることになる。全羅南道の地方財政規模は，自治体別に定められた限度額である5,113億ウォンをすでに超過している。今年度の限度額である1,156億ウォンもすでに超えており，その3倍の3,075億ウォンの地方債を発行していることから，追加の地方債発行は困難な状況である。そのため新規事業を推進する余力はなくなったのである。

これだけではなく，この2年間で住民1人当たりの借金が急速に増加している。全国の増加率が94.3％であるが，ソウル（140.9％）の次（2番目）に多い地域になった。具体的にみると，地方債を人口数で割った1人当たり住民借金は，2008年は37万6,817ウォンであったが，2009年には68万4,578ウォン，2010年は73万2,244ウォンとなり，2008年に比べ94.3％増加した。特に，新案郡は住民1人当たりの借金が184万ウォンとなり，韓国で最も多い自治体になっている。

2　財政構造の問題点

　これまでに述べたように，現政権の減税政策は全羅南道の税収を激減させている。2009年の全羅南道の税収をみると，住民1人当たり税収は143万ウォン減少となり，全国16の市道の中でも最も多い。地方財政の拡充の名目で導入された減税政策は，すでに劣勢である全羅南道の地方財政をさらに悪化させる要因となっている。これに対して政府当局は，地方消費税導入により足りない分を補う画策をしているが，全羅南道，江原道，済州道地域の税収の純粋な増加規模は2010年から2012年にかけて1,000億ウォン前後が予想され，大き

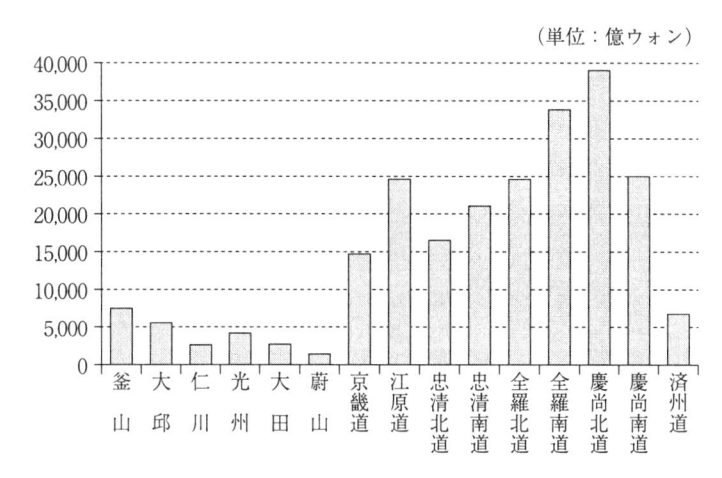

図表 12 − 6　交付税の現況

(単位：億ウォン)

釜山／大邱／仁川／光州／大田／蔚山／京畿道／江原道／忠清北道／忠清南道／全羅北道／全羅南道／慶尚北道／慶尚南道／済州道

出所：財政庫ホームページ (http://lofin.mopas.go.kr)，2010 年より筆者作成。

な効果は見込めない状況である。地方財政健全化のため導入された減税政策は，地方自治団体間の新たな格差を深化させ，地方間の両極化現象を起こしている。

　次に，地方交付税は全国で 2 番目に多い。2002 年と比較すると 49.2％増加している。図表 12 − 6 の交付税の現況に示したように，2010 年の全羅南道の交付税は，全国 23 兆 2,403 億ウォンのうち，3 兆 4,067 億ウォンであり，慶尚北道の 3 兆 9,213 億ウォンに次いで多い地方自治団体になっている。特に，交付税額が急増したのは，2004 年（2 兆 604 億ウォン）から 2005 年（2 兆 6,907 億ウォン）の間であり，その規模は 6,303 億ウォンに上る。

　全羅南道の財政自立度と財政自主度は，両方とも全国の地方自治体の中で最低水準である。財政自立度は，上述の図表 12 − 4 の地方自治体の財政自立度に示したように，20.7％を占めており，郡地域（11.7％）と並んで全国最低水準を占めている。特に，郡の中で高興郡（コフングン），莞島郡（ワンドグン），康津郡（カンジングン），宝城郡（ポソングン），谷城郡（コクソングン）の財政自立度は 10％にも満たない水準であり，全国でも地方自治団体が一番多い道になってい

図表 12 － 7　地方財政自主度

(単位：%)

	平均	ソウル	釜山	大邱	仁川	光州	大田	蔚山	京畿道	江原道	忠清北道	忠清南道	全羅北道	全羅南道	慶尚北道	慶尚南道	済州道
平　均	76.7	91.7	74.3	74.1	79.4	69.9	74.9	81.0	81.8	73.3	71.5	71.1	67.8	65.2	73.6	74.2	63.9
特別市・広域市	78.5	89.7	69.9	69.1	73.4	65.4	70.6	73.6									
道	47.5								62.4	41.6	42.5	43.5	38.1	32.0	41.5	45.0	63.4
郡	62.7		66.3	68.7	53.4			66.4	69.0	67.2	65.3	62.8	60.9	57.8	64.9	62.2	

出所：財政庫ホームページ（http://lofin.mopas.go.kr），2010 年度より筆者作成。

る。ちなみに，全羅南道における市は全国で下位 3 番目の 26.3％にとどまる。一方，財政自主度は図表 12 － 7 に示したように，全国で最も低い地域が全羅南道である。特別市・広域市，道，郡を含むと，全国の平均自立度は 76.7％に対して全羅南道は 65.2％であり，済州道（63.9％）に次いで，二番目に低い地域になった。また，全国の道だけをみると，全国平均が 47.5％を占めているが，全羅南道は 32.0％にとどまり，全国で最低水準であることがわかる。これは全羅南道の郡地域だけをみても大きな相違はみられず，全国平均 62.7％のもとで仁川市郡地域（53.4％）の次に低い状況（57.8％）である。

　このような財政構造には，権限と責任の不均衡による財政運営の構造的な問題が存在する。財政の自立基盤が脆弱な状況で支出規模が拡大し，依存財源比重が増加しながら財政運用が放漫になり得る構造的な弱点を露呈している。2006 年から 2008 年の地方財政の支出は，年平均 9.6％の増加であったが，5.3％の中央政府の財政支出の増加をはるかに超えている。2010 年の地方決算現況をみると，全国の歳入は依存収入が 37％，自治体収入が 60％，地方債が 3％である。歳出は事業費が 61％，経常費が 16％，債務償還が 4％，その他が 19％になっている[7]。その状況下で，全羅南道の歳入は依存収入が 67％，自治体収入が 30％，地方債が 3％であり，全国比で依存収入は 30％高く，自主財源は 30％低い。中央政府への依存率が高く収入の低い財政運営をしていることになる。他方，歳出は事業費が 85％，経常費が 6％，債務償還が 3％，その他が 6％であり，事業費が全国平均より 24％も高い。これらの構

造は，財政負担は中央政府が背負って，財政執行の成果は地方自治体に帰属される格好であるため，全羅南道の地方自治体が支出を過度に編成しやすい財政構造を招いている[8]。

3 地方財政に影響を及ぼす事業

全羅南道の現在進行中の施策は以下の通りである[9]。

① 西南海岸観光レジャー都市

開発位置は，海南サンイ面，霊岩郡の三湖邑一帯であり，開発面積は87.9 km^2，開発期間は2006年～2025年である。総事業費用は約3兆3千億ウォン（都市造成費）であり，F1サーキット，レジャースポーツ団地，ゴルフタウン，マリーナ，テーマパーク，健康休養タウンなどの施設が建設される予定である。

② 新安高興造船タウン

新安の造船タウンは，建設期間2007年～2011年であり，全羅南道の新安郡のアプヘ面一帯で造成され，1,362万m^2（造船および産業団地，後背地など）の敷地を利用する。高興の造船タウンは，2007年～2011年の期間で全羅南道の高興郡のドヤン邑一帯で造成される。規模は276万m^2（造船及および産業団地，後背地など）であり，新安の造船タウンより小規模になる。

③ 5GW風力産業プロジェクト

開発期間は，2009年～2023年（15年間）であり，全南西南部島嶼，海上，浜辺地域に位置する。建造施設は，発展団地（5GW＋設備専用産業団地231万m^2）とR&Dセンターであり，投資総額は20兆5,200億ウォンで民営化を目指す。

④ 2012麗水世界博覧会

開催期間は，2012年5月12日～8月12日まで（3カ月）であり，麗水市の新港地区を利用する。敷地面積は1,411千m^2（展示および支援団地など）であり，約100カ国，5国際機構，10企業，16地方自治団体が参加する。予想観覧客数は約800万人（内国人745万人，外国人55万人）であり，174万m^2（博覧会場25万m^2，エキスポタウン53.6万m^2，乗り換え駐車場44万m^2，その他の施設50.9万m^2）が開催面積である。2兆389億ウォン（施設費1兆7,310億ウォン，運営費3,079億ウォ

ン）の予算を計上して，生産誘発が12兆2,000億ウォン，付加価値が5兆7,000億ウォン，雇用創出が約8万人を期待している。また，開催地域の麗水だけではなく全羅南道地域にも，生産誘発効果が5兆2,000億ウォン，付加価値が2兆4,000億ウォン，雇用創出が約3万4,000人と見込まれている。

⑤　F1国際カーレース大会

期間は2010年～2016年（7年間，以降延長開催可能）であり，位置は西南海岸観光レジャー都市の開発区域内（全羅南道霊岩郡一帯）を利用する。主要施設としてサーキットおよびピット，パドック，メディアセンターなどがあり，所要予算は3,400億ウォンである。事業期間は2007年7月～2010年7月であり，2011年に第1回目が開催された。波及効果として，観覧客数は1回当たり20万人の来客数が見込まれている。生産誘発効果は，当道によると年間2,579億ウォンであり，雇用誘発は年間約2,570人が予想されている。

⑥　光州全南共同革新都市

開発期間は2006年～2012年であり，羅州市金川・山浦面一帯（7,316千m²）に位置する。総事業費は1兆6,513億ウォン（用地費4,692億ウォン＋造成費1兆1,821億ウォン）であり，5万人（2万世帯）を計画している。そこには韓国電力公社，韓国農村公社など17公共機関の移転が計画されており，公営開発（韓国土地公社，光州都市公社，全南開発公社）が施工している。

⑦　務安企業都市

開発期間は2005年～2011年であり，その面積は務安郡の玄慶・望雲面一帯32.95km²，約15万人の人口が予想される。主要事業として，韓中国際産業団地，航空物流団地，先端産業団地，健康保養団地が造成される。

⑧　退職者（シニアタウン）都市

2009年～2015年の期間を予定しており，大規模開発は2地区9,917万m²の面積で西南海岸観光レジャー都市の中の新安で造成される。中規模開発は，12地区1,800万m²の敷地で長興，務安，谷城，求礼，高興，宝城などが参加する。主な施設は住居施設，レジャー施設，医療施設，健康タウン，コミュニティセンターなどである。

⑨　ギャラクシーアイルランド

開発期間は2006年～2015年になっており,4クラスター,15テーマ,約40の島々を開発する。主な施設は複合休養センター,海洋スポーツ施設などで4兆5,898億ウォンの費用を投入する。

⑩　高興ナロ宇宙センター

高興郡の総5,070万m^2(施設敷地37万m^2)を利用する。主なセンター機能は国内衛星発射,宇宙発射体の国産化開発に必要な各種地上試験施設の構築および運用であり,主要施設は発射台,発射統制施設,追跡レーダー,衛星・発射体組み立て試験施設,光学追跡施設,宇宙科学館などである。

4　財政政策評価

　行政評価は,指標と視点による評価である。行政評価の指標は,3E(Economy, Efficiency, Effectiveness)が用いられる。これは,①産出を一定として投入を極小化する経済性,②投入を一定として産出を極小化する効率性,③産出を通じて成果を達成する有効性である。行政評価の視点は,政策(Policy),施策(Program),個別案件(Project, Task)という階層構造があり,各段階で行政評価が求められる。政策は行政の基本構想,施政方針で将来の構想的シナリオである。プロジェクトは,公共サービス供給主体である行政側の業務管理ができ,施策をふくめてEfficiencyの評価に適している。また,施策は政策目標の達成手段としてEffectiveness評価ができる。政策の目標達成には,現状との対比(benchmarking)による評価ができる。具体的には次の通りである。

　第一に,経済性は財政の健全性が最優先課題である。これまで確認したように,増える地方債務残高,地方交付税の増加,地方財政の自立度と自主度の低さなどから,全羅南道の地方財政運営には大きな問題がある。特に,財政健全性を軽視した放漫な財政運営は,全羅南道の健全な発展を妨げることになる。地方財政健全性に悪影響を及ぼす要因として全南開発公社をはじめとする出資支援機関の放漫な政策運営が指摘されている[10]。その規模は未分譲宅地が7,000億ウォン以上に膨らんでおり,その中で323億ウォンにのぼる金額はF1レース場の敷地によるものである。このような政策運営は全羅南道だけではな

く，京畿道でも生じた。全羅南道の大規模の開発事業は，国からの補助金ではなく自治体の予算だけで4,300億ウォンを投資し分譲が進められており，深刻な流動性の危機に落ちる可能性が高くなっている。また，康津郡の康津医療院をはじめとする地方医療院（病院）における5年間の経営成果の分析によると，123億ウォンの赤字が明らかになった。さらに，全南テクノパークと生物産業振興財団は351億ウォンの赤字，全南発展研究院は2011年3億3,000万ウォンの赤字を記録した。また，財政赤字の中には全羅南道が負担しなければならない費用を市群に押し付けることで発生している事例もある。実際に，医療給付事業による地方費の負担率は，市が70対30から50対50に，郡が80対20から60対40と市郡にその負担を押し付けている。このような財政赤字はブキャナン＝ワーグナーの理論によると，財政錯覚にすぎない[11]。現代の民主政治の下では財政支出の増加や減税は全羅南道の選挙民から支持されるが，税負担の増加や財政支出の削減は支持されないからである。政治家にとっては透明性の低い予算に利益があり，支出の便益を宣伝し税負担のコストを隠したがる傾向がある。税負担の痛みの認識やコスト意識は乏しい。ここには，共有資源問題（common property problem）もあり，税は国民から徴収されプールされて共有されるので，使途を決める予算段階で政治家と省庁はできるだけ多くの税をプールから引き出そうとする。このような財政錯覚が財政赤字を膨張させるのである。

　第二に，効率性に基づいた政策運営を講じる必要がある。特に，全羅南道のF1レース場の誘致に関して，民営化を最大限に取り入れることが望ましい。効率的な運営不能状況を招いたために，運営全体を見直し民営化を進めるべきである。具体的にみると，当道は，F1レース場の建設過程で発生した1,980億ウォンのPF負債を抱え込んでいる[12]。これは，当初F1レース場の効率的な管理・運営のために第三者の民間企業に売却を進めてきたが，それが予定どおり進展せず，次善策としてF1運営法人カボの株主を全南開発公社が取得することを強制した。しかし，これさえも行政安全部（総務省）が否定的に捉えたことにより公社債発行は失敗に終わった。この状況下でカボの最大株主である全羅南道が所有権を直接引き受けることで，足りない分は地方債を発行して

負担する事態となった。運営収益は当初70億ウォンの黒字を予想したが、結局962億ウォンの赤字を記録した。今後6回の大会を行う場合、3,893億ウォンの赤字が予想され、2016年の財政負担は1兆1,000億ウォンに上る。これらは、市場メカニズムに任せるべきものであり、道が直接運営するのは望ましくない。さらなる財政赤字を創出する火種になる可能性もある。プロジェクト事業の中では、F1国際カーレース大会の地方自治体の運営システムは、早期に改善すべきである。

　第三に、有効性の観点から望ましい事業は、2012麗水世界博覧会と高興ナロ宇宙センターである。麗水世界博覧会は、麗水地域の様子を一新することになる。これは、韓国特有の地方発展プロセスであり、博覧会を誘致することにより地域発展を遂げた大田広域市もあり、全羅南道の麗水はその例に倣って誘致することになる。韓国の中でも発展が遅れた全羅南道の麗水に博覧会を開催することは、周辺地域を含めて大きな変化を引き起こすと見込まれる。また、高興ナロ宇宙センターは、韓国政府が宇宙産業育成の拠点に位置づけて進めている地域であり、関連施設や関連産業誘致が見込まれる。このように、両施策は有効性がより高いものと考えられる。加えて5GW風力産業プロジェクトは、投資総額20兆5,200億ウォンを投入し、民間企業が全額負担する民営化プロジェクトになっている。全羅南道の海岸や島を利用し風力による発電を行うことは、全羅南道の地理的な特性を有効に利用することになる。将来に電力不足が予想される中、中長期的なプロジェクトとして位置づけ、企業誘致を積極的に行う必要がある。しかし、退職者（シニアタウン）都市、光州全南共同革新都市に関しては、その有効性は懐疑的である。特に、都市建設は、膨大な資金を要する大型プロジェクトであり、全羅南道の地方財政の状況からは短期的に取り組む施策ではない。政府支援機関の公社などが参加することによって有効性は高いと思われるが、全羅南道以外の地域からの人口流入を促すような魅力ある施策を行うべきである。そのため、都市計画に関する研究開発費や研究開発人員を増強させ、インフラ整備を充実し、減税などを行い全国から両地域に移住者が増えるような施策を講じる必要がある。

　行政評価の視点からは、政策や施策を短期的と中長期的とに分けると同時に

タイムスケジュールを確立し，今すぐ手を打つべき施策は短期的に集中して取り組む必要がある。特に，地方債務の急増や交付税の増加に頼る地域発展は，いつかそのツケが回ってくることは明らかである。足元の火種を残したまま施策を進めていくと全羅南道だけではなく中央政府にも大きな負担となり，韓国地方財政の全体にもその影響が及ぶことを再考する必要がある。また，中長期的には，政策や施策の有効性と効率性を考えながらプロジェクトを進めるべきである。特に，地方財政の歳出削減を中心とし，民間企業を積極的に誘致するような施策を講じるべきである。例えば，企業を誘致できる魅力ある減税や敷地の無償化などを含めた特区を指定し運営することも考えられる。

第4節　財政改革の試案

1　新しい方向性

　日本では北海道の夕張市が財政破綻し，その再生への取り組みが注目されている。これは，対岸の火事ではなく全羅南道も真摯に受け止め，取り組むべき課題である。特に，地方財政の健全化は，足元の火のように早急に取り組むべき問題である。財政の健全化なしに進められる大型プロジェクトは，いずれ，中央政府と地域住民にツケが回ってくる。

　そのため，地方財政の健全化を通じた全羅南道の地域活性化を図ることは必然のことであり，地方財政の監視体制の強化策として，PB2（Performance-Based Program Budget：業績による案件予算）やPFIの活用を講じるべきである。地方財政の監視体制の強化は，地方議会とともに民間の財政運営に対する監視を強化するため財政関連情報開示を進め，成果または評価制度を明らかにしなければならない。地方政府に，自ら財政関連情報を公表および開示させるような誘引策が不十分であるため，中央政府の積極的な介入が必要となる[13]。実際，2009年の地方財政分析によると，予算運営の透明性の項目で50項目のうち37.5項目に改善の余地があることがわかった[14]。また，PB2による予算システムが必要である。PB2は，計画・予算・業績成果のリンクを図るための予算システムであり，アウトプット測定，プログラムの目標達成度を示すアウ

トカムも特定する。業績尺度の定義と業績目標も設定し，エージェンシーには予算などの経営資源について大きな裁量を与える。もちろん，成功報酬とペナルティも準備する。計画 → 業績目標 → 予算配分のリンクが形成され，業績測定 → 予算検査 → 計画の業績目標の修正というリンクも設定するシステムである。また，PFI（Private Finance Initiative）も有効である。民営化手法の応用例として公的資金で整備してきた社会インフラについて，設計，資金調達，建設，運営を可能な限り，民間企業に任せようとする制度である。これらにより全羅南道の財政健全性を優先した政策運営が求められる。

2　日本の新対策（独自課税の可能性）

　日本の地方自治団体は，独自課税の可能性についての論争を巻き起こしている。都道府県民の所得が減少すると，当然，その自治体の税収は減少し，予算規模も縮小せざるをえなくなる。その中には，全職員の給与カットや単独事業の削減を行う自治体，そして倒産に近い「財政再建団体」に転落する自治体も現れている。そのような状況で考えられたのが，さまざまな新税である。地方税法で定められた住民税，固定資産税等の各税目以外に，課税自主権に基づく条例により，各地方団体が課税を行うのである。独自課税は2000年4月施行の地方分権一括法で法定外普通税が国の許可制から協議制に変わり，法定外目的税が新設されたことで，拍車がかかった。独自課税は本来，地域住民が受益に応じた負担を自己決定することが趣旨であるが，これまでの多くの例は「議会の抵抗も少ない企業や地域外の住民からとる」，「特定者を狙い撃ちにする」などのパターンが多い。例えば，東京都の銀行に対する外形標準課税のように裁判で争われた例もある。また，新税により増収が期待されるが，その一方で，増収になると地方交付税が減るなどの問題があり，財政への不安は消えていない。その他にも地方自治体が地域の特徴を鑑み，法的外普通税の燃料税（北海道など），石油価格調整税（沖縄県）などを独自課税する例もあり，法定外目的税としては産業廃棄物税（三重県など），環境未来税（北九州市）などがある。財源確保のため，続々導入された新税であるが，国からの地方交付税依存の体質を脱却し，財政難解消の切り札になるかが注目されている。このような

独自課税は，全羅南道にとって有効な課税であり，検討する必要がある。当道は，地域の状況に見合う新税の導入により地方財政の健全化を構築すべきである。

3　財政再建の方策

(1) 範囲の経済性追求型—小規模多彩な地域の併存へ

　全羅南道の地方財政再建のためには，経済学的なアプローチが必要になる。特に，範囲の経済による財政健全化は，考慮されなければならない。これは，足による投票，分権化定理，リヴァイアサン仮説，財政錯覚などの経済理論にしたがって行政の効率化を図ることで，有効な方策である[15]。①足による投票仮説によると，住民はどこに住むかを選択することによって，地方政府の提供する公共財の水準や，公共財に充てられる税率の水準に対する真の選好を表明することができる。これに基づくと，国内には各個人の選好に応えられるような多数かつ多様な地域の存在が必要となる。②分権化定理は，中央集権によって政策を一定水準に決めると，その水準に満足できない人が多く生ずるため厚生損失が大きくなるが，地方分権によって政策水準をそれぞれの地域単位で決めることになれば，厚生損失は少なくなると説く。これも多数かつ多様な地域の存在を前提にしている。③リヴァイアサン仮説は，政府部門が1つの時（独占状態）には政府は高い税金を課し，かつ住民のために税金を使わないが，政府部門が複数ある場合（競争状態）には，自らの税収を確保するため住民のために税金を使うようになると主張する。これに基づくと，地方政府が多数であるほど，政府間の競争原理が働き，税金の使い方は適正化されることになる。④財政錯覚は，政府規模が大きくなればなるほど，公共部門が行っていることがわかりにくくなるため，住民のチェックが効かなくなる。これに基づくと，地方政府が小規模であるほど，政治的なコントロール・監視が働きやすくなり，効率化され，財政錯覚が解消されることになる。これらにより，全羅南道は「範囲の経済」を通じての財政再建を図るべきである。

（2）中央政府の支援

大型プロジェクトに対する中央政府の財政支援は，自治団体の支出負担を軽減させる。全国的にみて肯定的な外部性が存在する事業，全国的な基準を確立する必要がある事業等に対しては，中央政府の予算を執行し，地方自治体の支出を減少させる必要がある。2012麗水世界博覧会と高興ナロ宇宙センターは，全国的な事業であり，中央政府が専門的に担当することによって，地方自治団体が予算確保のための事業誘致競争を避けるように誘導しなければならない。

基礎生活保障制度など全国的な最低水準の確保が必要な福祉事業は，中央政府が負担を拡大し，地方自治団体の支出負担を縮小させる[16]。基礎生活保障，基礎老齢年金など全国的な最低水準が必要な事業に対しては，中央政府の最低限界線である40％を70％まで引き上げる必要がある[17]。地方自体団体は，民間の委託施設の監視および監督などの執行に専念し，自らの財源調達が可能である範囲内で追加的な福祉制度を創意的に開発すればよい。

地域発展特別会計のような外部性が地域に限定される場合，地方自治団体の事業自律権は強化される。現在，24の事業に分けている地域開発アカウントの包括補助金の区分をより単純化し，地方自治団体の予算編成の自律権を拡大する。補助金を配分する11の部署のうち，予算が1,000億ウォン（地域開発アカウント予算の2.7％）以下である4の部署事業の費用は，それぞれの地域の収入で充当し，7の部署の管轄事業を統合または廃止して包括的な補助金として支給する。

（3）地域活性化

全羅南道の雇用率は，木浦市が53.4％と最も低く，新安郡が76.9％で最も高い。その差は23.5％であり，全国で最も雇用率が不安定な地域である[18]。また，全国の市道別における研究開発費によると，全羅南道は，GRDP（地域内総生産）に対する研究開発費率が0.62％であり，全国最低水準である[19]。これだけではなく研究開発人数，特許件数も同じく全国最低水準である。

このような状況下で地域の活性化のためには，必然の課題として研究開発が注目される。全国でも最低水準である研究開発水準は改善されなければならな

い。地域内の産業活動を適切に支援または牽引する研究開発費の投入を拡大する必要がある。具体的には以下の通りである。

① 産学官連携による地域研究力の強化および人材育成を行う必要がある。産と学をつなぎイノベーションを実現する拠点としては，大学の果たす役割がこれまで以上に期待される。しかし，大学だけでは解決の糸口を見つけることは困難である。産学官が議論を継続して行い，物理的に近接する関係で研究に取り組むことが期待される。そのため研究環境としての設備や施設の整備を行い，産学官が本格的に協働できる空間を整備することが必要である。同時に，生み出される技術の実用化を最終使命とし，研究成果が得られた後の戦略も含め，整合性をもってプロジェクトを進展させるための統括的な指令を行う人物や研究支援人材，知財・国際標準化人材等，多様な人材を拠点に配置していくことが必要不可欠である。

② 民間企業誘致と人口流入をより積極的に行う必要がある。企業誘致のためには，特区制度を設け，法人税の減免，工場用地や敷地の無償提供を行い，全羅南道が他地域より魅力ある産業政策を講じればよい。他方，人口流入策も同時に講じるべきである。例えば，日本の島根県海士町では，地域活性化と離漁農人口を減らさないため，全国から若者を集め養殖業，畜産業，農業などを対象にし，地元に定住させるプロジェクトを行った。官民が1つになって，市長や市役所の公務員は月給のカットも受け入れ，高齢化とともに人口減少に悩む島の経済を復活させることを望んだ。全国から農業や漁業の後継者になる若者を募集し，一定期間は彼らに月給や宿舎を提供し，養殖のノウハウや畜産業，農業などを伝授する。それにより高齢化が進んだ島の経済は活気が取り戻され，島の経済は活性化に成功した[20]。これは，島が多い全羅南道の地域に若者を定住させる有効な施策である。

③ 全羅南道の豊富な農地を活性化させるためには，農業の法人化を進めるべきである。特に，FTA対応策として高齢者が中心となっている農業をより効率化させるため，法人化を推進するべきである。また営農面積の拡大と機械化による農業の効率性を高める。これによりFTAによる農業へ

の影響を最小限にとどめるとともに農業の脆弱性も改善できる。

第5節　おわりに

　韓国全羅南道の地方財政改革は，主にNPM（New Public Management）に基づいたPB2やPFIの活用，3Eの政策評価，民営化，法人化などによる視点で分析を行ってきた。これは，(1)徹底した競争原理の導入，(2)業績・成果による評価，(3)政策の企画立案と実施施行の分離を図り，より効率的で質の高い行政サービスの提供へと向かわせる。これにより，行政活動の透明性や説明責任を高め，国民の満足度を向上させることを目指すものである。しかし，この手法は，住民満足度が十分に確保できないことが大きな欠点であり，修正の余地があると言わなければならない。

　そこで全羅南道には，米のクリントン政権期に行われた行政改革であるNPR（National Performance Review, 国家業績評価），そして，その継続的な行政改革としてのNPRG（National Partnership for Reinventing Government, 政府再生の国家的パートナーシップ）の導入を，さらなる地方財政改革試案として提案することができる。これは①官僚主義から脱すること，②住民第一主義であること，③結果達成のために権限移譲をすること，④基本に立ち返ること，を盛り込んだ財政改革である。アメリカでこれが導入された時期には地方財政の赤字が拡大していたが，地方から住民満足度を優先したNPRやNPRGを導入した結果，成果を導き出すことができた。これらを考えると，地方財政赤字に苦しんでいる全羅南道にとって，小さな政府を志向するとともに業績，結果を重視し，住民に対して焦点を当てた地方財政改革を行うことも非常に重要であると考える。

【注】

1) 韓国の行政区域は，8道（京畿道，江原道，忠清北道，忠清南道，全羅北道，全羅南道，慶尚北道，慶尚南道），1特別市（ソウル市），6広域市（釜山市，仁川市，大田市，光州市，大邱市，蔚山市），1特別自治道（済州道）で構成されている。
2) 管理対象収支は，統合財政収支から，国民年金基金，雇用保険基金等を引いた財政収支であり，実質的な財政収支として使われる。
3) 金キョンス（2009）『減税の地方財政の影響分析』国会予算政策処，10月，2頁。
4) 国税庁（2010）『2010国税統計年報』。
5) 大慶圏は，大邱と慶尚北道である。統計庁（http://kostat.go.kr/portal/korea/index.action）による。
6) 出所：ウィキペディア（http://ja.wikipedia.org/wiki）。
7) 依存財源は中央政府に依存する交付金や補助金などであり，自治体収入は地方税と税外収入をいう。地方財政統計（http://lofin.mopas.go.kr/）の地方決算状況。
8) 自治体収入で人件費をまかなえない地域の中で，全羅南道の谷城郡の人件費は275億ウォンであり，自治体収入は174億ウォンになっている。
9) 全羅南道道庁（http://www.jeonnam.go.kr/）の大規模プロジェクトによる。
10) 『ニュースウェイ』（http://www.newsway.kr/）報道資料，2011年10月26日。
11) Buchanan James M. and Richiard E. Wagner (1977), Democracy in Deficit, *The political Legacy of Lord Keynes*, New York Academic Press. （『赤字財政の政治経済学』文眞堂，1979年）
12) PF（project financing）は，資金を調達すること。資金調達において，資金提供者などはプロジェクトのキャッシュフローをまず考慮し貸し出しを決める。プロジェクトに投資した元金とそれに対する収益を返済してもらう資金構造を意味する。
13) ユン・イスク（2008）『福祉部門の均衡発展のため政府間役割の成立』韓国開発研究院，PP.369-418。
14) 韓国地方行政研究院（2009）『FY2008地方自治団体の財政分析総合報告書』。
15) 愛知県総務省（2009）『道州制下における税財政制度に係る有識者懇談会』，3月。
16) 福祉支出は，2010年地方自治団体の予算支出の中で最も支出負担が大きい項目である。財政庫ホームページ（http://lofin.mopas.go.kr）による。
17) 現在，基礎生活保障制度は，中央政府が費用の40～90％，広域地方自治体が30～70％を負担しており，基礎自治団体は，その差額を支援している。
18) 統計庁（2010）『2009年基準，地域別雇用調査結果』。
19) GRDP統計庁による。GRDPは地域内総生産である。
20) 日本経済新聞，朝刊，2011年11月19日。

参考文献

박기백, 김현아 (2005)『지방자치단체의 세입 및 재정지출에 관한 연구 - 지방정부 재정운용에 대한 실증분석』한국조세연구원.
　(パク・キベク，キム・ヒョンア (2005)『地方自治体の歳入および財政支出に関する研究』韓国租税研究院)
김정훈 (2010)『재정분권과 지역경제 성장의 수렴』한국조세연구원.
　(キム・ジョンフン (2010)『財政分権と地域経済成長の収斂』韓国租税研究院)
박용귀 (2010)『위기의 지방자치, 민선 5 기의 도전 과제』삼성경제연구소.
　(パク・ヨンキ (2010)『危機の地方財政，民選5期の挑戦』サムスン経済研究所)
안종석 (2008)『지방교부세 배분방식 개편에 대한 연구』한국조세연구원.
　(アン・ジョンソク (2008)『地方交付税の配分方式の改編に関する研究』韓国租税研究院)
김정훈, 김현아 (2008)『참여정부 재정분권 평가와 정책과제』한국조세연구.
　(キム・ジョンフン，キン・ヒョンア (2008)『参与政府の財政分権評価と政策課題』韓国租税研究院)
전라남도결산검사위원 (2011)『2010 회계연도 전라남도 일반 및 특별회계 결산검사의견서』.
　(全羅南道決算検査委員 (2011)『2010 会計年度全羅南道一般及び特別会計決算検査意見書』)
井上白夫 (2007)「韓国政府間財政関係と盧武鉉政権下の地方財政改革」『アルテス　リベラレス』岩手大学人文社会科学部紀要第 81 号.
韓国行政安全部 (総務省) (2000 年度 - 2010 年度)『地方税政年鑑』.
佐藤満補他 (2004)「韓国の地方自治」『政策科学』立命館大学.
韓国統計庁 (http://kostat.go.kr/portal/korea/index.action).
韓国地方財政統計 (http://lofin.mopas.go.kr/).
全羅南道道庁 (http://www.jeonnam.go.kr).

　　　　　　　　　　　　　　　　　　　　　　(李　　熙　錫)

第13章 地域発展の経済政策
―高齢化と新しい公共―

第1節 はじめに

　わが国では，かつて人口の多くを占めていた生産年齢層が高齢者層へとシフトしている。また，地域のコミュニティ意識の希薄化が進む中で，単身・夫婦のみの高齢者世帯の急増への対応が課題となっている。

　政府や地方公共団体は厳しい財政状況の中で，多様化，高度化，複雑化していく住民ニーズへの対応が求められている。公平，平等，均質，画一を旨とする行政による公共サービスの提供だけでは，質的にも量的にもこうしたニーズに対応していくことは，困難な状況になっている。

　小さな政府による小さなサービスか，大きな政府による大きなサービスかという二者択一の選択ではない。小さな政府であっても多様な主体やその連携による多様なサービスの提供によって「豊かな地域社会」を築いていくことが，今こそ求められている。

　2010年6月，新しい公共円卓会議により「新しい公共宣言」がなされた。そこで示された新しい公共についての考え方は，「必ずしも，鳩山政権や『新しい公共』円卓会議ではじめて提示された考え方ではない。これは，古くからの日本の地域や民間の中にあったが，今や失われつつある『公共』を現代にふさわしい形で再編集し，人や地域の絆を作り直すことにほかならない」とされ，新しい公共によって「つながりの中で新しい発想による社会のイノベーションが起こり，『新しい成長』が可能となる」と述べられている。

　「新しい公共」については従前からさまざまな定義が試みられているが，新

しい公共宣言の中でも「人々の支え合いと活気のある社会。それをつくることに向けたさまざまな当事者の自発的な協働の場」としているだけで，必ずしも明確な定義はなされていない。

　ここでは内閣府の新しい公共支援事業ガイドライン（2011年2月3日）で使われている定義，「『新しい公共』とは，『官』だけではなく，市民の参加と選択のもとで，NPOや企業等が積極的に公共的な財・サービスの提案及び提供主体となり，医療・福祉，教育，子育て，まちづくり，学術・文化，環境，雇用，国際協力等の身近な分野において共助の精神で行う仕組み，体制，活動など」としたい。

　今後，地域社会において公共的な財・サービスを提供する新しい公共の担い手が質・量ともに求められることになる。しかし，現状ではこれらを担う主体が地域に十分存在しているとはいえない。

　本章では，新しい公共の背景やその担い手の現状を明らかにするとともに，担い手育成に向けた先導的な取組事例を紹介する。

　まず第2節では，人口構造の変化，地方公共団体の財政状況，分権型社会への転換，担い手としてのNPOやいわゆる社会的企業の誕生等から，新しい公共が提唱される背景について整理し，その必然性について述べる。

　第3節では，地域で新しい公共の担い手として期待されている市民ボランティア，NPOなどの現状について，明らかにする。

　第4節では，地域の課題と地域に存在する資源（ヒト，モノ，カネ）を可視化し，それらを結びつけながら協働を推進するためのオンラインシステムとして，すでに利用が始まっている地域協働ポータルサイトTOWNTIPを紹介し，課題を分析する。

　第5節では，新しい公共の担い手（人材）育成についてはどのように取り組まれているのか，一般財団法人地域公共人材開発機構による「地域公共政策士」という資格付与の事例を紹介し，課題を分析する。

第2節　新しい公共の背景

「新しい公共」が叫ばれるようになった背景としてはさまざまな要因が考えられるが，本節では，生産年齢人口の減少と高齢者人口の急激な増加という「日本の人口構造の変化」，そして「行政の財政状況の悪化」，「分権型社会への転換の必要性」，「公共の新たな担い手の登場」という4つの側面から考察する。

1　人口構造の変化

　日本における生産年齢人口の減少と高齢者人口の増加は，これまで世界のどの国も経験したことのない急激な速度で進展している。日本の高齢化率は，この20年の間に，アメリカ，フランス，イギリス，ドイツ，イタリアを次々と上回り，世界第一位となった（図表13 - 1）。
　注目すべきは，その急速さと75歳以上の高齢者数の増加である。
　図表13 - 2は，総人口と年齢4区分（0～19歳，20～64歳，65～74歳，75歳以上）別人口（出生中位・死亡中位）の推計である（「日本の将来推計人口（平成24年1月推計）」国立社会保障・人口問題研究所）。
　日本の総人口は2007年をピークに減少し続け，2045年過ぎには1億人を割り込むことが推計されている。
　特に注目したいのは，75歳以上人口が，2017年には65～74歳人口を上回り，2021年からは，20～64歳という45年にわたる人口に次いで，日本の人口構造の第2位を占め続けるということである。
　高齢化の進行は，まず高齢者夫婦のみの世帯の増加を，やがて単身高齢者の増加を招く。
　平成22年度（2010年度）国勢調査の結果では，一人暮らしの65歳以上人口は479万1千人となっており，65歳以上では16.4％が一人暮らしである。これは2000年の1.58倍となっている。
　65歳以上の男性は11.1％（10人に1人以上），65歳以上の女性は20.3％（5人に

図表 13 − 1　65 歳以上人口の割合の推移：諸外国との比較（1950 〜 2010 年）

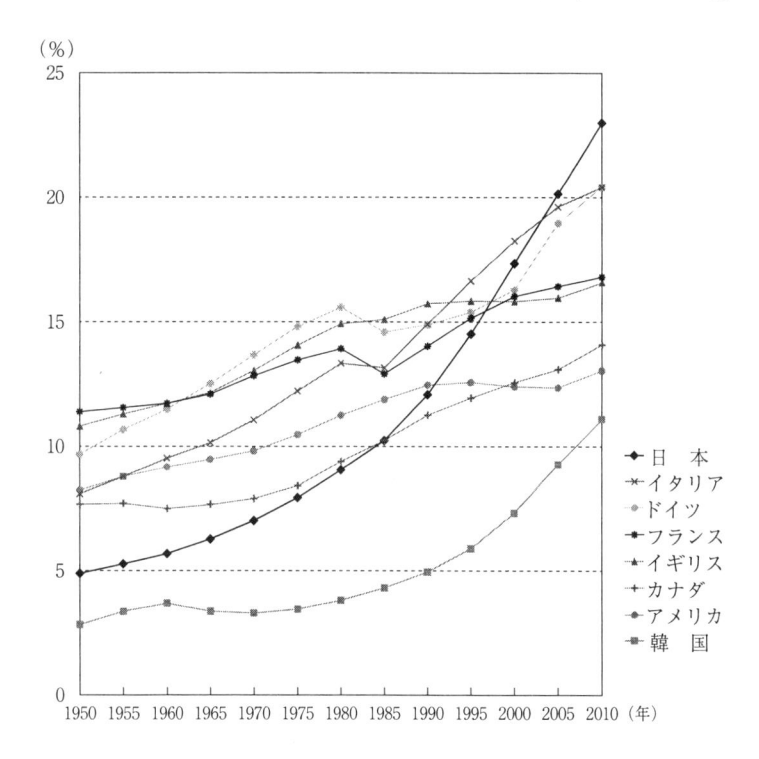

資料：United Nations, "World Population Prospects, The 2010 Revision" による。ただし，日本は国勢調査の結果による。
出所：統計局「平成 22 年国勢調査結果概要」より。

1 人以上）が一人暮らしという結果である。

　男性の平均寿命が 79.64 歳，女性のそれが 86.39 歳（平成 22 年簡易生命表：厚生労働省）なので，単純に同じ年齢の夫婦が平均寿命まで生きた場合，他の家族がいなければ 7 年間は妻が一人暮らしとなる。

　一人暮らし高齢者の増加は，地域の相互扶助機能，地域コミュニティ機能の低下をもたらすと同時に，公共ニーズの拡大と多様化を招くこととなる。

　このように急激な高齢化による人口構造の変化に対応するためには，社会の

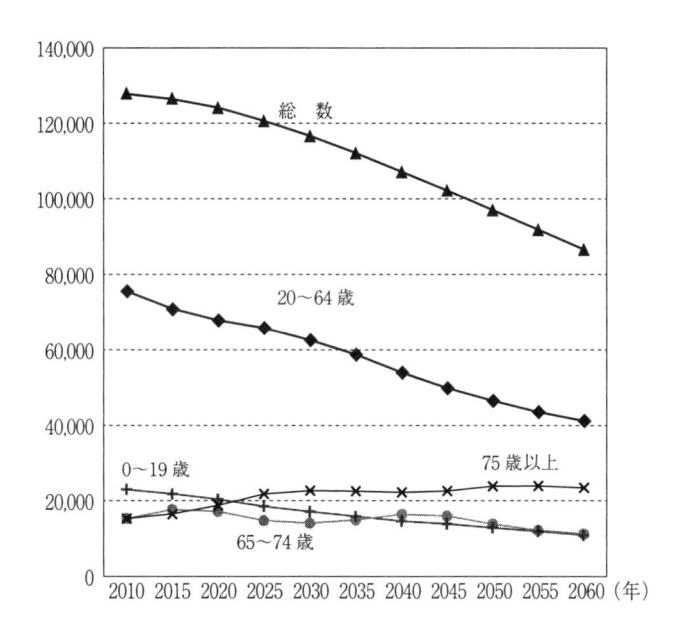

図表13－2　総人口と年齢4区分別人口推計（出生中位・死亡中位）（千人）

出所：「日本の将来推計人口（平成24年1月推計）」（国立社会保障・人口問題研究所）より作成。

あらゆる面での転換が求められており，新しい公共の背景にもなっている。

2　今後の厳しい財政状況

　近年，国，地方公共団体ともに財政状況は厳しさを増している。経済情勢の悪化，国債・公債（借金）の償還，社会保障費などの経常的経費の増大だけでなく，多様化する住民ニーズへの対応など新たな経費の支出も求められている。

　ここでは，新しい公共の背景の1つとして，行政の財政状況について考察する。

　まず，歳入について分析する。

　前述したように，今後，わが国の人口は減少を続け，特に生産年齢人口が減

少し高齢者数が急増する。少子化は生産年齢人口の加速度的な減少を招く[1]。

　生産年齢人口の減少は，当然に所得税や住民税の減少につながり，国や地方公共団体の財政を直撃する。それだけでなく，子育て中の世帯を中心とした消費性向の強い生産年齢人口の減少は，個人消費の減少をもたらす。それによる内需不振による需給ギャップが，生産性の低下を招き，企業の業績悪化 → 賃金低下 → 所得減少につながることになる。この悪循環により，国や地方公共団体の税収入はさらに減少していくことになる。

　一方，歳出は，失業対策や生活保護の拡大によって大幅に増加していく。さらには，今後の高齢者数の急増が歳出の増大の大きな要因になる。

　特に75歳以上の高齢者数の増加は，医療給付費，介護給付費の増加を招き，国や地方公共団体の財政に重くのしかかることになる。

　75歳以上の高齢者の増加は，医療給付費にどのような影響をもたらすか。

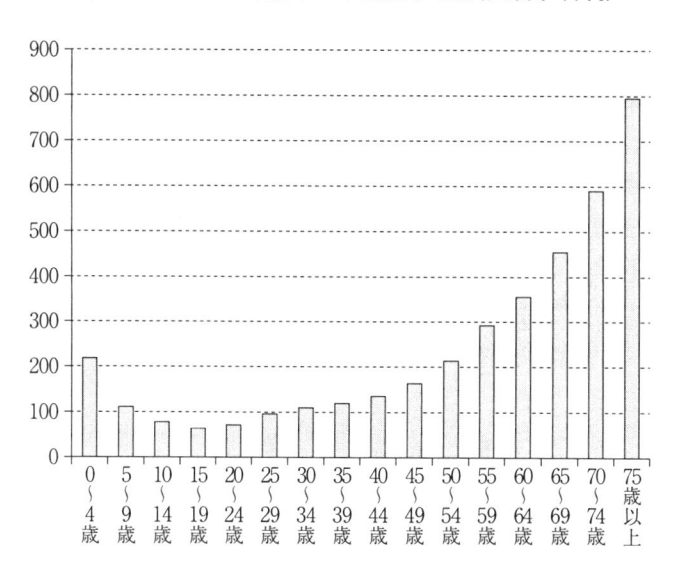

図表13－3　2007年度人口1人当たりの国民医療費（千円）

出所：2007年度国民医療費の概況（厚生労働省）のデータをもとに作成。

図表13－3は，2007年度の年齢区分別1人当たりの医療費を示したものである。

75歳以上になると，1人当たりで10代から20代前半の10倍，現役世代の8倍近くの医療費が必要になっていることがわかる。

2008年4月に後期高齢者医療制度がスタートしたが，これは，患者の自己負担（当面1割）を除く医療給付費の10％を高齢者の保険料で，40％を各健康保険組合や国民健康保険など各医療保険の被保険者（現役世代）の支援で，残りの50％を公費で負担する制度である。公費負担分は，国，都道府県，市町村が4：1：1の割合で負担し，医療給付費を賄う。

市町村は，公費分を負担するほか，国民健康保険の保険者として後期高齢者支援金への拠出も行うことになる[2]。

この結果，75歳以上の高齢者の増加は，急激な医療費増を招き，地方公共団体の財政負担も急増することになる。

次に，75歳以上の高齢者の増加は介護給付費にどのように影響するのか分析する。

介護保険制度の被保険者は，65歳以上の第1号被保険者と40歳から64歳までの第2号被保険者とに区分されている。第1号被保険者は介護が必要と認定されれば，その要因にかかわらず介護給付を受けることができるが，第2号被保険者の場合は，法令で定める特定疾患に起因して介護が必要となった場合でなければ介護給付を受けることができない。

介護給付の対象となりうる要支援・要介護認定を受けた者を，75歳以上，65歳以上75歳未満，第2号被保険者（40歳から64歳まで）に分けて表示したのが，図表13－4である（平成21年度介護保険事業状況報告（年報）厚生労働省より）。

図表13－4から，実際に要支援・要介護認定を受け，介護給付を受けている人のほとんどが75歳以上であることがわかる。

厚生労働省の平成21年度介護保険事業状況報告（年報）によれば，65歳以上74歳未満の被保険者数は15,144,421人で，そのうち，要支援・要介護認定者数は643,446人，認定者の割合は4.2％となっている。

これに対して，75歳以上の被保険者数は13,772,700人で，要支援・要介護

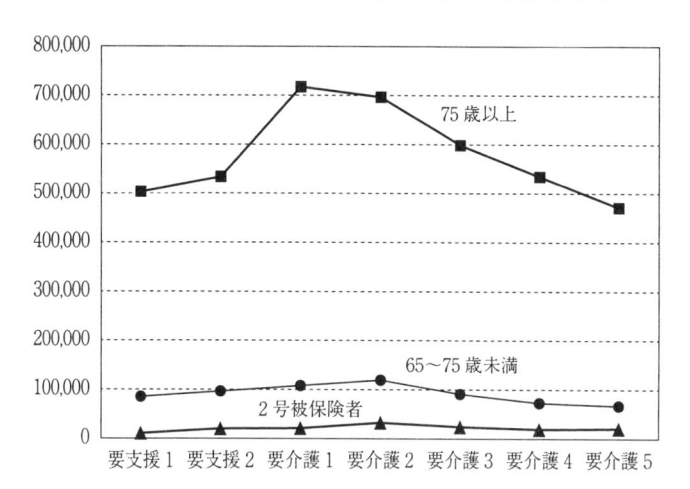

図表 13 − 4　要介護・要支援認定者数（2009 年度末）（人）

出所：平成 21 年度介護保険事業状況報告（年報）厚生労働省より作成。

　認定者数は 4,052,938 人，認定者の割合は実に 29.4％である。75 歳以上の認定率は，65 歳以上 74 歳未満の 7 倍になっている。
　介護保険制度による経費負担割合は，利用者の自己負担（＝ 1 割）を除いた介護給付費全体の 50％を第 1 号被保険者と第 2 号被保険者で負担し，残りの 50％を国，都道府県，市町村で 2：1：1 の割合で負担することになっている。市町村の負担は全体の 12.5％であり，75 歳以上高齢者の増加は，医療費と同様に自治体財政を圧迫することになる。
　このように，わが国の地方公共団体，特に市町村では，生産年齢人口の減少により歳入が減少していく一方で，急速な高齢化，特に 75 歳以上の高齢者の増加により医療・介護に係る歳出が増大していく。

3　分権型社会への流れ

　地方公共団体を巡る社会環境の変化として，中央集権から地方分権への大きな流れがある。地方分権推進については，「補完性（subsidiarity）の原理」[3]がその根拠としてよく使われるが，地域社会の現場では，家族構成の変化，地域

コミュニティの崩壊，高齢化などによる住民ニーズの多様化によっても分権型社会への転換が求められている。

　社会保障制度のあり方を例に挙げれば，ナショナル・ミニマム確保のためにサービス給付を行う場合は，中央政府＝国がこれを担うことになる。全国一律に，平等かつ画一的な給付が求められるからである。この場合には現金給付によることが原則とならざるを得ない。

　これに対して，各個人の多様で複雑な生活課題の解決にふさわしい給付を行う場合には，現金給付ではなく，現物給付（サービス提供）が必要になる。その場合は中央政府では対応できないので，身近な地方政府＝地方公共団体がこれを担うこととなる。

　時代の変化により，ナショナル・ミニマムからローカル・オプティマムへ，現金給付から現物給付への大転換が求められている。

　その大きな要因の１つに，現金給付では課題解決につながらないという現実がある。つまり，現金給付では多様化する住民ニーズに対応できないのである。

　障害者や高齢者への現金支給は，家族や親戚など身近に支援する人が存在することを前提としていた[4]。それは，要介護の障害者や高齢者がいると介護のためにその家族は就労することができないので，その世帯の所得を補うという趣旨もあった。

　しかし，そのような世帯の抱えている課題が一定の現金の支給のみで解決できることは，ほとんどないのである。

　また，単身化，核家族化が進み，家族形態の変化とともに家族の相互扶助機能が低下している状況を考えると，単に現金給付をするだけでは問題の解決にはならない。そればかりか，例えば，アルコール依存症やギャンブル依存症の単身の低所得者に対して，単純に現金（手当や生活保護費など）を支給することなど，かえって課題を深刻化させてしまう事例は枚挙に暇がない。

　現金給付よりも現物給付，つまり「お金」よりも「直接的なサービス提供」が求められているのである。介護手当よりもヘルパー派遣やデイサービスなどの介護サービスが，障害者へのガソリン代支給よりも移送サービスが，生活保

護費の支給だけでなく就労・自立のためのさまざまなサポートが求められているのである。さらには一人暮らし高齢者等には，買い物・調理・ゴミ出し・金銭管理・契約代行など日常生活への直接的な支援が，要請されているのである。

このような現金給付から現物給付への流れは，社会保障の分野だけにとどまらない。

例えば，里地里山保全，不登校やニートへの対応，子育て支援，商店街の再生など，環境・教育・地域振興などに広く当てはまることである。

現金給付の場合は，従来，給付をする主体は行政だけであった。したがって行政から対象者への一方向の関係でしかなかった。これに対して，現物給付を行うためには，多様で多数のサービス提供主体が連携しながら多様な個々のニーズに対応すること（アセスメント，カンファレンスやモニタリングなど）が不可欠となる。

また，サービス提供主体が行政のみであると，一律，平等かつ画一的なサービス給付が基本となってしまう。これは非効率であるだけでなく個々のニーズに適切に対応できない場合が生じる。

このような現金給付から現物給付への大きな流れは，主体が国から地方へ移っていくということを示す。そしてさらに，市民自治，地域協働，新しい公共といったキーワードに象徴される分権型社会に向けた地方行政改革の方向性をも示しているのである。

4 「新しい公共」の担い手の誕生

高齢化，単身化，核家族化がもたらす多様で，高度化する公共ニーズに，従来の行政手法によって対応していくことは，質的にも量的にも困難であることは既述したとおりである。

新しい公共の背景には，このような行政側の事情だけでなく，市民，NPOや企業など担い手側の大きな変化もある。

かつては，結，講，座，隣組などといった地縁組織が広く公共を担っていたが，経済成長に伴う生活様式の変化などにより，これら地縁組織の機能は低下

していった。
　そのような中,「ボランティア元年」といわれる阪神淡路大震災をきっかけに, 国民のボランティア活動や社会貢献活動への意識も高まり, 特定非営利活動推進法の施行 (1998年) につながっていったのである。
　時を同じくして, いわゆる地方分権一括法施行 (2000年), 介護保険法施行 (2000年), 社会福祉法改正 (2000年) が続き, 特定非営利活動法人への期待[5]や地域課題を地域の支え合いで解決しようという地域福祉[6]への意識が高まっていった。
　こうした法整備により市民や企業の社会貢献意識も高まり, 地域活動団体, 特定非営利活動法人, 企業のCSR活動 (プロボノなども) 等により, 社会的課題を解決しようとする動きが活発になっている。
　また, 人びとの働き方も, 終身雇用制や年功序列賃金制の崩壊など, 企業就労中心への不安, テレワークやSOHOなど情報通信技術の発展等を背景として, 経済的利益のみを追求する働き方から, 社会的意義を求める働き方や新しい価値観に基づいた働き方へと大きく変化している。
　このような価値観の変化や社会環境の変化に対応するために, より大きな枠組みで協働や連携によってさまざまな社会課題をビジネスの手法を用いて解決しようとする社会的企業[7] (ソーシャルビジネス) が誕生している。
　このように,「新しい公共」の背景の1つには, その担い手になろうとするさまざまな主体の登場もあると考えられる。

第3節　「新しい公共」の担い手の現状

　「平成22年度国民生活選好度調査」(内閣府)[8] によれば, ボランティア活動や支え合い活動等についてみると, ボランティア活動やNPO活動, 市民活動等への参加経験者の割合は21.5%, サービス利用者の割合は10.8%, 寄附者の割合は14.6%となっており, いずれも低い水準にある。
　今後の参加意向としては,「今後は参加したい」が32.7%,「今後はもっと活動を増やしたい」が13.8%となっている。

図表 13 − 5　ボランティア活動・支え合い活動への参加意向（%）

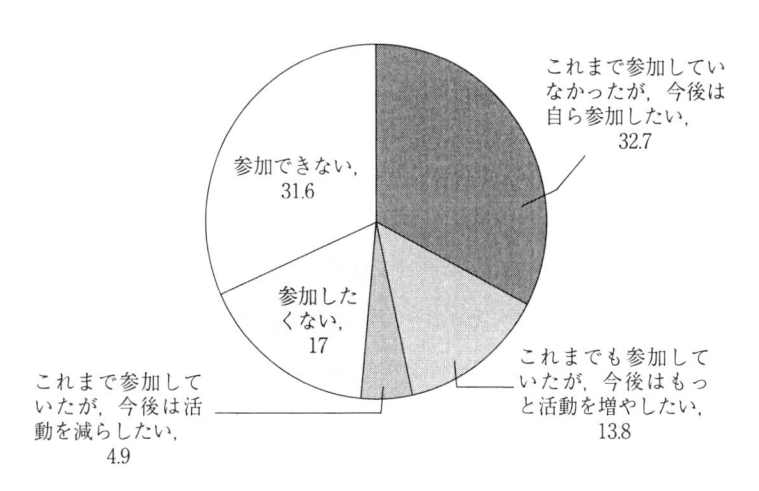

- これまで参加していなかったが，今後は自ら参加したい，32.7
- これまでも参加していたが，今後はもっと活動を増やしたい，13.8
- これまで参加していたが，今後は活動を減らしたい，4.9
- 参加したくない，17
- 参加できない，31.6

出所：平成 22 年度国民生活選好度調査（内閣府）。

　そして「今後は活動を減らしたい」が 4.9％，「参加したくない」が 17.0％，「参加できない」が 31.6％となっており，参加に対して消極的な回答が過半数とかなり高い比率を占める（図表 13 − 5）。

　なお，調査期間中（2011 年 3 月 3 日から 3 月 13 日）に東日本大震災があったことに留意が必要である。

　また，全国に 4 万を超える特定非営利活動法人が存在するが，「平成 22 年度特定非営利活動法人の実態及び認定特定非営利活動法人制度の利用状況に関する調査」（内閣府）[9]によると，社員数 20 人未満の法人が 50.1％と半数を超え（図表 13 − 6），前年度の特定非営利活動事業の収入が 2,000 万円未満という法人が 68.1％と約 7 割近くにのぼっている（いずれも認定特定非営利活動法人を除く。図表 13 − 7）。この数字から特定非営利活動法人の財政状況は非常に厳しく，人材を雇用したり，事業拡大を図ることが極めて困難な実態が浮かび上がる。

　このような厳しい環境において，既述したように新しい公共の担い手として社会的企業＝ソーシャルビジネスが注目されている。

　ここでは，経済産業省のソーシャルビジネス研究会に倣って，以下の 3 つの

図表13－6　特定非営利活動法人社員数規模別の比率（％）

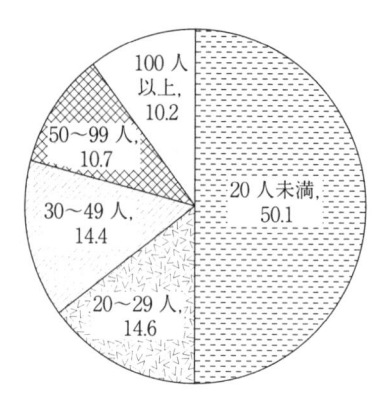

- 20人未満, 50.1
- 20～29人, 14.6
- 30～49人, 14.4
- 50～99人, 10.7
- 100人以上, 10.2

出所：平成22年度特定非営利活動法人の実態及び認定特定非営利活動法人制度の利用状況に関する調査。

図表13－7　前事業年度の特定非営利活動事業収入規模別の比率（％）

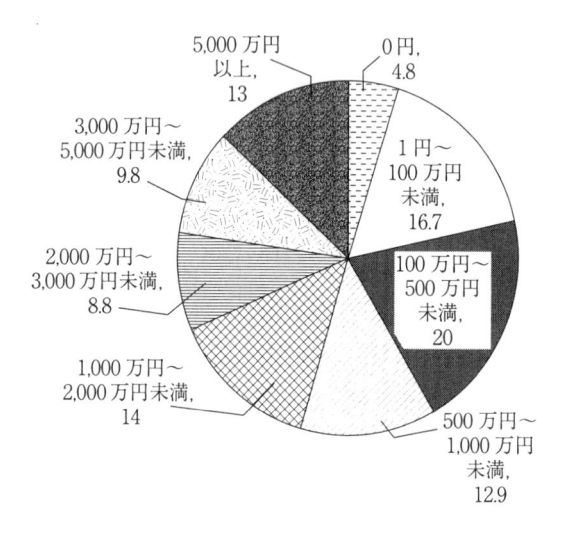

- 0円, 4.8
- 1円～100万円未満, 16.7
- 100万円～500万円未満, 20
- 500万円～1,000万円未満, 12.9
- 1,000万円～2,000万円未満, 14
- 2,000万円～3,000万円未満, 8.8
- 3,000万円～5,000万円未満, 9.8
- 5,000万円以上, 13

出所：平成22年度特定非営利活動法人の実態及び認定特定非営利活動法人制度の利用状況に関する調査。

要件を満たす事業主体を社会的企業＝ソーシャルビジネスの主体として捉えることとする。

① 社会性：現在解決が求められる社会的課題に取り組むことを事業活動のミッションとすること。
② 事業性：ミッションをビジネスの形に表し，継続的に事業活動を進めていくこと。
③ 革新性：新しい社会的商品・サービスや，それを提供するために仕組みを開発したり，活用したりすること。また，その活動が社会に広がることを通して，新しい社会的価値を創出すること。

なお，組織形態としては，株式会社，特定非営利活動法人，中間法人など多様なスタイルを想定する。

ソーシャルビジネス研究会報告書（2008年4月）によれば，日本の社会的企業（ソーシャルビジネス）の数は約8,000事業者，年間売り上げは約2,400億円，雇用者数は約3.2万人と推計されている。

ちなみに社会的企業が活発に活動しているといわれる英国では，事業者数が約55,000，市場規模が約5.7兆円，雇用者数が約77.5万人との調査結果がある[10]。日本のGDPが英国の約2倍であることからすれば，日本での社会的企業の市場規模はかなり大きいことがわかる。

こうしたことから「新しい公共」の担い手として社会的企業への期待が高まっているが，社会的課題解決への志は高いものの，社会的リターンと経済的リターンのバランスをとりながら，地域でいかにして持続的に事業を展開していくか，様々な課題を抱えている。2008年ソーシャルビジネス・コミュニティビジネス事業者アンケートの結果によれば，ソーシャルビジネス事業者が直面している事業展開上の主要課題として，認知度向上（45.7％），資金調達（41％），人材育成（36.2％）の3つが挙げられている[11]。

認知度向上に向けた広報などの「情報発信」，「資金調達」，「人材育成」は，特定非営利活動法人や市民活動団体等にとっても共通の課題となっている[12]。

以下第4節では，認知度向上に向けた「情報発信」と活動への参加呼びかけ

や「資金調達」(寄附促進) のためのオンラインツールとして地域協働ポータルサイト「TOWNTIP」を紹介する。

続けて第5節では，新しい公共の「人材育成」のための取組みとして「地域公共政策士」育成の事例を紹介する。

第4節　地域協働ポータルサイト「TOWNTIP」の事例

ここでは，埼玉県鶴ヶ島市を中心として各地域での活用が広がりつつある地域協働ポータルサイト「TOWNTIP」の事例を紹介する。

1　地域協働ポータルサイト「つるがしまTOWNTIP」の概要

地域協働ポータルサイトTOWNTIPは，市民・NPO・企業などのさまざまな活動・プロジェクトや活動団体の認知度向上に向けた「情報発信」をはじめ，「参加呼びかけ」，「資金調達」(寄附促進) などのための総合支援のオンラインツールである。

鶴ヶ島市は，埼玉県のほぼ中央に位置する総面積 17.73 km^2，人口約7万人の市である。都心から 45 km 圏内，池袋から東武東上線で 40 分余りということもあり，首都圏のベッドタウンとして人口が急増した。昭和 40 年の国勢調査人口 9,583 人に対して，平成2年の国勢調査人口が 63,064 人と，わずか 25 年間で人口は7倍ちかくに膨れ上がった。

これまでは人口の急増が市の発展の大きな要因ではあったが，転入人口の多くを占める団塊世代が退職年齢を迎え，まさに生産年齢人口の減少と急激な高齢化に直面している。

鶴ヶ島市では，地域協働によるまちづくりを進めるために，2008 年4月の「市民協働推進条例」および「寄附によるまちづくり条例」(県内初) の施行後，ただちに「寄附による地域協働活性化モデル事業」に取り組んだ。この取組みは，2008 年度の総務省「地域 ICT 利活用モデル構築事業」として採択され，その経費は基本的に国費で賄われた。

「寄附による地域協働活性化モデル事業」により開発した地域協働ポータル

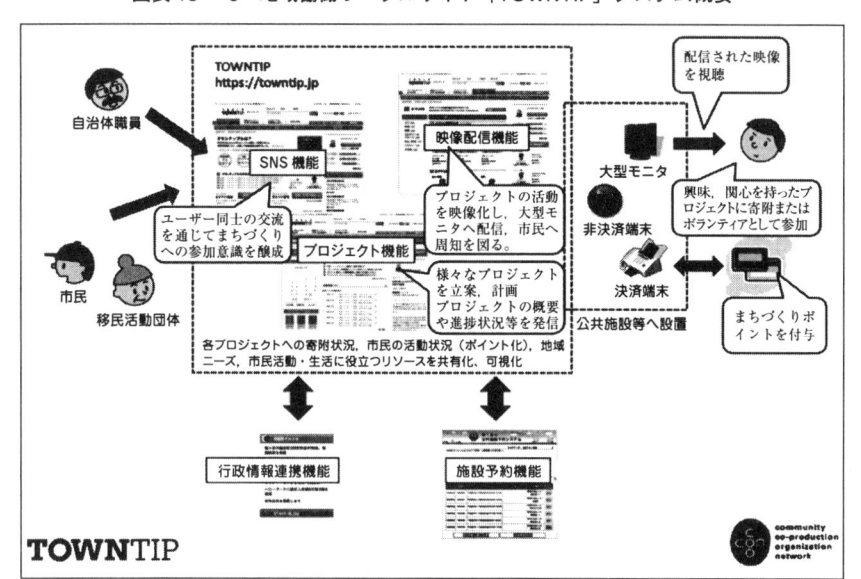

図表 13 − 8　地域協働ポータルサイト「TOWNTIP」システム概要

出所：http://towntip.jp/tsurugas/lima/sns/ より著者作成。

サイト「TOWNTIP」というシステムは，協働のまちづくりを進めるための次のような機能や特徴をもっている（図表 13 − 8）。

① 「公共」というテーマに絞ったプロジェクト支援型のポータルサイト

　サイト内で開設できるコミュニティを TOWNTIP では「プロジェクト」と呼び，公共・公益分類の 9 カテゴリー[13]のどの分野かを明確にすることでプロジェクトがサイト内に開設できるなど，新しい公共に向けたプロジェクト支援型ポータルサイトである。

② 市民活動交流機能

　ブログ，トモダチ，メッセージ，コメント等で課題，活動，資源がつながり，可視化され，オンラインだけでなくオフラインの交流も促進される。「汗をかく，知恵を出す，寄附をする」で，さまざまなプロジェクトに参加・交流が可能となる。「となりの TOWNTIP」で他地域のプロジェクトとも交流し，情報，資源の相互共有により活動もさらに活発化する。

③　寄附支援機能

　交通系ICカードやクレジットカードで応援したいプロジェクトに簡単に寄附ができ，プロジェクトごと，個人ごとに寄附履歴を可視化できる（個人は本人のみ閲覧可能）。認定特定非営利活動法人へのハードルを下げるための寄附促進機能も充実している。

④　社会貢献ポイント発行管理機能

　交通系ICカードやまちづくりカードをカードリーダーにタッチするだけで，イベント等への参加者にポイント発行が可能となっている。ポイントは可視化され，集計データは，自己評価ツール，政策誘導ツール，マーケティングツール，商品・サービス交換ツール（地域通貨）として活用可能である。

⑤　映像自動編集配信機能

　TOWNTIPに投稿された地域活動等の画像を自動編集し，市内公共施設等に設置した大型映像モニターに自動配信し，地域課題や活動の状況を市民等に広く情報発信することができる。

⑥　経営管理のPDCAサイクル各場面での可視化機能

　上記機能を総合的に活用することにより，地域課題発見など当該プロジェクトの誕生から実施計画，参加呼びかけ，寄附募集，プロジェクト実行，成果，反省，さらに洗練された実施計画，といった各場面が可視化されながら，結果的に各々のプロジェクトのPDCAが実行され，プロジェクトがさらに成長していく。

2　他の地域SNSとの比較によるTOWNTIPの特徴と成果

　地域協働ポータルサイト「TOWNTIP」は，SNS（Social Networking Service）のエンジンも備えていることから，単なる地域SNSと誤解されがちである。しかしながら，前述したように，映像配信機能，寄附募集機能，ポイント発行機能なども備えたプロジェクト支援型のポータルサイトである。

　一般の地域SNSとTOWNTIPとの比較を試みることとしたい。

　全国に500を超える地域SNSが存在するとされるが，活発に利用されてい

るのは，その1割以下とみられている。

地域SNSの代表格として，横浜市を中心とした「ハマっち」がある。「ハマっち」は，TOWNTIPと同じ2009年に開設された。大都市であることや横浜開港150周年を契機に横浜を盛り上げようという機運にも乗って，利用者数，コミュニティ（プロジェクト）数ともに比較的大きなものとなっている。

TOWNTIPも「ハマっち」も地域SNS部分のエンジンは同じ[14]なので，機能にほとんど違いはない。異なるのは，開設の目的や前述の地域SNSに装備した追加システムである。この違いが，地域SNS内のプロジェクトにどのような影響を与えているのだろうか。

地域SNS内にプロジェクトを開設するにあたり，プロジェクトの開設者（管理人）は，参加に制限をかける（承認必要）か，まったく制限をかけない（誰でもOK）か，を選択できる。

図表13-9は，「ハマっち」とTOWNTIPそれぞれのプロジェクトへの参加制限の違いをグラフ化したものである。「ハマっち」では制限のないもの（誰でもOK）が53.2％であるのに対し，TOWNTIPでは70.8％となっており，TOWNTIPの方が積極的に参加を呼びかけているプロジェクトの割合が大きいことがわかる。

図表13-10は，プロジェクトの公開度の違いを表したものである。プロジェクトの公開度は，参加制限と同様に開設の際に開設者（管理者）が選択で

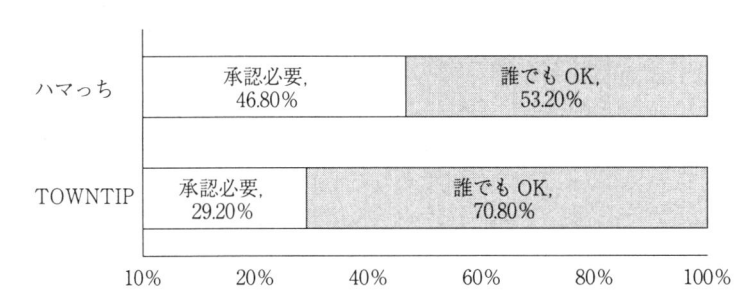

図表13-9　プロジェクトへの参加制限の比較

	承認必要	誰でもOK
ハマっち	46.80%	53.20%
TOWNTIP	29.20%	70.80%

出所：著者作成。

図表13－10　プロジェクトの公開度の比較

	非公開	全体公開	外部公開
ハマっち	37.02%	31.36%	31.62%
TOWNTIP	15%	31.67%	53.33%

□非公開　■全体公開　□外部公開

出所：著者作成。

きる。

　地域SNSに加入していない人にも広く公開する「外部公開」（ログイン不要で閲覧可能），地域SNSに加入している人には公開する「全体公開」（ログインすれば閲覧可能），プロジェクトの参加者だけが閲覧できる「非公開」の3段階となっている。

　TOWNTIPの方が公開度が高く，プロジェクトの活動などを広く情報発信しようという意識がうかがえる。TOWNTIPのプロジェクトの特徴として，閉鎖的でサークル的な仲良しグループのコミュニティではなく，参加者を広く募り，情報を積極的に発信して，実際の活動につなげていくという強いプロジェクト志向が浮かび上がる。

　なお，2012年2月現在「ハマっち」のコミュニティ数は247であり，TOWNTIPのプロジェクト数は149となっている。149のプロジェクトの9のカテゴリー分類では，環境分野が14，子育て分野が13，健康・医療・福祉分野が8，安心・安全分野が4，学術・文化・芸術・スポーツ分野が23，人権・平和・国際協力分野が5，まちづくり分野が47，経済・社会分野が5，中間支援・その他が30となっている。

　次に，TOWNTIPの活用状況はどうか。

　図表13－11は，総務省と国際大学GLOCOMによる共同研究「地域SNSに関する調査研究」（2010年）に回答を寄せた45の地域SNSの活用状況を示し

図表 13 – 11　地域 SNS の平均像（活用状況）＋ TOWNTIP

属　性	平均値	中央値	最大値	最小値	TOWNTIP
利用者（人）	1,455	794	10,655	44	869
コミュニティ数	215	130	1,375	17	123
月間ページビュー	365,376	122,431	2,566,556	170	511,335

出所：総務省・国際大学 GLOCOM「地域 SNS に関する調査研究」（2010 年）に著者加筆。

たものに同時期の TOWNTIP の状況を加筆したものである。

　TOWNTIP は，約 7 万人という鶴ヶ島市の人口規模や開設して 1 年半という時点での数値であるが，利用者，コミュニティ数（プロジェクト数）とも概ね中央値に近い。

　しかし，月間ページビューは，中央値だけでなく平均値をも大きく上回る。これは，1 人当たりの利用頻度が非常に高いことを意味している。他の地域 SNS に比較し，TOWNTIP がより活発に利用されていることがわかる。

　図表 13 – 12 は，TOWNTIP に登録してマイページを作成しているユーザー数と交通系 IC カードによる寄附の状況を示したものである。

　ユーザー（登録者）が順調に増加し続けていることがわかる。一方で寄附累計額の伸びは小さい。これは，具体的に寄附を募集して事業展開していこうというプロジェクトがまだ多くないことが要因と考えられる。

　TOWNTIP への登録は，単に人とコンピュータをつないでいるだけのように考えがちであるが，ブログ投稿したり，コメントをしたり，メッセージ（メール）を送受信したり，プロジェクトを立ち上げたり，情報交換したりと，人と人との間で次々と新たな「つながり」が生じていることを意味している。

　また，TOWNTIP では，地域 SNS に追加した寄附システム，ポイント発行システム，映像配信システムなどにより，さまざまな活動が促進されている。

　「児童館にエアコンの設置を！」というプロジェクトが寄附金 50 万円を施設に贈呈したり，地球温暖化防止を掲げるプロジェクトが「緑のカーテン」を広げるために寄附を集めてコンテストや表彰式を展開したり，子育て支援プロジェクトが集まった寄附で子育て支援ガイドブックを作成し，子育て家庭に配

図表 13 − 12　TOWNTIP マイページ作成者数と IC カードによる寄附累計額の推移

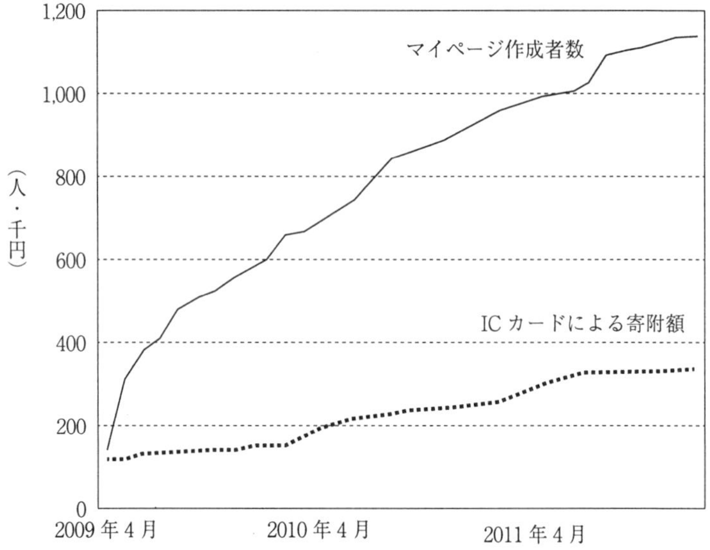

出所：TOWNTIP 管理データより作成。

布するなど，TOWNTIP で生まれたプロジェクトが「新しい公共」を担いつつあるといえる。

3　新しい公共に向けての今後の課題

　「新しい公共」に向けて，地域のさまざまなリソースを可視化し，ネットワーク化し，課題解決に向けたプロジェクト創出を支援し，それを持続的な活動につなげるためのシステムとして，ソーシャルメディアを活用した地域協働ポータルサイト TOWNTIP の事例を紹介した。

　インターネットが普及したとはいえ，自らブログを書いたり，コメントしたり，映像配信したり，といった情報発信に不慣れだったり，不安だという市民が，まだ大勢いる。

　鶴ヶ島市では，市内 6 カ所の公民館を会場に，それぞれ 5 日間の日程で延べ

30コマの「ICTスキルアップ講習会」を開催するなど，初級・上級とレベルに合わせた講習会を頻繁に行っている[15]が，今後もPRを兼ねた興味をひくワークショップなど継続的な取組みが必要であろう。

　TOWNTIPは，人々のネットワークを広げ，地域の絆を深め，ソーシャル・キャピタルの醸成に有効に機能する。それらをプロジェクトにつなげるためには，インセンティブやさらなる可視化のための付加機能を用意することが必要かもしれない。

　一見関連のなさそうな分野の複数のプロジェクトがつながることによって新たな「解」が発見され，社会的課題が解決される。このことは縦割りの呪縛から逃れられない行政ではなかなかできないことであり，「新しい公共」に求められる役割でもある。

　TOWNTIPによって誕生したプロジェクトを事業化し，新しい公共の担い手として持続・成長させていくためには，すでに地域に存在するさまざまな社会資源などと有効に連携・協働するための総合的なコーディネーションのできる人材が不可欠となる。

　第5節では，新しい公共に向けた人材育成の事例について紹介する。

第5節　新しい公共に向けた人材育成の取組

　ここでは，一般財団法人地域公共人材開発機構による「地域公共政策士」育成の取組事例を紹介する。

　一般財団法人地域公共人材開発機構は，2009年1月に設立された。京都商工会議所，京都経営者協会，社団法人京都経済同友会，社団法人京都工業会の経済4団体の「産」，京都産業大学，京都橘大学，京都府立大学，京都文教大学，同志社大学，佛教大学，立命館大学，龍谷大学の8大学のほか財団法人大学コンソーシアム京都，財団法人大学基準協会，日本公共政策学会の11団体の「学」，京都府，京都市，財団法人京都府市町村振興協会の3団体の「官」，きょうとNPOセンター，京都市景観・まちづくりセンターの2団体の「民」という産学官民の「コンソーシアム」である。

地域公共人材開発機構の設立目的は，異なるセクター間の文化的・機能的な壁を越えて，協働型社会（マルチパートナーシップ）における地域の公共的活動や政策形成を主導し，コーディネートできる人材＝地域公共人材を，産・官・学・民のすべてを対象に育成・活用することである[16]。

　その目的に向けて，地域公共人材開発機構は以下の4つの活動に取り組んでいる。

① 大学・大学院および各研修機関を対象とした地域公共人材育成のための教育・研修プログラムの質保証に関する「調査・研究・検証」

② 公共政策系大学院等や自治体・NPO・企業等の研修機関が提供する教育・研修プログラム等の「京都版認証・評価（社会的認証）」

③ 京都版認証・評価（社会的認証）を受けた教育・研修プログラム修了者に対して，国の制度（文部科学省の履修証明制度や厚生労働省のジョブ・カード等）と連動させた「地域公共政策士」の資格付与

④ 自治体職員，NPO職員，企業のCSR担当者等を対象とした人材育成のための「研修」

　以上の4つの取組みによって，地域公共人材としての適性を備えた「地域公共政策士」という資格を創設した。その資格を得るための教育・研修プログラム（履修科目など）の質を保証する社会的認証システムを確立し，実際に教育機関や研修機関が実施するプログラムを認証し，資格付与を行い，広く地域公共人材を育成して，「新しい公共」の担い手として地域で活躍してもらおうとするものである。

　本資格の特徴は大きく3点ある。

　1つは，セクターを越えて地域社会の課題解決に当たる人材を「地域公共人材」と定義して資格認定をすることにより，その能力証明を試みたこと。2つ目は，本資格を地域公共人材開発機構内で完結させず，多くの産学官民と連携することによって，国家資格という「御上」による認証ではなく，「社会」による質保証を組み込んだこと。3つ目は，欧州のEQF（European Qualification Framework）[17]という教育と職能をつなぐ国際的フレームワークとの共通性をもたせ，わが国

においてもその具体的道程を描ける架橋を創ったこと，である[18]。

「地域公共政策士」という資格付与の具体的流れは，次の通りである。

まず大学など教育・研修機関が，教育プログラム（履修科目）が資格付与に適したものか否かについての社会的認証を地域公共人材開発機構に申請する。地域公共人材開発機構は，申請機関に自己点検に係る資料の提出を求めるとともに，あらかじめ定められた社会的認証基準により書面評価，訪問評価を行う。さらに地域公共人材開発機構が，プログラム審査委員会の意見申立を受け，理事会に諮った後，認証の可否を決定する。

このようにして社会的認証を受けた教育プログラムは，講義中心の大学の学部レベル（EQF5～6程度）の第1種プログラムと大学院修士レベル（EQF7程度）の第2種プログラム，そして地域公共人材として必須と考えられるスキルを得るための共通プログラムの3つで構成されている。

第1種プログラムと第2種プログラムの社会的認証評価項目は，①目的・教育目標，②資格教育プログラムの内容，③学習アウトカムの測定，④資格教育プログラムの管理・運営・改善，⑤教員および講師，⑥資格教育プログラムの特色の6の大項目と15の小項目から構成されている。

また，共通プログラムは地域公共政策士の特徴的なプログラムであり，より実践力を高めるため公共的マインド醸成やネットワーク構築に向けた特別講義と長期間にわたる現場での課題解決型政策提言プログラムであるキャップストーンで構成され，評価項目は5つの大項目と11の小項目から構成されている。

第1種プログラムの科目数は京都産業大学が7科目，京都文教大学が8科目，京都府立大学が6科目，龍谷大学が22科目の計43科目である。第2種プログラムの科目数は京都府立大学が11科目，同志社大学が27科目，龍谷大学が31科目の計69科目となっている。

また，立命館大学，佛教大学，京都橘大学も履修科目を設ける予定となっている。さらに行政，NPO，企業等からの資格教育プログラムの認証相談が増えているとのことである[19]。

これらの科目から，第1種プログラムの5科目と第2種プログラムの5科目

の合わせて10科目,あるいは第2種プログラムの10科目の履修,それに共通プログラムの特別講義とキャップストーンを履修することにより,地域公共政策士として認定されるのである(図表13-13)。

　この地域公共政策士の資格認定の取組みは,「『新しい公共』社会に求められる人材像を明らかにし,その具体的な知識・スキル・コンピテンシーを国際的

図表13-13　地域公共政策士のフレームワーク

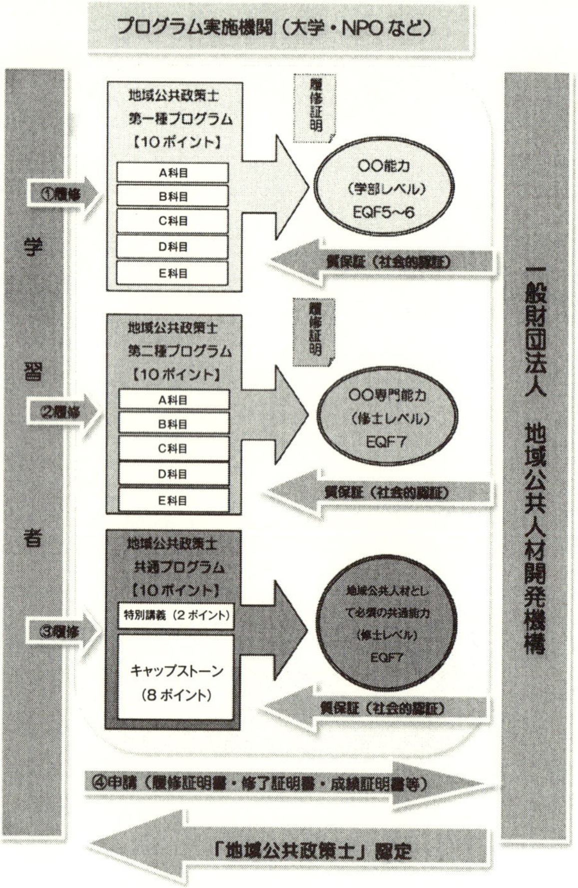

出所:地域公共人材開発機構ホームページより。

基準とも共通性を持たせつつ,『見える化』したのは全国初の試み」と評価されている[20]。

　地域公共政策士の資格認証は2011年度から始まったものであり,地域公共政策士第1号が誕生するのは2012年3月である。2010年度に同様の「地域公共人材」育成プログラムを受講した22人の進路は,10の特定非営利活動法人・公益団体,3つの地方公共団体,1つの企業に就職したほか,自ら社会的企業を設立したり,有機農業を始めたり,大学院に進学するなど,それぞれに活躍しているという。

　地域公共政策士の資格取得を目指そうとする者は,大学・大学院の学生と新しい公共に関わるために関連知識を学び直そうとする社会人の2層に分かれる。

　学生・院生の場合は,所属大学(院)等が提供するプログラムを履修することにより,大学(院)の単位も地域公共政策士資格取得の基礎となる単位も同時に取得できる利点がある。つまり,卒業と同時に学位と地域公共政策士という2つの資格の取得が可能となる。しかもそこには新たな費用は原則として発生しない。

　一方,社会人の場合は,各大学(院)の科目履修制度を活用せざるを得ず,プログラムを履修するためには多額の受講料が発生することになる。地域公共政策士が行政に代わって一部ではあっても公共を担っていくことを鑑みれば,受講料等への補助金等の公的支出も検討されるべきであろう。

　なお,地域公共人材開発機構は,地域公共政策士が全国あるいは世界に通用する資格となることを望んでいるが,自らが主体となって広めるのではなく各地での同様な取組みに全面的に協力する役割を目指している。

　地域公共政策士の資格の取得が,公共政策系の大学が中心になって,関東圏など全国で広がっていくことが期待される。

　地域公共政策士の資格制度は,民間による新しい公共の人材育成の取組みとして注目されているのである。

第6節　おわりに

　本章では，まず人口構造の変化や分権型社会への流れ，社会的企業などの担い手の誕生など新しい公共の背景について述べ，続いて，市民活動，NPO，社会的企業など新しい公共の担い手として期待される主体の現状を示した。

　さらに，地域課題とその解決のための資源（ヒト，モノ，カネ）を可視化し地域のさまざまなプロジェクト活動を支援する地域協働ポータルサイトTOWNTIPおよび公共人材の育成・支援の先導的事例である地域公共政策士の制度について紹介し，それぞれ考察した。

　社会が急激に変化し続ける中，「新しい公共」の果たす役割はますます大きくなっている。

　しかし，そのお題目を唱えているだけでは変化には対応していけない。

　1995年1月17日の阪神淡路大震災，2011年3月11日の東日本大震災は，行政の無力さを白日の下にさらした。一方で，市民団体やNPOなどの活動が地域社会にとって不可欠であることも示した。

　災害時のみではなく，地域のさまざまな課題を解決するには，行政だけでは不十分であることは明らかである。

　地域活動団体やNPOをはじめとする社会的企業は，地域発展の場面においてもますます重要な役割を果たしていくことになる。

　埼玉県鶴ヶ島市を中心として各地域に広がりつつある地域協働ポータルサイトTOWNTIPについても，地域活動の可視化（映像配信等），寄附も含めた多様な参加形態の認容・促進，参加へのインセンティブとしてのポイント発行，他地域SNS等との連携など，公共を担う主体が生まれ育つことに有効に機能するツールとして，今後の活用が期待される。

　また，一般財団法人地域公共人材開発機構が取り組んでいる「地域公共政策士」の資格付与制度は，新しい公共を担おうとする者が目指すべき方向性や習得すべき基礎能力を明白にし，資格という形でその能力を有しているか否かを可視化するという興味深い制度である。

地域公共政策士の資格付与制度は，現時点では京都府内のみを想定しているが，この資格が社会的に認知されるためにも，全国各地域の大学，自治体，企業などにより，同様の取組みが進められることを期待したい。

　今後の地域社会の維持・発展に向けては，研修や教育といった「公共人材育成」，TOWNTIPや地域SNS，ソーシャルメディアなど情報通信技術（ICT）を活用した「オンライン」，そしてシェアオフィスやSOHOなど「オフライン」によるさまざまな場の提供・支援，さらには寄附，投資や融資（市民ファンド）など「資金提供基盤」という，4つのカテゴリーからなる支援基盤（プラットフォーム）の構築が求められる。

　そのためにも，地域の経済団体，教育機関，自治体，NPO，地元金融機関など，多様な主体の連携・協働とそれらの支援を受けてワンストップ的に活動する中間支援組織が必要となる。

　持続可能な地域発展に向けて各地でさまざまな取組みが始まっている。引き続き全国の先進的事例について注目していく必要がある。

【注】

1) 出産適齢期の女性が減少を続ける中で，合計特殊出生率が下がれば少子化は一層加速する。
2) 後期高齢者支援金への拠出は，国保加入者の保険料を充てることになっているが，市町村では，国保保険料の引き上げを抑制するため，一般会計からの法定外繰入れを行っているのが実情である。
3) 「補完性の原理」とは「事務事業を政府間で分担するに際しては，まず基礎自治体を最優先し，ついで広域自治体を優先し，国は広域自治体でも担うにふさわしくない事務事業のみを担うものとする」ことをいう（2001年6月「地方分権推進委員会最終報告」第四章Ⅳ）。
4) 知的障害者への手当や高齢者への介護手当などは，本人以外への支給が前提となっているし，障害者世帯のガソリン代などさまざまな補助金は，同居家族を想定している場合が多い。
5) 介護事業者は原則として法人であることが要件とされたことにより，それまで家事支援などを担っていた市民団体等がNPO法人化していった。
6) 2000年の社会福祉法改正により，地域福祉の推進が規定された。

7) OECDでは「社会的企業は，一般的には，労働市場の統合，社会的包摂，そして経済的発展に貢献するという，社会的目的と経済的目的の両方を充たす新機軸のビジネスモデルとして理解されている。」としている（OECD編著，連合総合生活開発研究所訳（2010））。
8)「幸福感」や「新しい公共」に係る国民意識を把握するとともに，地域生活における公共サービスに対する潜在的なニーズと，それを満たす上で地域の担い手に期待する役割や自ら担う役割に関する意識等を把握することを目的として，層化二段無作為抽出法により全国に居住する15歳以上80歳未満の男女5,000人を対象に2011年3月3日から3月13日の11日間，訪問留置法により行われた。有効回収数（率）は3,578人（71.6%）となっている。
9) 認定特定非営利活動法人制度の利用状況等を把握する目的で，特定非営利活動法人については各都道府県別に法人数を按分して15,023法人を無作為抽出し，認定特定非営利活動法人については188法人すべてを対象に，2011年1月25日から2月10日までの期間，郵送法により行われた。有効回収数（率）は，特定非営利活動法人にあっては2,345法人（15.6%），認定特定非営利活動法人にあっては65法人（34.6%）となっている。
10) 2005.7.11 英国産業貿易省中小企業庁記者発表資料2004年末時点。
11) 2008 ソーシャルビジネス研究会報告書，P.9。
12) 内閣府「平成21年度市民活動団体等基本調査報告書第2章」など参照。
13) ①環境・資源・エネルギー，②子育て，③健康・医療・福祉，④安心・安全，⑤学術・文化・芸術・スポーツ，⑥人権・平和・国際協力，⑦まちづくり，⑧経済・社会，⑨中間支援・その他，の9カテゴリー。特定非営利活動促進法による17分類と公益社団法人及び公益財団法人の認定等に関する法律による23分類を9分類に集約。
14) ともにインフォミーム株式会社の「Open SNP」を使用している。
15) 講師には，NHK教育テレビ趣味悠々のパソコン講座で好評を博した佐々木博氏を招くなど，毎回受講申し込みが殺到する人気であるという。
16) 一般財団法人地域公共人材開発機構事務局総括である杉岡秀紀氏へのヒアリングによる。
17) http://ec.europa.eu/education/pub/pdf/general/eqf/broch_en.pdf
18) 一般財団法人地域公共人材開発機構事務局総括である杉岡秀紀氏へのヒアリングによる。
19) 一般財団法人地域公共人材開発機構事務局総括である杉岡秀紀氏へのヒアリングによる。
20) 杉岡（2011）。

参考文献

OECD 編著；連合総合生活開発研究所訳（2010）「社会的企業の主流化：『新しい公共』の担い手として」明石書店。

奥野信宏・栗田卓也（2010）「新しい公共を担う人びと」岩波書店。

勝浦信幸（2005）「介護保険制度見直し―さらなる分権化を」放送大学大学院教育研究成果報告「Open Forum」創刊号。

勝浦信幸（2007）「行政改革から自治体改革へ」村尾信尚監修／澤昭裕編集『無名戦士たちの行政改革－WHYNOT の風』第 3 章，関西学院大学出版会。

杉岡秀紀（2010）「新しい公共と人材育成―京都発『地域公共人材』の育成事例―」「社会科学」通巻 89 号（第 40 巻 3 号）同志社大学人文科学研究所。

杉岡秀紀（2011）「京都発・新資格「地域公共政策士」の運用始まる」「産学官連携ジャーナル」Vol.7 No.10。

ソーシャルビジネス研究会（2008）「ソーシャルビジネス研究会報告書」経済産業省。

内閣府政策統括官（経済社会システム担当）委託調査（2011）「社会的企業についての法人制度及び支援の在り方に関する海外現地調査報告書」。

新川達郎（2005）「新しい地域ガバナンス」『コミュニティ再生と地方自治体再編』ぎょうせい。

松行康夫・松行彬子・松行輝昌（2011）「ソーシャルイノベーション」丸善出版。

安田信之助（2008）「日本経済の活性化と対内投資促進政策」安田信之助編著『新講国際経済論』八千代出版。

安田信之助・勝浦信幸（2010）「『新しい公共』に向けた地域 ICT 活用に関する一考察―首都近郊・大都市近郊自治体の今後の展開方向―」城西大学大学院研究年報第 24 号。

安田信之助・勝浦信幸（2012）「『新しい公共』を担う人材育成に関する事例研究」城西大学国際文化研究所紀要第 17 号。

山本尚史（2010）「地域経済を救うエコノミックガーデニング―地域主体のビジネス環境整備手法」新建新聞社。

（勝浦信幸）

索引

A-Z

BRICs……49
BRT……212
CSR活動……302
EQF（European Qualification Framework）……314
GDP……133
GPシステム（General Practitioner System）……76
IMEC……51
LCC……225
LRT……212, 219
M&A……147
Made in China, by Taiwan……49
Newhouseモデル……73
NPM……289
NPO……163, 169
NPRG……289
OECD……134
PB2……284
PF負債……282
PFIの活用……284
SNS（Social Networking Service）……308
TFR……111
Y-GSA……177, 178

ア

青木……58
アジア開発銀行……133
アダム・スミス……248
新しい公共宣言……292
アベノミクス……158
依存収入……278
一次医療（Primary Care）……74
一次（初期）救急医療……78
一括補助金（Lump-sum tax）……83
1.57ショック……111
井上馨……260
医療給付費……297
インターンシップ……164, 166, 167
インフラストラクチュア……245
失われた10年……24
失われた20年……48, 238
遠隔地医療……83
エンゼルファンド……152
大平正芳首相……17

カ

開業率……151
会計年度……235
会計法……260
介護給付費……297
外国人観光客……188
介護保険制度……298
皆婚社会……114, 115
価格の歪み……58
家族扶養指数……122
瓦礫処理費……248
観光資源……184
観光市場……184
観光振興政策……186
観光宣伝……190
観光旅行……184
企画院……3
技術系ベンチャー……163, 164, 169
基礎年金国庫負担……240
北仲スクール……170
寄附によるまちづくり条例……306
客単価……188
キャップストーン……315
行政評価……283
共有資源問題……282
漁業復興特区……268
拠点開発方式……10
均整成長論……55
クルーグマン……56
ケアマネージャー（居宅介護支援事業者）……87
経済安定本部……5
経済審議庁……6
経済性追求型……286
ケインズ……253

索　引　323

限界集落............130, 184, 212
限界費用価格規制
　（Marginal Cost Pricing）
　..83
現金給付..................................300
健康資本（Health Capital）
　..68
原子力損害の賠償に関する
　法律............243, 250, 251
減税政策..................................277
現物給付..................................300
ケンブリッジ現象....................51
広域国際交流圏の形成............28
公開性の原則..........................260
後期高齢者医療制度..............298
公共財..60
公共事業関係費..........252, 255
公共投資の乗数効果..............253
後継者不足......................265, 267
合計特殊出生率......................111
工場施設等整備助成金..........200
工場団地..................................198
工場立地奨励金......................200
高速道路無料化..........239, 244
公的医療機関............................72
高等学校授業料無償化政策
　..240
高度経済成長期........................47
購買力平価..............................135
交付国債..................................251
交付税及び譲与税配付金
　　特別会計..........................255
高興ナロ宇宙センター..........283
効率性..........................266, 282
交流ネットワーク構想............22
高齢者数の急増......................297
黄金町バザール......................170

国際コンテナ戦略港湾..........222
国債費......................................238
国勢調査..................................111
国土計画設定要綱......................3
国土形成計画法........................30
国土総合開発法..........................6
国民所得倍増計画......................8
コーディネーション................58
古典派経済学..........................248
ご当地キャラ..........................194
子ども手当......239, 240, 244
コミュニティバス....213, 219
雇用機会..................................185
コールセンター......................154
混雑税......................................212
コンテンツ..............................190
コンパクトシティ..................219

サ

災害対応公共事業関係費
　..245
災害廃棄物処理事業費..........248
財政再生団体............................37
財政錯覚..................................286
財政自主権..............................278
財政自立度..............................273
財政調整機能............................38
財政の持続可能性....................40
財政法............239, 242～244
最低賃金制度............................95
最低賃金の下支え効果..........103
3E..281
産業空洞化..............................151
産業クラスター......................146
産業集積..................................185
産業振興政策..........................186
産業団地..................................198

産業調整政策............................59
産業のライフサイクル............54
三次医療（Tertary Care）
　..74
三次救急医療............................78
三無農民....................................50
市街化調整区域......................259
時間的遅れ（ラグ）..............264
資源配分機能..........................252
市場拡張的見解........................58
市場経済..................................248
自然増加数..............................111
持続可能な社会......................265
自治体収入..............................278
実効税率..................................141
指定管理者制度........................86
渋沢栄一..................................260
市民協働推進条例..................306
社会起業家........163, 164, 169
社会系ベンチャー......164, 169
社会資本..................................252
　───整備重点計画法
　..224
社会的企業..............................302
社会保障関係費......................238
集権的な分散システム..........259
修正主義....................................58
集積..51
　───の経済と不経済....53
従属人口指数..........................121
主要経費別分類......................255
少子高齢化..............................117
情報発信..................................190
所管官庁別分類......................256
人口構造..................................273
人口転換..................................111
新古典派経済学......................267

新産業都市 ………………… 10	第四次全国総合開発計画	テクノポリス構想 ………… 18
水産業復興特区 …………… 265	……………………………… 213	テクノポリス法 …………… 146
スティグラー ……………… 52	多極分散型国土 …………… 21	鉄道事業法の改正 ………… 213
ストロー効果 ……………… 218	多軸 ………………………… 28	田園都市国家構想 ………… 17
スミス ……………………… 52	多自然居住地域の創造 …… 28	電脳立地法 ………………… 146
政策目標 …………………… 281	縦割り行政 ………………… 256	統合財政収支 ……………… 270
生産性 ……………………… 197	田中角栄首相 ……………… 13	道州制 ……………………… 42
生産年齢人口 ……………… 126	団塊の世代 ………………… 111	東北関東大震災 …………… 264
――の減少 ……………… 297	団体旅行 …………………… 184	道路運送法の改正 ………… 213
世界標準（グローバル	地域ICT利活用モデル	独自課税 …………………… 285
スタンダード）………… 266	構築事業 ………………… 306	特定最低賃金 ……………… 95
前年度剰余金 ……………… 242	地域医療 …………………… 67	特定非営利活動推進法 …… 302
全部適用 …………………… 86	地域間格差 ………… 59, 273	特定非営利法人 …………… 169
戦略決定 …………………… 197	地域協働ポータルサイト	特別会計 …………… 238, 244
総合開発の構想 …………… 7	……………………………… 306	――剰余金 …………… 239
総合特区制度 ……………… 149	地域公共人材開発機構 …… 313	特例公債 …………………… 243
相互扶助機能 ……… 295, 300	地域公共政策士 …………… 313	都市再生 …………… 170～172
相乗性 ……………………… 190	地域再生 …………… 169, 172	
ソーシャルビジネス ……… 302	地域内での産業連関 ……… 204	**ナ**
ソーシャルベンチャー	地域の足 …………… 208, 213, 214	内閣府 ……………………… 232
……………… 163, 164, 169	地域発展 …………………… 182	内発的経済発展 …………… 185
租税及び印紙収入 ………… 238	――特別会計 ………… 287	内部補助 …………………… 212
	地域福祉 …………………… 302	ナショナル・ミニマム
タ	地域別最低賃金 …………… 95	……………………… 60, 300
対外直接投資 ……………… 134	地域への定着率 …………… 185	二次医療（Secondary Care）
大学関連ベンチャー	地域への密着性 …………… 204	……………………………… 74
……………………… 163, 164	地域連携軸の展開 ………… 28	――圏 ………………… 80
大学発ベンチャー	地下水 ……………… 185, 199	二次救急医療 ……………… 78
……………… 164, 167～169	地方公営企業法 …………… 85	21世紀の国土のグランド
大規模工業基地開発 ……… 12	地方交付税 ……… 36, 60, 277	デザイン ……………… 27
大都市のリノベーション … 28	――交付金 …………… 255	2012麗水世界博覧会 ……… 283
対内直接投資 ……………… 134	地方債 ……………………… 271	日光仮面 …………………… 194
第二次全国総合開発計画	地方債務状況 ……………… 275	日光ブランド ……………… 182
（二全総）……………… 12	地方税収 …………………… 273	日本列島改造論 …………… 13
大日本帝国憲法 …………… 260	地方分権改革 ……………… 34	ヌルクセ …………………… 55
太平洋ベルト地帯構想 …… 8	長寿高齢化 ………………… 117	年金臨時財源 ……………… 252
	定住圏構想 ………………… 17	農業の法人化 ……………… 288

索　引　325

農地転用················259

ハ

廃業率················151
パーク・アンド・ライド
················212, 219
ハーシュマン················56
ハブ・アンド・スポーク
················224
ハブ空港········211, 224, 225
ハブ港湾········211, 222, 223
バブル崩壊················48
非営利規制················70
東日本大震災
················232, 238, 264
──関係経費
················251～253
──復旧・復興予備費
················249
──復興基本法········258
──復興構想会議········258
──復興特別会計
················244, 255
──復興特別区域法
················255, 258, 261
被災者生活再建支援金········248
被災者生活再建支援制度
················250
ビッグ・プッシュ論········56
1人当たり住民借金········276
病床規制················79
病診連携················87
貧困の悪循環················55
風評被害················194
付加価値率················197
不均整成長論················56

複数均衡················55
復興交付金········258, 259
復興債············242, 243
復興財源法················242
復興推進計画
················258, 261, 263
復興整備計画················259
復興庁················256
復興特別所得税········243
復興特区········258, 261, 268
──支援利子補給金
················255
──制度················150
復興の基本方針
················242～244, 252
復興法人特別税········243
プライマリーケア医········75
分割民営化················216
分権化定理················286
平均寿命················111
平均費用価格規制
（Average Cost Pricing）
················83
平成の大合併················123
補完性（subsidiarity）の
原理················299
保健医療計画················79
補助金行政················260
補助率················264
ホスピタリティ········186
補正廻し················255
補正予算················235
ボランティア元年········302

マ

マーケット・フレンドリー・
アプローチ················58
マーシャル················51
マスツーリズム········184
松原商店街
················174, 176, 178, 179
見込会計表················260
民活法················23
明治政府················260
モジュール化················49

ヤ

ヤードスティック
（Yard Stick）················84
有効性················283
輸送費················52
予備費················238
四全総················20

ラ

リゾート法················23
リーマンショック········238
レント················63
──・シーキング········63
──・シージング········63
ローカル・オプティマム
················300
ローゼンシュタイン・
ロダン················55
ロックイン効果········55

ワ

和田町商店街
················174～176, 179

《著者紹介》

渡辺修朗（わたなべ・のぶお）担当：第1章
　城西国際大学経営情報学部教授

山本　清（やまもと・きよし）担当：第2章
　東京大学大学院教育学研究科教授

末永啓一郎（すえなが・けいいちろう）担当：第3章
　城西大学経済学部経済学科准教授

大森正博（おおもり・まさひろ）担当：第4章
　お茶の水女子大学大学院人間文化創成科学研究科准教授

大薗陽子（おおぞの・ようこ）担当：第5章
　城西大学現代政策学部社会経済システム学科客員准教授

松倉力也（まつくら・りきや）担当：第6章
　日本大学人口研究所准研究員

安田信之助（やすだ・しんのすけ）担当：第7章
　※編著者紹介参照

松行輝昌（まつゆき・てるまさ）担当：第8章
　大阪大学全学教育推進機構大学院横断教育部門准教授

和田尚久（わだ・なおひさ）担当：第9章
　東洋大学国際地域学部国際観光学科教授

橋本行史（はしもと・こうし）担当：第10章
　関西大学大学院ガバナンス研究科・政策創造学部政策学科教授

関口　浩（せきぐち・ひろし）担当：第11章
　法政大学大学院公共政策研究科・社会学部社会政策科学科教授

李　熙錫（いー・ひーそく）担当：第12章
　城西国際大学経営情報学部准教授

勝浦信幸（かつうら・のぶゆき）担当：第13章
　城西大学経済学部経済学科客員教授

《編著者紹介》

安田信之助（やすだ・しんのすけ）担当：第7章

現　在：城西大学経済学部教授・学部長
　　　　日本地方自治研究学会副会長
　　　　日本財政学会会計監査
　　　　日本経済政策学会会計監査
　　　　日本経済学会連合評議員
　　　　日本経済政策学会理事
　　　　日本財政学会理事
　　　　日本貿易学会理事　などを歴任。

主　著

『地域の発展と地方財政』（共）白桃書房，1993年。
Regional Development and the Government Role in Japan，（共）Nihonkeizai-hyoronsya Publishing Co., Ltd（日本経済評論社），1997年。
『地域の発展と財政』（共）八千代出版，2000年。
『新講　国際経済論』（編著）八千代出版，2008年。
『現代　国際経済論』（編著）八千代出版，2012年。

（検印省略）

2012年11月25日　初版発行
2014年11月25日　二刷発行

略称―地域発展

地域発展の経済政策
―日本経済再生へむけて―

　　　　　　編著者　安田　信之助
　　　　　　発行者　塚田　尚寛

発行所　東京都文京区春日2-13-1　株式会社　創成社

電　話　03（3868）3867　　FAX　03（5802）6802
出版部　03（3868）3857　　FAX　03（5802）6801
http://www.books-sosei.com　振　替　00150-9-191761

定価はカバーに表示してあります。

©2012 Shinnosuke Yasuda　　　　組版：トミ・アート　印刷：S・Dプリント
ISBN978-4-7944-3135-6 C3033　　製本：カナメブックス
Printed in Japan　　　　　　　　落丁・乱丁本はお取り替えいたします。

― 経済学選書 ―

地域発展の経済政策 ―日本経済再生へむけて―	安田 信之助	編著	3,200 円
「日中韓」産業競争力構造の実証分析 ―自動車・電機産業における現状と連携の可能性―	上山 邦雄 郝 燕書 呉 在烜	編著	2,400 円
マクロ経済入門 ―ケインズの経済学―	佐々木 浩二	著	1,800 円
現代経済分析	石橋 春男	編著	3,000 円
マクロ経済学	石橋 春男 関谷 喜三郎	著	2,200 円
ミクロ経済学	関谷 喜三郎	著	2,500 円
需要と研究	ニコラス・タービー 著 石橋 春男 関谷 喜三郎 訳		1,500 円
経済学と労働経済論	齋藤 義博	著	3,000 円
福祉の総合政策	駒村 康平	著	3,000 円
グローバル化時代の社会保障 ―福祉領域における国際貢献―	岡 伸一	著	2,200 円
入門経済学	飯田 幸裕 岩田 幸訓	著	1,700 円
マクロ経済学のエッセンス	大野 裕之	著	2,000 円
国際公共経済学 ―国際公共財の理論と実際―	飯田 幸裕 大野 裕之 寺崎 克志	著	2,000 円
国際経済学の基礎「100項目」	多和田 眞児 近藤 健児	編著	2,500 円
ファーストステップ経済数学	近藤 健児	著	1,600 円
日本の財政	大川 政三司 大森 誠司 大江 川雅史治 池田 浩史 久保田 昭	著	2,800 円
財政学	小林 威光 監修 望月 正博 篠原 正隆 栗林 隆彦 半谷 俊彦	編著	3,200 円
Excelで学ぶ人口経済学	大塚 友美	著	1,800 円

(本体価格)

― 創成社 ―